역사저널

그날

6

역사저널

그날

6

인조에서 경종까지

KBS 역사저널 그날 제작팀

민음사

우리 역사 속에서 '역사를 바꾼 결정적 그날'로 언제를 꼽을 수 있을까? 왕건이 궁예를 몰아낸 날, 이성계가 위화도회군을 한 날, 세종이 훈민정음을 창제하고 반포한 날, 이순신 장군이 명량해전에서 승리를 거둔 날, 안중근 의사가 이토 히로부미를 사살한 날 등 많은 날을 떠올릴 수 있을 것이다. 그리고 이처럼 역사적인 그날이 있기까지 많은 정치적·사회적 모순과 그것을 극복하려는 인간의 대응이 있었다.

「역사저널 그날」은 다양한 패널이 우리 역사를 바꾼 그날로 들어가서 당시 상황을 소개하고 자신의 소회를 피력하는 독특한 형식의 프로그램으로 출발했다. 그동안 KBS에서는 「TV 조선왕조실록」, 「역사스페셜」, 「한국사傳」 등 많은 역사 프로그램을 제작해 왔지만, 토크 형식으로 역사를 이야기하는 시도는 처음이었다. 다행히 '역사와 이야기의 만남'은 역사를 보는 새로운 관점을 제시하였고, 「역사저널 그날」은 역사 교양 대표 프로그램으로 자리 잡아 가고 있다. 이 책은 '그날'의 배경을 먼저 서술하여 독자의 이해를 도운 후 방송의 내용을 체계적으로 정리하는 방식을 취한다. 주요 내용을 압축한 소제목을 제시하여 사건의 흐름을 파악하기 쉽게 했고, 필요에 따라 관련 사료와 도판을 삽입하여 방송에서 다룬 영상을 좀 더 구체적으로 전달하고자 했다.

이번 책에서는 삼전도의 굴욕 이후 반청 사상이 팽배했던 조선 사회를 배경으로 『하멜 표류기』와 대동법 등을 통해 당시의 사회상을 담고, 환국으로 대표되는 정치사의 현장을 다룬다. '소현세자, 의문의 죽음을 맞이한 날'은 청나라에서 인질 생활을 하다가 8년 만에 돌아왔으나, 귀국한 지 두 달 만에 사망한 소현세자의 죽음에 얽힌 의문을 담고 있다. '하멜, 조선에 표류하다'는 1653년 여름, 네덜란드 선원인 하멜 일행이 제주도에 표류해 온 후 일본으로 탈출하기까지 13년간의 과정을 구체적으로 따라간다. 조선 조정이 하멜 일행에게 강압적으로 대할 수밖에 없었던 시대적 배경과 함께 하멜 일행의 눈에 비친 효종 시대와 현종 시대 조선의 사회상을 보여 준다. '무찌르자 오랑캐, 나선정벌'은 효종 시대인 1654년 4월과 1658년 6월, 두 차례에 걸쳐 전개된 나선정벌의 배경과 주요 전투 과정을 다룬다. 청나라를 정벌하자는 북벌론이 국시로 채택된 상황 속에서도 청나라의 요청으로 군대를 파견하여 러시아와 싸울 수밖에 없었던 조선의 고민을 엿볼 수 있다. '김육, 대동법을 지키다'는 김육이라는 헌신적인 인물의 모습을 통하여 조선 후기 사회에 이념만 좇은 것이 아닌, 실용 경제에도 해박하고 실천에도 적극적이었던 관료와 학자들도 존재했음을 보여 준다. '숙종, 치마폭에 가려진 카리스마'와 '장희빈, 아들을 낳다', '장희빈의 아들 경종, 왕이 되다'는 숙종 시대 이후 치열하게 전개된 당쟁의 역사와 함께 인현왕후와 장희빈, 숙빈 최씨 등 숙종을 둘러싼 왕실 여인들의 이야기, 장희빈의 아들로서 힘겹게 왕위에 오른 경종의 모습을 소개한다. 특히 숙종을 둘러싼 여인들의 이야기는 드라마의 단골 소재가 될 만큼 많은 사람에게 큰 흥미를 불러일으키는데, 이 책을 통해 역사적 사실과 허구를 비교해 보는 것도 좋을 것 같다. 이 책에서는 조선 후기 사회의 다양한 면모가 패널들의 생각과 대화를 통해 생생하게 표현된다. 자신이 격동하는 역사의 현장에 들어가 있다는 느낌으로 책을 읽어 보기를 권한다.

    이 책이 탄생할 수 있었던 데에는 역사학자들의 논문이나 저서를 두루 섭렵하고 영상 매체로 역사를 쉽게 전달하기 위해 노력한 역사저널 그날 제작팀의 열정과 노력이 무엇보다 큰 역할을 했다. 특히 방송의 시작부터 지금까지 대중의 눈높이에 맞춰 쉬운 언어로 대본을 써 준 김세연, 최지희, 홍은영, 김나경, 김서경 작가들의 노고가 없었다면 이 책은 탄생하기 어려웠을 것이다. 또한 현재까지 함께 진행을 하고 있는 최원정 아나운서와 류근 시인을 비롯하여, 「역사저널 그날」에 출연하여 많은 지식과 정보를 제공해 주셨던 전문가 선생님들께도 감사의 말씀을 드리고 싶다.

    필자는 「역사저널 그날」의 기획 단계에서부터 참여하여 지금까지 출연하고 있는 인연 때문인지 이 책에 대한 애정이 누구보다 크다. 이 책을 통해 역사를 바꾼 결정적인 '그날'의 역사로 들어가 당시 인물과 사건을 만나고 이야기하면서 현재의 역사를 통찰해 보기를 권한다.

건국대학교 사학과 교수

신병주

차례

일러두기

- 이 책의 본문은 KBS 「역사저널 그날」의 방송 영상과 대본, 방송 준비용 각종 자료 등을 바탕으로 하되, 책의 형태에 맞도록 대폭 수정하고 사료나 주석, 그림을 보충하여 구성했다.

- 각 장의 도입부에 있는 '그날을 만나면서'는 신병주(건국대학교 사학과)가 집필했다.

- 본 방송에서는 전문가 외 패널이 여러 명 등장하나, 가독성을 고려해 대부분 '그날'로 묶고 꼭 필요한 경우에만 이름을 살렸다.

- 본문에서 인용한 사료는 『국역 조선왕조실록』 등을 바탕으로 하되, 본문의 맥락에 맞게 일부 축약·수정하였다. 원본 사료는 국사편찬위원회의 '조선왕조실록' 홈페이지(sillok.history.go.kr)나 한국고전번역원의 '한국 고전 종합 DB'(db.itkc.or.kr) 등을 통해 확인할 수 있다.

- 실록 등 사료에 표시된 날짜는 해당 문헌에 쓰인 날짜이다. 예를 들어 실록의 날짜는 양력이 아니라 음력이다.

- 이 책의 35, 52, 54, 249쪽에 사용된 그림은 일러스트레이터 잠산의 작품이며, 111, 176쪽에 사용된 그림은 일러스트레이터 붓질의 작품이다.

- 제2장의 네덜란드어 표기는 국립국어원 외래어표기법을 따르되, 몇몇 표기는 예외를 두었다.

1

소현세자,
의문의 죽음을
맞이한 날

　　1637년 1월 30일, 인조는 삼전도로 나아가 청 태종 앞에 무릎을 꿇었다. 인조의 맏아들 소현세자는 인질이 되어 청의 수도인 심양으로 끌려가야만 했다. 그런데 8년간의 인질 생활을 끝낸 소현세자가 귀국한 지 두 달 만인 1645년 4월에 사망했다. 『인조실록』에서조차 독살로 의심할 정도로 의문스러운 죽음이었다.

　　"세자는 본국으로 돌아온 지 얼마 안 되어 병을 얻었고 병이 난 지 수일 만에 죽었는데, 온몸이 전부 검은빛이었고 이목구비의 일곱 구멍에서는 모두 붉은 피가 나오므로 검은 천으로 그 얼굴 반쪽만 덮어 놓았으나, 곁에 있는 사람도 그 얼굴빛을 분별할 수 없어서 마치 약물에 중독되어 죽은 사람과 같았다."

　　인조는 소현세자의 장례를 서둘러 마치고, 가장 중요한 후계 문제에서 특별한 결정을 내린다. 나이가 어리다는 이유로 소현세자의 아들에게 왕위를 물려줄 수 없다는 뜻을 밝히면서, 인조 자신의 둘째 아들이자 소현세자의 동생인 봉림대군(효종)을 후계자로 지목한 것이다. 이처럼 비정상적인 방식으로 왕위를 계승하게 한 것은 인조가 소현세자를 극도로 불신했음을 상징적으로 보여 준다. 훗날 아들인 사도세자를 죽게 한 영조조차도 왕위는 사도세자의 아들인 정조에게 물려준 것을 보면 인조의 조처는 파격적이었다.

　　소현세자가 맞은 의문의 죽음은 심양에서 보낸 8년간의 인질 생활에서 단서를 찾을 수 있다. 부왕 인조가 삼전도에서 치욕적인 항복 의식을 치르는 것을 직접 목격했던 소현세자는 초기에는 반청 감정을 강하게 표시하였다. 그러나 소현세자는 곧 심양 생활을 통하여 청나라의 놀라운 발전에 큰 자극을 받았다. 신생 대국으로서 거침없이 뻗어 가던 청나라의 군사적 측면뿐 아니라 문화적 측면에서도 잠재력을 읽었던 것이다. 당시 청나라는 서양 선교사들을 통하여 천주교뿐만 아니라 서양의 근대 과학기술을 적극적으로 수용했다. 소현세자는 북경 선무문 부근의 남당에 머물던 예수회 신부 아담 샬과 자주 만나면서 천주교를 접할 기회를 얻었고, 서양 문명의 수용에 개방적인 청나라 조정과도 우호적인 관계를 유지하였다. 그리고 조선에도 서양의 과학 문명이 필요함을 절감하면서 조선은 변화해야 한다는 생각을 굳혀 갔다. 소현세자가 귀국하면서 화포와 천리경 등을 가져온 것도 이러한 의식을 실천하고자 하는 의지에서였다.

1645년, 청나라는 소현세자의 귀국을 허락했다. 그러나 조선으로 돌아온 소현세자를 반갑게 맞이하는 사람은 거의 없었다. 청나라가 소현세자에게 보여 준 호의적인 태도와 신뢰는 인조를 비롯한 조정 대신들에게는 전혀 달갑지 않았다. 소현세자가 왕이 되면 인조와 서인 정권이 추진한 숭명반청의 이념이 퇴색할 것을 우려했기 때문이다. 또한 조정의 관료 대부분에게 청의 과학기술 수용에 적극적이었던 소현세자는 경계 대상이 될 수밖에 없었다. 무엇보다 인조는 청이 자신을 물러나게 하고 소현세자를 왕으로 삼을까 봐 경계하였다. 정상적으로 왕위에 오르지 않고 반정을 통해 집권한 왕으로서 본능적으로 왕위 유지에 집착하면서 아들까지도 경쟁자로 보았던 것일까?

병자호란 이후 조선은 사상적으로 북벌과 북학의 갈림길에 섰다. 그 갈림길에서 북학을 향한 의지가 컸던 소현세자가 의문의 죽음을 맞고 효종이 즉위하면서 청을 물리쳐야 한다는 '북벌'이 국시로 자리를 잡았다. 소현세자가 심양의 인질 생활 속에서 습득하고 추구했던 새로운 과학기술과 문명의 수용을 통한 부강한 조선 만들기의 꿈, 즉 북학의 꿈은 소현세자의 의문사와 함께 역사 속에 묻혀 버리고 말았다.

소현세자, 의문의 죽음을 맞이한 날

소현세자에게 죽음의 그림자가 드리우기 시작한 것은
병자호란 직후 청나라에 볼모로 끌려갔다가
조선에 귀국한 뒤였다.

소현세자가 죽음에 이르는 과정은
『조선왕조실록』에 기록되어 있다.

1645년 4월 23일, 세자가 병이 났다는 기록이 처음 등장한다.
소현세자의 병은 학질로, 의관들이 침을 놓기를 청했다.
아버지 인조의 허락 아래 소현세자는 이틀에 걸쳐 침을 맞는다.

그러나 병이 났다는 기록이 등장한 지 사흘 만에
소현세자가 돌연 사망했다.
세자의 나이 34세.

젊고 건강했던 세자의 갑작스러운 죽음에
많은 의혹이 제기됐다.
세자의 시신 상태가 수상하다는 것이다.

온몸이 검은빛이었고 얼굴에는 선혈이 흘렀다.
사관조차도 독살 의혹을 제기했다.

『실록』에 기록된 대로
소현세자는 누군가에 의해 독살됐던 것일까?

소경원 소현세자의 무덤으로, 경기도 고양시 서삼릉(사적 제200호) 내에 있다.

소현세자, '함부로' 침을 맞고 죽다

최원정 『실록』의 기록을 따라서 소현세자가 죽은 그날을 되돌아보겠습니다. 지금까지도 소현세자의 독살설이 계속 논란거리가 되고 있어요.

류근 『실록』이면 정사인데, 정사에 이렇게 왕세자의 죽음에 관한 의문이 기록되었을 정도라면 뭔가 간과할 수 없는 의혹이 있다는 뜻 아닐까요?

최태성 그렇지요. 『실록』에다가 낭설을 기록할 리도 없고 말이죠.

신병주 최근에 몇몇 대중서는 선조와 정조, 고종도 독살되었다는 의문을 제기하는데, 선조와 정조, 고종은 『실록』에 독살 의혹이 구체적으로 나오지는 않거든요. 그런데 소현세자의 죽음은 『실록』에 조차 독살로 의심할 만한 정황들이 상당히 구체적으로 기록되어 있다는 점에서 독살의 신빙성도 아주 크게 제기되는 편입니다.

최태성 매우 구체적이죠.

그날 의혹이 시작된 것은 시신의 상태 때문이었어요. 기록을 다시 한

번 볼까요? "온몸이 전부 검은빛이고 이목구비 일곱 구멍에서 전부 선혈이 흘러나왔다. 그리고 검은 천과 얼굴빛이 분별이 안 될 정도로 시신이 검은빛이었다."

최태성 저 상태라면 독살이 맞는 것 같아요.

허태구 저 기록은 소현세자의 시신을 수습해서 관에 넣을 때 왕족이었던 진원군 이세완이라는 사람이 참여했다가 궁궐 밖에 나와서 말한 걸 사관이 듣고선 기록한 겁니다.

그날 어쨌든 지금 보면 목격자의 증언도 있고, 저 정도 상태라면 독살설이 유력하지 않습니까?

허태구 사망 당일, 즉 4월 26일 자 『실록』에는 의관들의 오진과 잘못된 치료가 사망 원인으로 기록되어 있습니다.

그날 "의관들 또한 함부로 침을 놓고"에서 '함부로'라는 단어, 이거 우리가 꼭 짚고 넘어가야 할 것 같은데요.† 사관이 세자가 죽었다고 해서 '함부로'라는 부사를 사용할 수 있는 건가요? 일단 함부로 침을 놓은 의원이 누구냐가 중요할 것 같습니다.

허태구 소현세자가 죽기 직전에 이형익이라는 의관이 침을 두 번 놓습니다. 그 직후에 소현세자가 죽었기 때문에 이형익이 독살의 하수인으로 의심을 받죠. 보통 내의원에 의관이 들어올 때는 취재(取才)라는 정식 시험을 거치는데, 이형익은 특별 추천을 받아서 들어온 사람이었고요. 이형익이 인조에게 번침이라는 특별한 시술을 한 뒤로 인조의 굉장한 총애를 받았다고 해요.

신병주 그 당시의 신하 상당수가 이형익에게 벌을 줘야 한다고 청했는데, 인조가 "이형익은 신중하지 않았던 것이 없다. 나름대로 최선을 다한 거다."라는 식으로 변호해서 큰 문제가 없었죠.‡

그날 그러니까 사관은 '함부로'라는 부사를 썼는데, 인조는 이형익이 "신중하지 않았던 것이 없다."라고 비호했네요. 정반대의 평가인데요. 어떻게 된 거예요?

최태성   왕세자가 정상적으로 죽어도 혹시 무슨 일이 있는지 진상을 규명해야 하는데, 이런 식으로 죽었는데도 진상을 규명하지 않는다는 건 이상하네요. 인조가 이해가 안 되는 반응을 보이는 것 같아요.

그날   특히 발병한 지 사흘 만에 죽은 거잖아요. 요즘 같으면 아버지로서 부검이라도 요구해야 할 형편이에요.

최태성   당연하죠. 무척 화가 났을 거 같은데요.

> † 세자가 10년 동안 타국에 있으면서 온갖 고생을 두루 맛보고 본국에 돌아온 지 겨우 수개월 만에 병이 들었는데, 의관들 또한 함부로 침을 놓고 약을 쓰다가 끝내 죽기에 이르렀으므로 온 나라 사람들이 슬프게 여겼다.
> ―『인조실록』 23년(1645) 4월 26일

> ‡ 아뢰기를, "왕세자의 증후(症候)가 하루아침에 갑자기 악화되어 끝내 이 지경에 이르렀으므로, 뭇사람의 생각이 모두 의원들의 진찰이 밝지 못했고 침놓고 약 쓴 것이 적당함을 잃은 소치라고 여깁니다. 의원 이형익은 사람됨이 망령되어 괴이하고 허탄한 의술을 스스로 믿어서 일찍이 들어가 진찰하던 날에 망령되이 자기의 소견을 진술했는데, 세자께서 한전(寒戰)이 난 이후에는 증세도 판단하지 못하고 날마다 침만 놓았으니, 그 신중하지 않고 망령되게 행동한 죄를 다스리지 않을 수 없습니다. 이형익을 잡아다 국문하여 죄를 정하고 증후를 진찰하고 약을 의논했던 여러 의원도 아울러 잡아다 국문하여 죄를 정하도록 하소서." 하니, 답하기를, "여러 의원은 신중하지 않은 일이 별로 없으니, 굳이 잡아다 국문할 것 없다." 하였다.
> ―『인조실록』 23년(1645) 4월 27일

허술한 장례 절차

그날   이 사건을 정리해 보면 누구든 뭔가 의심과 의혹을 품기에 너무 당연한 상황 아니에요? 그런데 그 외에도 의혹이 여러 가지가 있습니다. 하나하나 짚어 보겠습니다. "세자를 세자답게 모셔야 합니다." 당연한 얘기잖아요.

신병주   상복을 착용하는 기간도 소현세자가 인조의 큰아들이니까 당연히 인조는 3년복을 입어야 해요. 그런데 인조는 거의 두 달 만에 상복을 벗어 버리거든요. 그리고 신하들이 자신은 그래도 소현세자에 대한 예를 최대한 다하겠다며 1년복을 입게 해 달라고 했는데도 인조가 그것도 필요 없다는 식으로 나옵니다.†

그날　그런데 지금 인조가 그런 것까지 일일이 지시하는 거예요?

허태구　예, 다 논의가 되고 최종 결정을 인조가 합니다.

그날　남도 아니고 세자, 즉 아들의 장례를 이렇게 허술하게 야박하게 한다는 거, 이거 자체가 좀 이상하지 않습니까?

신병주　그것도 8년 만에 돌아온 아들이에요.

최태성　대신들도 "아, 이거 지금 너무 심한 거 아닙니까?"라고 얘기해요. 그래서 홍문관에서 소현세자의 삼년상을 주장해요. 그런데 인조는 그냥 무시하거든요. 그러면서 "이건 아닙니다."라고 또 부당함을 제기하면 인조가 그 신하를 체직(遞職), 그러니까 내치는 모습도 보이거든요.

그날　왠지 아들의 죽음을 빨리 잊히게 하고 싶어 한다는 생각이 자꾸 들어요.

---

† 합계하기를, "왕세자의 상례에 대하여 백관의 복제를 7일로 정한 것이 뭇사람의 마음에 크게 거슬렸는데, 재최(齋衰)로 3개월을 입는 예가 성상의 결단에서 나왔으므로 신들은 오히려 그것을 다행스럽게 여겨 감히 다투어 고집하지 못했습니다. 그런데 물의가 시끄럽게 일어나서 모두 '고금의 전례에 맞지 않는다.'라고 하므로, 신들이 다시 더 참고해보니 『의례』의 상복 편에는 '임금의 장자를 위해 부장기(不杖朞)로 입는다.' 하였고, 『오복도』의 신종군복 조에는 '세자를 위해 재최로 기년을 입는다.' 하였는바, 명나라에서 이미 거행한 전례가 실로 근거할 만합니다. 고금에 제도를 정한 것이 이렇듯 명백한데, 3월복으로 단정해 버린다면 어찌 매우 미안한 일이 아니겠습니까. 더구나 상께서 기년복으로 정하였는데, 종복하는 신하들이 어찌 다르게 입을 도리가 있겠습니까. 한 가지 예절이라도 과실을 범하고 나면 후회해도 미칠 수 없는 것이니, 속히 기년복의 제도를 따르소서." 하니, 상이 이르기를, "이미 정한 복제는 실로 중도를 얻었고 또 근거한 데도 있으니, 물의가 비록 이러하더라도 결코 개정할 수 없다." 하였다.
— 『인조실록』 23년(1645) 4월 29일

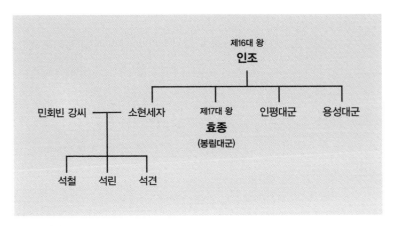

소현세자 가계도

장자 승계의 원칙을 무시하다

그날 이해가 안 되는 처사는 이뿐만이 아닙니다. "원손이 아닌 대군을 후사로 삼겠다." 원손이 분명히 있는데 말이죠. 원손이라고 하면 소현세자의 아들이잖아요. 그럼 후사를 바꾸겠다는 뜻이에요?

신병주 소현세자에게 열 살인 석철이라는 아들이 있었는데도 오히려 그 삼촌, 즉 소현세자의 동생인 봉림대군을 세자로 책봉합니다. 형식상으로는 석철의 나이가 어리다는 게 이유였죠.[†]

그날 어리다는 것은 핑계일 수도 있고, 또 '조선은 장자 승계가 기본 원칙인데 왜 그랬을까?' 하는 의문이 안 들 수가 없어요.

신병주 그렇죠. 세자가 사망하면 기본적으로 왕통은 세손에게 가요. 대표적으로 사도세자를 죽였던 영조조차도 왕위는 세손인 정조에게 이어지게 했죠.

그날 그런데 이쯤 되면 그 명분 좋아하는 신료들이 가만히 있으면 안 되는 거 아닌가요? 고요하게 넘어가요?

허태구 아뇨, 계속 일일이 인조가 지명하면서 다 물어봅니다. 영의정부터 시작해서 물어보는데 십중팔구는 반대죠. 결론은 반대고, 그렇게 해서는 안 된다고 말하지만, 인조가 계속해서 압박하니까 그 결정은 신하들이 아니라 국왕인 인조께서 직접 하셔야 한다는 식으로 책임을 왕에게 미루는 지경이 돼요. 부담이 상당히 되는 겁니다.

신병주 왕이 그만큼 강력한 의지가 있을 때는 신하들도 아무리 목소리 높여 본들 잘 안 되거든요. 인조가 말수도 적고 조용조용한 성격이라고 했는데, 셀 때는 대단히 세요. 밀어붙이죠. 바로 이때도 형망제급(兄亡弟及)이라고 해서 형이 죽으면 동생이 이을 수 있다고 주장하는데, 그 주장보다 더 중요한 논리는 형이 죽어도 형에게 아들이 있다는 거죠. 그런데 그런 걸 다 무시해 버리죠.

그날 이 정도 되면 인조의 마음이 좀 읽히지 않나요?

이윤석 제 생각에는 죽였는지까지는 모르겠지만, 왠지 죽음을 기다린 듯한 일 처리들이 좀 있어요. 일단 의심 가는 의원을 감싸고, 장례 일정을 확 줄이고, 원손 말고 차남을 책봉하고, 이 모든 것이 왜 요즘 드라마나 대중서에서 가장 독살되었을 가능성이 큰 사람으로 소현세자를 꼽는지 보여 줘요. 착착 맞아떨어지는 뭔가가 있어 보여요.

그날 인조는 이렇게 냉대했지만, 사실 병자호란 당시에 다른 왕족들은 인질로 끌려갈 때 울부짖고 안 가려고 하는데 소현세자는 딱 이랬잖아요. "나에게는 일단 동생이 있고 또 아들도 있으니 종사를 어떻게든 이어 갈 수 있다. 내가 가겠다."‡ 이런 면에서는 차기 군주로서 카리스마를 보여 주는 멋진 모습이 있는데, 만약에 이런 상황에서 이윤석 씨가 소현세자 처지였다고 생각해 보세요.

류근 잠깐만요. 청나라에서 안 받았을 것 같아요.

이윤석 일단 그럴 확률이 높죠.

류근 워낙 비실대 가지고 볼모로 가면 오히려 사고가 나서 골치가 아플 수 있거든요.

이윤석 　데려가다가 욕먹어요. 그런데 저라면, 솔직히 말씀드리면 비슷한 얘기를 했을 것 같아요. "나한테는 동생이 있고 아들이 있으니 그들을 데려가시오. 나는 몸이 매우 피곤한 처지요."

그날 　매우 소신 있는 발언이었어요. 그래서 소현세자가 참 대단한 것 같아요. 역사 교사분들도 소현세자를 부활시키고 싶다고, 타임머신을 타고 가서라도 살리고 싶다고 얘기하셨거든요. '다른 세자와 다른 뭔가가 있는 인물이 아니었나?' 이런 생각이 들어요.

† "나에게 오래 묵은 병이 있어 이따금 심해지고 원손은 저렇듯 미약하니, 내가 오늘날의 형세를 보건대 원손이 성장하기를 기다릴 수가 없다."
— 『인조실록』, 23년(1645) 윤6월 2일

‡ 세자가 봉서(封書)를 비국에 내렸다. "태산이 이미 새알 위에 드리워졌는데, 국가의 운명을 누가 경돌[磬石]처럼 굳건하게 하겠는가. 일이 너무도 급박해졌다. 나에게는 일단 동생이 있고 또 아들도 하나 있으니, 역시 종사를 받들 수 있다. 내가 적에게 죽는다 하더라도 무슨 유감이 있겠는가. 내가 성에서 나가겠다는 뜻을 말하라."
— 『인조실록』, 15년(1637) 1월 22일

심양으로 떠나던 날

삼전도의 굴욕을 겪고 볼모의 몸이 된 소현세자.

철병하는 청나라 군대를 따라 심양으로 떠나던 그날.
인조는 도성 밖 멀리까지 나와
눈물로써 아들을 배웅했다.

인조와 소현세자, 부자의 이별에 신하들도 통곡했고
소현세자는 신하들의 울음 속에 먼 길을 떠났다.

아버지의 눈물을 흘리는 인조

그날 눈물로 아들을 떠나보내는 모습이 정말 애틋합니다. 그래도 저 때까지는 아직 아버지로서의 절절한 부정이 느껴지네요.

최태성 완전히 반전이에요.

허태구 소현세자가 심양으로 떠나는 날 인조가 지금의 서오릉[1] 근처까지 와서 배웅하는데요, 그때 호송하는 청군 사령관 도르곤에게 추위에 약한 세자를 온돌방에 재워 달라고 간절히 부탁합니다.

최태성 그렇죠. 그냥 아버지예요.

그날 남한산성에서 가장 힘들었던 게 추위잖아요. 그러니까 온돌방에다 꼭 재워 달라고 부탁했을 거고요. 부정이 정말 느껴지네요. 일반 아버지의 마음이죠. 내 아들 춥지 않게 해 달라고, 배고프지 않게 해 달라고 말이죠.

허태구 생각해 보면 인조 자신에게는 가장 큰 시련을 겪은 때가 47일간 남한산성에서 농성하던 시기인데, 이 소현세자가 당시에 자기 곁을 지킨 큰아들이죠.

그날 소현세자가 청나라에 볼모로 끌려갔을 때의 이야기들이 잘 알려지지 않았었는데요.

허태구 몇 년 전에 규장각 한국학연구원에서 『심양일기』라는 기록의 국역을 완료했습니다.

그날 아주 최근 일이네요.

허태구 예. 세자를 호송했던 세자시강원[2]에서 소현세자의 동정을 기록한 겁니다. 소현세자가 철수하는 도르곤의 군대를 따라서 심양으로 출발했는데, 청군이 워낙 많은 조선인 피로인을 붙잡아 갔기 때문에 심양으로 가는 속도도 더딜 정도였다고 합니다.

신병주 그래서 기록을 보면 숙소도 잘 마련되어 있었던 것이 아니라 대부분 야차,[3] 즉 들판에서 잤다고 나와요. 노숙일 수도 있겠죠. 또 어떤 기록을 보면 천막을 쳤다고 나오고, 또 어떤 경우는 시냇가에서도 잤다고 나오니까 인조의 기대와 달리 온돌방에서는 거의 못 잔 것 같고요.

그날   그때 변변한 내복이 있었겠어요, 털 코트가 있었겠어요? 게다가 한겨울이잖아요. 얼마나 추웠을까요?

소현세자의 볼모 생활

신병주   60여 일 정도 걸려서 황제가 있는 심양에 드디어 도착합니다. 그런데 여기서 또 한 번 굴욕을 당하는데, 가마를 못 타고 사세 했습니다. 그래서 바로 가마에서 내려서 말만 타고 심양성으로 들어갑니다.

이윤석   서러웠을 것 같아요. '내가 지금 볼모였구나. 패전국의 왕자였구나.' 비애가 아주 느껴졌을 것 같은데, 인질이나 볼모라고 하면 제 생각에는 가택 연금처럼 감금당하고 감시당하는 게 상상되거든요. 어떤 생활이었는지가 궁금해요.

신병주   심양관이라는 곳에 기거하면서 일상 업무도 보고, 특히 서연[4]이라고 해서 같이 갔던 세자시강원의 스승들과 학문도 토론했는데, 문제는 소현세자가 심양에 갔을 때 청나라 정세가 상당히 급박했어요. 명나라를 자꾸 공격하는 시점이기 때문에 청나라 황제가 베푸는 행사라든가 사냥에도 자주 수행해야 하다 보니까 세자가 상당히 힘들어하는 장면이 자주 나옵니다.

허태구   아까 말씀드린 『심양일기』를 보면 세자가 청나라 황제를 따라서 사냥에 나간 기록을 모아 놓은 부분이 있는데, 소현세자가 말을 잘 타지 못하니까 낙마해서 크고 작은 상처를 입는 장면도 나옵니다. 그리고 사냥할 때는 하루에 보통 60~70리를 말을 타고 계속 전진하거든요. 그러니까 굉장히 힘들어하고 지쳐 하는 모습

심양 고궁 중국 랴오닝 성 선양 시에 있는 고궁으로, 북경으로 천도하기 전까지 청나라의 황궁이었다.

이 보입니다.

최태성 그렇죠. 병자호란 때 닷새 만에 도성을 점령했으니 하루에 100킬로미터를 달리는 민족인데, 그들과 함께 말을 탄다는 것은 쉽지 않았을 겁니다.

류근 일국의 세자니까 승마 정도는 익혔을 거예요. 그런데 문제는 저쪽은 폭주족이에요.

이윤석 그리스 신화 보면 켄타우로스⁵라고 있잖아요. 그 켄타우로스처럼 그쪽은 그냥 자기 몸이 말인 거예요. 우리는 말을 타는 건데 그들은 하체가 말인 셈이지요.

신병주 그리고 이때 청나라는 계속 명나라를 압박해 가는 상황이었으므로 조선에 대해서도 뭔가 청나라에 협조할 사항 같은 것들을 자꾸 요구하는데, 소현세자에게는 결정할 권리가 없거든요. 그러면 또 청나라에서는 왜 그렇게 소극적으로 나오느냐는 식으로

켄타우로스를 묘사한 예술 작품들

보니까 정신적으로나 육체적으로 매우 피곤한 생활이 전개되죠.

그날 권한은 없는데 압박은 들어오고 말이죠.

허태구 그래서 용골대[6]가 어느 날 명나라를 치러 가는데 조선 군대를 데리고 오라며 파병 문제 때문에 강하게 압박해 오니까 세자가 화내면서 이런 말을 했다고 해요. "내가 비록 이역에 와 있지만 한 나라의 세자다. 네가 어찌 감히 이토록 협박하는가? 죽고 사는 것은 천명에 달린 것이니 그따위로 나를 협박하지 말라." 이러니까 용골대가 물러나서 웃으면서 사과했다는 기록이 있습니다.

류근 요즘 말로 하면 '상남자'다운 담력이 있었던 겁니다.

최태성 심양 생활은 소현세자를 평가하는 데 매우 중요하다고 볼 수 있거든요. 앞의 발언을 봤을 때, 일단 외교적인 압박을 버텨 낼 수 있는 담력이 있었다는 건 읽어 낼 수 있는 것 같아요.

소현세자의 심양 생활

청나라의 첫 수도였던 심양.
낡은 아파트 사이에 있는 조그만 공터.
이 자리가 370여 년 전 소현세자가 살았던 곳이다.

청나라 황궁의 남쪽 대남문 근처에 자리했던 심양관은
20세기 전까지만 해도 건물이 남아 있었다.

심양의 남쪽, 지금은 사하로 불리는 곳에서
소현세자는 농사를 지었다.

청나라가 식량 공급을 중단하면서
양식을 마련하고자 시작한 농사는
필요량의 세 배가 넘는 곡식을 거둬들였다.

소현세자의 부인인 강빈은 청나라와 활발하게 교역하며
심양관의 살림을 꾸려 나갔다.

소현세자는 농사와 교역으로 벌어들인 돈으로
조선에서 끌려온 사람들을 사서 농사를 짓게 했고,
그렇게 해방한 사람만 어느덧 수백 명에 달했다.

한편 소현세자는 심양관의 재력을 바탕으로
청나라 실력자들과 교분을 쌓기 시작했다.
무역이 곧 정치력으로 이어진 것이다.

1644년, 청나라가 마침내 만리장성을 넘어 북경에 입성하고,
소현세자도 이들을 따라 북경으로 간다.

북경에 온 소현세자는 전혀 다른 세상과 만난다.
당시 북경에서 활동하던 예수회 신부 아담 샬과 만나
천주교와 서양 과학을 접하게 된 것이다.

두 사람의 만남을 기록한 『정교봉포』.

　　　"조선 국왕 이종(인조)의 세자가 북경에 인질로 와서
　　　아담 샬의 명성을 듣고 자주 천주당에 왔다."

아담 샬은 명나라와 청나라 때의 국립 천문대인
흠천감의 최고 책임자였다.

세계 최고 수준의 천문학자였던 아담 샬은
소현세자에게 천주교와 서양 과학에 대한
다양한 지식을 알려 주고 많은 물건을 선물했다.

　　　"제가 조선으로 돌아갈 때
　　　이것들을 궁으로 갖고 갈 뿐 아니라
　　　인쇄하고 복사해서 선비들에게 널리 알리겠습니다.
　　　선비들은 마치 사막에 살다가
　　　학문의 전당으로 옮겨 가는 양 기뻐할 것입니다."

심양의 현재 모습 중국 라오닝 성 선양 시.

소현세자, 심양 주재 조선 대사가 되다

그날 소현세자의 심양 생활은 하루하루가 매우 역동적이었겠어요.

허태구 거기에서 8년 정도, 정말 오랜 기간을 머뭅니다. 심양관과 그 주변에는 세자 부부와 동생인 봉림대군 부부, 심양관에 소속된 신하와 궁녀, 거기에 딸린 노비들까지 포함하면 한 500명 정도 상주했을 거라고 합니다.

그날 상주 인원이 500여 명쯤 된다면 생각보다 대단한 규모네요.

신병주 가장 단적으로 비교하면, 심양관이 심양 주재 조선 대사관의 기능을 했죠.

허태구 조선 시대 내내 통틀어 보더라도 이 정도 상주 인원이 중국 수도에 장기간 체류한 것은 굉장히 이례적인 일이었다고 할 수 있습니다. 그런데 이렇게 많은 인원이 상주하다 보니까 청에서는 상주 인원을 줄이라고 계속 요구하죠. 당시 심양에 큰 흉년이 들어서 청도 그 비용을 감당하기가 아주 어려웠거든요.

최태성 피로인들을 통해서 경작한다는 것도 한편으로는 '고민의 결과가 아닐까?' 하는 생각이 들거든요. 조선인 피로인들을 사고파는 노예시장이 있었다고 해요. 그 참상을 확인하면서 어떻게든 이 피로인들에게 도움을 줘야겠다는 애민의 발로에서 나온 고민의 결과가 아닐까 싶습니다.

그날 약간 의문이 남는 건 식량 공급이 끊긴 다음 농사를 짓고 수확하기까지는 제법 오랜 시간이 걸렸을 거 아닙니까? 그러면 그동안은 경제적으로 매우 어렵지 않았을까요?

신병주 마침 누르하치의 열두 번째 아들, 즉 팔왕이라는 인물이 워낙 그 당시에도 명나라와 교역이 자꾸 끊기니까 조선 쪽과 교역하기 위해서 은을 소현세자에게 주면서 "우리 무역 좀 하자. 특히 면포라든가 옷감이라든가 표범 가죽 같은 것 좀 구할 수 없느냐?" 하고 제안해 왔고, 소현세자도 어느 정도 응하면서 심양관을 경제적 부를 축적하는 장소로 만들어 갔죠.[†]

허태구 그런데 이 일이 『실록』에는 아주 부정적으로 기록되어 있습니다. "포로로 잡혀간 조선인들을 모집하여 둔전[7]을 경작해서 곡식을 쌓아 두고는 그것으로 진귀한 물품과 무역하느라 관소의 문이 마치 시장 같았다."

그날 그 상황을 약간 비하하는 거죠?

허태구 약간 부정적인 어감이 분명히 들어가 있죠.

그날 "왕의 아들로서 거기서 장사하고 앉아 있느냐?" 이런 어감이군요. 제가 생각하기에는 단지 재물을 모으려고 무역한 게 아니라 청나라에서 파병이라든지 여러 가지 압박이 들어오니까 그런 교역을 통해서 인맥도 쌓고 정치력도 발휘하는 역할을 했을 거 같거든요.

신병주 인조가 그런 부분을 이해하지 못하고 '내가 너를 이렇게 후계자로 키웠는데, 장사하려고 네가 그렇게 살아갔느냐.'라고 생각했던 것 같아요.

류근   우리 아버지들 얘기를 한 거네요. "내가 너를 이러려고 키운 게 아니다."

이윤석   제가 개그맨이 될 때도 그런 얘기를 들었어요. "내가 너를 이러려고 키운 게 아니다."

허태구   소현세자의 심양관 무역은 불가피한 측면이 분명히 있었습니다. 게다가 소현세자는 조선에서 사신이 오거나 군병 혹은 군량이 들어오는 일, 조선과 청 사이의 외교 문제가 된 현안 등에도 대처해야 하죠. 외교의 최전선에서 고위급 외교관 임무를 수행한 것이나 다름없다고 보면 됩니다. 재미있는 것은 청도 현안이 생기면 멀리 있는 조선 국왕이 아니라 가까운 곳에 있는 소현세자를 먼저 찾는다는 겁니다. 그런데 조선의 세자는 원래 정사에 관여하면 안 되거든요. 요즘 회사로 치면 전결권[8]이 없습니다. 재량권은 아주 작은데, 항상 본국과 청국 사이에서 눈치를 보면서 외교 현안을 조율해서 조선의 국익을 가장 크게 도모하는 방향으로 노력했죠.

그날   지금 보니까 전결권은 없지만, 주청 조선 대사로서 양국 관계를 조율하는 역할을 한 거네요. 불가피하게 주청 조선 대사가 된 거예요.

† 심양의 팔왕(八王)이 은밀히 은자 500냥을 보내오면서 면포·표피(豹皮)·수달피(水獺皮)·청서피(靑鼠皮)·청밀(淸蜜)·백자(栢子) 등의 물품을 무역할 것을 요구하니, 조정이 허락하였다.
— 『인조실록』 17년(1639) 9월 12일

소현세자, 새로운 세계를 만나다

그날   소현세자의 파격적인 행동은 무역을 하는 것으로 그치지 않습

P. Adam Schall Germanus I. Ordinis Mandarinus

아담 샬

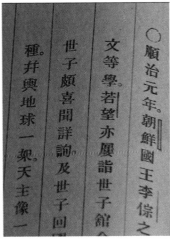

「정교봉포」 소현세자와 아담 샬의 만남이 기록되어 있다.

니다. 사실 소현세자 개인에게 역사적인 그날은 아담 샬*을 만난 그날이 아니었나 싶어요.

신병주   그 당시 청나라가 대단했던 게 아담 샬이 원래 명나라에 왔던 신부예요. 그런데 청나라가 명나라를 멸망시킨 이후에도 아담 샬이라는 인물을 계속 활용하거든요. 이런 거 보면 청나라가 그 당시에 상당히 개방적인 분위기를 보여 주는데, 특히 이때 소현세자도 아담 샬과 자주 만나면서 뭔가 새로운 문명에 눈을 떠 갔죠. 그래서 당시 로마에서 간행된 책을 보면 소현세자가 아담 샬과의 만남을 "하늘이 준 기회였다."라고 술회했다는 표현이 보여요.

최태성   매우 호의적이었네요.

신병주   그렇죠. 그만큼 소현세자가 아담 샬이라는 인물을 통해 서구 문명의 수용에 적극적이었음을 알 수 있는 대목입니다.

그날   "하늘이 준 기회였다." 이 말이 지금 의미하는 바가 작지 않은 것 같은데, 이때 소현세자로서는 뭔가 큰 계획을 짤 수 있지 않았을까요?

이윤석 '전화위복이다.' 이런 생각을 했을 것 같아요. '비록 내가 볼모로 왔지만, 아, 시대가 변하는 것도 보고 서양 문물도 확인하고 무역으로 부도 쌓고 인맥도 만들었고, 귀국만 해 봐라. 훌륭한 왕이 되리라.' 이런 포부를 다지지 않았을까요?

그날 소현세자가 어떤 사람이냐면, 명나라가 멸망하는 모습을 직접 목격한 사람이에요.

허태구 그렇습니다. 북경이 함락된 실상도 현장에서 직접 목격한 사람이죠. 그래서 이제 숭명대의(崇明大義)가 아니라, 즉 기존의 이데올로기가 아니라 청나라 중심의 현실 외교를 해야 한다고 확신하지 않았을까 싶습니다. 그런데 기록으로는 확인되지 않아요.

최태성 정황으로만 짐작하는 거죠.

허태구 예, 제 생각에는 조선 내에서 명에 대한 의리를 지키자는 게 주류 의견이었기 때문에 소현세자가 설혹 이런 속마음을 품었다고 하더라도 공공연하게 표출하기는 좀 어렵지 않았을까 싶습니다.

『연려실기술』이 전하는 소현세자의 귀국

청나라에서 영구 귀국한 소현세자와 강빈.

생사의 고비를 넘어 8년 만에 돌아온
맏아들 내외를 맞이하는 인조의 반응은 싸늘했다.

소현세자는 각종 서책과 과학 기기, 천주상 등
진귀한 물건을 가져왔다.

청 황제의 선물인 벼루를 인조에게 바치는 소현세자.
하지만 인조의 반응은 뜻밖이었다.

인조는 매우 화를 내며
세자를 향해 벼루를 집어 던지고 만다.

청나라 문물을 전하는 아들 부부에게
인조는 왜 그렇게 화를 냈던 것일까?

인조, 아들을 의심하다

그날   온돌에서 좀 재워 달라고 부탁하는 따뜻한 아버지의 모습에서 갑자기 벼루를 집어 던지는 아버지의 모습으로 변했어요. 근데 어찌 되었든 저게 지금 야사의 기록이잖아요. 저게 정사는 아닐지라도 야사에 있다는 것은 당대의 민심이 부자 관계를 저렇게 나쁘게 봤다는 걸 반증하는 것 아닐까요?

이윤석   이별할 때의 모습과 재회할 때의 모습이 "온돌방에 재워 줘." 하고 부탁하는 것에서 "요 녀석!" 하고 벼루를 던지는 걸로, 너무 극과 극으로 달라졌는데, 그사이에 뭔가 인조의 심경에 큰 변화가 있었던 것 같습니다. 원인이 무엇인지요?

허태구   병자호란 이후 청나라는 조선을 통제하고 압박하는 수단으로 심양에 볼모로 와 있던 소현세자를 활용합니다. 인조가 말을 안 들으면 왕위 교체론을 들먹이면서 인조를 긴장시키죠. 인조는 삼전도에서 항복하면서 반정의 명분을 스스로 허물지 않았습니까? 이런 상황이었기 때문에 광해군을 몰아낸 친명배금(親明排金)이라는 명분으로 누군가가 다시 반정, 즉 쿠데타를 일으켜도 하등 이상하지 않은 상황이었죠. 게다가 소현세자의 장인, 즉 강빈의 친정아버지 강석기가 척화파의 지지와 신망을 받았습니다. 정치적 구도가 이렇게 짜인 이상 부자간의 정이 아무리 애틋했다고 하더라도 인조와 소현세자의 관계는 아주 작은 불씨와 오해에도 큰 분란으로 악화할 소지가 다분히 있었죠.

이윤석   "아무래도 요즘 인조가 청에 약한데? 청에 유화적인 거 아니야?" 이렇게 의심받으니까 "아니야, 나 아직 청을 싫어해."라고 하면서 그 태도를 상징적으로 표현하려고 청 황제가 준 벼루를 집어 던진 게 아닌가 싶습니다.

그날   청을 집어 던진 거예요?

이윤석   나 아직 죽지 않았다는 거죠.

신병주   소현세자가 "오랑캐들 정말 무지막지합니다."라고 대답하는 게 모범 답안인데, "저 사람들 괜찮은데요?" 하는 식으로 나왔다는 거죠.

그날   "배울 것도 있습니다."라고 나온 거죠. "아버지가 몰라서 그래요."라고 말이지요.

최태성   아버지인 인조의 처지에서 보면 소현세자가 그 벼루를 버리고 왔어야 했네요.

그날   소현세자가 먼저 깨뜨렸어야죠. 아버지 앞에서 말이죠.

신병주   청과 가깝다는 것은 결국 '언젠가 나를 몰아내고 저 소현세자가 내 자리를 차지하지 않을까?' 하는 불안감을 낳았죠.

허태구   인조의 불안감을 증폭한 게 실제로 이런 전례가 있었다는 거죠. 고려 말의 원 간섭기 때 원나라가 고려 왕을 폐위하고 자기네 수도 북경에 볼모로 잡고 있던 세자를 고려 왕으로 추대한 사례가 있습니다.

그날   아, 사례가 있군요. 그게 누구예요?

허태구   충렬왕[10] 다음에 충선왕[11]을 세웠다가 1년 만에 다시 충선왕을 폐위하고 충렬왕을 왕위에 올립니다. 청도 이런 고려의 사례를 굉장히 잘 알았기 때문에 기회가 있을 때마다 인조에게 은근히 "이 사례를 한번 봐라." 하고 흘리면서 압박했죠. 그래서 종합적으로 보면, 인조에게 소현세자가 잠재적으로 최대의 정적이 될 수 있는 구도가 설정된 셈이라고 할 수 있습니다.

그날   그런데 왕위 교체라는 것은 청나라가 조선을 길들이기 위한 정치적 카드였지, 소현세자의 뜻이라고는 할 수 없잖아요?

신병주   사실 소현세자가 최종적으로 귀국하기 전에 두 번을 더 귀국한 적이 있어요.

그날   아, 중간에요?

신병주   네, 1640년에 인조의 병구완을 위해서 귀국했을 때가 첫 번째인
        데, 그때 이런 사건이 있었어요. 귀국하는 소현세자에게 청나라
        쪽에서 송별연을 베풀어 주는데, 이때 용골대가 세자를 데리고
        들어가서 대홍망룡의라는 옷을 입으라고 합니다.

허태구   대홍망룡의, 왕만 입는 옷인데요.

신병주   그렇죠. 왕만이 입어야 하는 옷이니까 소현세자가 받아들일 수
        없죠. 그래서 아주 강하게 거절하는데 용골대가 "우리 칸이 그렇
        게 입으라고 했다."라고 말합니다.[†] 그래서 소현세자가 "왕을 하
        려고 한 게 아니냐?"라는 소문이 들리죠.

최태성   너무 안쓰러워요.

허태구   1643년 말에 두 번째로 귀국하게 되는데, 그때는 그해 여름에 강
        빈의 아버지 강석기가 사망했기 때문에 소현세자와 강빈이 같이
        옵니다. 그런데 세자 내외가 오기 전에 보인 인조의 반응을 보
        면 '세자가 청과 결탁해서 나의 왕위를 도모하려고 오는 게 아닌
        가?' 하고 의심하는 상황까지 오게 되었죠.[‡]

그날   완전히 의심을 굳혔어요.

신병주   그리고 세자가 돌아간 직후에 반정공신 중 심기원이라는 사람이
        역모를 도모한 사건이 드러나서 체포되는데, 당시 소문에는 심
        기원이 소현세자를 추대하려고 했다는 이야기가 전파되니까 인
        조로서는 상당히 불편했죠.

류근   의처증과 의부증은 들어 봤지만, 이렇게 아들을 끊임없이 의심
        하는 경우는 의자증이라고 불러야 하나요?

신병주   인조가 소현세자 내외를 대단히 못마땅해하는 게 청나라에 있을
        때 재산을 너무 많이 모았다는 겁니다. 의심이 꼬리를 물면서 인
        조가 '재산을 모아서 결국은 반역을 위한 자금으로 쓰려는 게 아

니냐?' 하는 식의 의심까지 하지요.

그날　지금까지 얘기를 들어 보면 감정은 악화될 대로 악화되었네요.

최태성　완전히 악화된 거예요.

> † "오후에 황제가 세자를 불러서 송별연을 행하였는데 봉림대군도 참여하였습니다. 용골대가 뜰 안으로 세자를 데리고 들어가 먼저 안마(鞍馬)를 주고 다음으로 의복을 내어 주었는데, 대홍망룡의(大紅蟒龍衣)를 입게 하였습니다. 세자가 이것은 구왕이 장복(章服)이라 하면서 예에 의거하여 굳게 사양하자, 용골대가 한(汗)에게 고하고 그대로 따라 주었습니다."
> ── 『인조실록』 18년(1640) 2월 18일

> ‡ "전일에는 세자에 대한 대우를 지나치게 박하게 하다가 이제는 오히려 지나치게 후하게 한다 하니, 나는 의심이 없을 수 없다."
> ── 『인조실록』 21년(1643) 10월 11일

소현세자의 죽음, 그 배후는 누구인가?

그날　처음에 얘기했던 독살설에 관한 의혹도 이 정도가 되면 점점 커지는데요. 보셨다시피 인조가 왕위에 대해 보인 강박적인 집착 같은 걸 생각하면 '뭔가 묵인이나 지시 정도가 있지 않았을까?' 하는 생각이 듭니다.

이윤석　전체적인 틀을 보니까 인조 나름대로는 소현세자를 의심할 만한 정황이 명확하고 너무나 많아요. 그리고 행동 대장 격인 의원이 심겨 있던 것이나 사후의 시체 상태와 장례 간소화 등을 보면 추리소설의 기승전결처럼 수미일관하고 일목요연하게 인조가 독살한 것으로 이야기가 흘러가는 것 같아요.

신병주　수미일관, 일목요연, 국문과 출신다운 추리였어요.

그날　소현세자가 귀국한 지 두 달 만에 사망하는 거잖아요. 그럼 그 두 달 사이의 기록 같은 게 있나요?

허태구　1644년 11월에 심양을 출발해서 조선에는 그다음 해 2월에 돌아오는데, 심양을 출발할 때부터 매우 아팠습니다. 결국 4월 26일에 사망하는데, 그때 소현세자의 용태는 계속 치료와 회복, 악화 그리고 다시 치료와 회복, 악화를 반복하는 모습을 보입니다.

그날 그러면 생각이 또 꼬이기 시작하네요.

소현세자는 독살당했나?

그날 독살인지 아닌지 의학적인 관점에서 알고 싶습니다. 그래서 오늘 한의사인 김종덕 박사님을 모셔 봤습니다. 박사님, 단도직입적으로 먼저 여쭙겠습니다. 소현세자가 독살됐을 가능성은 얼마나 있을까요?

김종덕 기록상의 문제인데요, 우리가 그동안에 많이 봤던 건 『조선왕조실록』입니다. 거기에는 아주 간단히 나오거든요. 병을 앓았고 침을 몇 번 맞았더니 불과 며칠 만에 사망했더라는 식으로만 나와요. 그런데 최근에 『동궁일기』가 다 번역이 됐어요. 거기에는 의학 기록이 상세하게 나옵니다. 마침 제가 의학 부분을 맡아 번역했고요. 결론적으로 소현세자의 『동궁일기』에 나온 의학 기록을 토대로 말씀드리면 독살설은 무리라고 할 수 있습니다. 소현세자는 심양으로 끌려갔을 때부터 산증[12]이라는 질병을 앓는데, 한기가 뭉쳐져 말을 타면 매우 큰 고통을 느꼈다고 합니다. 그래서 소현세자는 말 타는 것을 좋아하지 않았습니다. 산증은 으슬으슬 추워지면서 몸에서 열이 나는 증상입니다. 우리가 감기 기운이 있을 때도 보면 으슬으슬 추워지면서 열이 나거든요. 그럴 땐 추워서 자꾸 이불을 덮으려고 그래요. 그런 때 나는 열을 가짜 열이라고 하고요. 예를 들어 더워서 옷을 벗으려고 할 때 나는 열은 진짜 열이에요. 그리고 진짜 열일 때는 열을 확 내려 주는 약을 써요. 가짜 열일 땐 오히려 몸을 따뜻하게 해 줘야 하고요. 소현세자는 몸은 추워하는데 열이 나거든요. 그런데 진짜 열이 날 때 하는, 열을 내리는 치료를 받습니다. 그래서 사망으로 이어집니다.

최태성 지금 산증이라고 하시는데, 저는 소현세자의 증세를 산증이 아니라 학질[13]로 들었거든요.

김종덕 앞서 말씀드린 것처럼 산증은 몸이 으슬으슬 추워지면서 열이 나는 건데요, 추워졌다가 더워졌다가 하니까 학질로 오인할 수 있어요.

그날 궁에 소속된, 당대 최고의 의술을 지닌 어의들일 텐데 어떻게 이렇게 단순하게 오진할 수 있었을까요?

김종덕 심양에서 함께했던 기존의 주치의들이 있었는데, 그 주치의들이 어떤 이유에서인지 다 교체가 돼요. 새로운 의료진들은 몸이 추워졌다가 더워졌다가 하는 걸 학질로 오인할 수 있고요. 그러면 열을 내리는 처방을 쓰게 됩니다. 그런데 음기가 허해서 나오는 열이 날 때 열을 확 내리는 약을 쓰면 며칠 만에 사망한다고 의서에 적혀 있어요.

그날 근데 저희가 학질로 사망했다고 들었거든요. 산증을 학질로 오판하고 처방한 의료사고라는 말씀이신데, 그러면 시신이 온통 검은빛이고 이목구비에서 선혈이 쏟아지던, 이런 독살의 징후는 어떻게 설명할 수 있을까요?

김종덕 그 당시 『동궁일기』를 보면요. 너무 열이 뜨니까 정신이 오락가락하고요, 궁녀들이 깜짝 놀랄 정도로 땀을 흘려요. 그런 과정에서는 열이 뜨기 때문에 얼굴이 검어질 수밖에 없어요. 또한 『실록』에 보면 일곱 구멍에 선혈이 보인다고 하는데, 우리 상식으로는 염하기 전에 피가 흐르면 닦아 냅니다. 게다가 열이 뜨면서 고생하다 보면요, 피부가 발개지고 반점이 생겨요. 아마 그것이 마치 검붉은 피를 연상하게 해서 그렇게 기록하지 않았을까 추정해 봅니다.

인조를 향한 사그라지지 않는 의혹

그날   의학적으로 풀어 봤는데요, 독살은 아니네요. 이게 점점 미궁으로 빠지고 헷갈리게 되는 게 뭐냐면, 소현세자가 급사한 이후에 보이는 인조의 행태 때문이잖아요?

신병주   죽음을 기다렸다는 듯이 진도가 나가죠.

최태성   청이 소현세자를 우호적으로 지지해 주는 상황이었어요. 이런 상황에서 소현세자가 독살당한다는 건 매우 큰 외교적 문제가 될 수 있거든요. 그래서 독살은 안 돼요. 독살은 아닐 거예요. 아까 주치의가 바뀌었죠, 처방이 잘못됐죠. 결국 뭐냐면 개연성이 있는 계획 살인, 이런 시나리오여야만 한다는 거죠.

그날   의료사고를 가장한 계획된 살인이라는 거군요.

허태구   여기서 잠깐 생각해 봐야 할 게, 소현세자가 심양에 끌려갔는데 풍토도 안 맞고 기후도 안 맞고 음식도 어느 것 하나 익숙하지 않은 상황에서 8년 동안 체류하잖아요. 정말 병치레를 많이 합니다. 육체적 상황은 이렇고, 정신적 상황을 보면 청이 자신들의 요구가 쉽게 받아들여지지 않으면 제일 먼저 호출해서 윽박지르는 대상이 소현세자예요. 그런데 오히려 본국에서는 세자가 청의 요구를 쉽게 수용한다고 비난하기 일쑤였고, 여기다 왕위 교체설과 관련돼 부왕 인조의 의심이 점점 심해지는 상황이었으니까, 제 추측으로는 소현세자의 스트레스가 어마어마했을 겁니다. 이와 관련해 제가 『심양일기』에서 "세자가 낮에 재상급 신료와 경영관을 만났다가 책상에 기대어 한숨을 쉬고 눈물을 흘리니 신하들이 차마 우러러볼 수가 없었다."라는 굉장히 인상 깊은 기록을 읽었습니다. '이 기록에는 정말 몸과 마음이 모두 지칠 대로 지친 세자의 마음이 투영된 게 아닌가?' 저는 이런 생각이 들었습니다.

그날　이때부터 죽음의 기운이 드리워졌을 것이라는 거죠?

허태구　아니죠. 누적되는 거죠.

그날　이윤석 씨는 어떻게 생각하세요?

이윤석　직접 살인이 아니더라도, 병치레에다 인질 상태로 스트레스가 많았는데, 아버지가 자신을 싫어하고 미워한다는 거까지 알게 돼서 병이 확 도진 게 아닐까요? 그렇다면 그건 인조의 간접 살인이라는 생각도 들고요.

인조, 소현세자 일가를 멸하다

최태성　저는 개인적으로는 인조를 동정할 수 있을 것 같습니다. 인조가 자신의 손자와 며느리를 죽이지 않았다면 말이죠. 소현세자가 죽은 다음에 나타난 인조의 행동을 보면 인조를 의심할 만한 개연성이 너무 큰 거예요.

그날　남은 가족들이 너무나 비참한 최후를 맞잖아요.

허태구　강빈은 소현세자, 그러니까 남편이 일찍 죽고, 자기 아들, 즉 강빈의 아들인 원손이 왕위를 이어받지 못하게 되니까 머리를 풀어 헤치고 인조의 침실로 달려가서 하소연하는데, 여기에 화가 난 인조가 강빈을 유폐합니다. 그리고 이듬해에는 인조의 수라 상에 독이 든 전복구이가 올려지는데, 그 사건의 배후로 강빈이 지목되죠. 그래서 결국 강빈은 역모로 몰려서 죽임을 당하게 됩니다.

신병주　그뿐만 아니라 강빈의 친정 오빠들도 나중에 다 매를 맞다 죽거든요. 강빈의 집안은 아예 멸족된 거죠.

영회원 민회빈 강씨의 무덤으로 경기도 광명시에 있다. 사적 제357호.

그날 사실 할아버지가 손자를 사랑하는 건 본능적인 건데 손자들도
     다 제주로 유배하죠.

허태구 네, 유배 간 후 이듬해 9월 제주도에서 소현세자의 장남 석철이
     사망합니다. 『실록』에는 풍토병으로 기록되어 있는데, 당시 사
     람 중 일부는 인조가 석철을 몰래 죽였을 것으로 의심했습니다.
     소현세자가 죽은 다음에 청나라 사신 용골대가 장남 석철을 데
     려가 기르겠다고 하니까, 의심 많은 인조가 자신을 폐위하고 석
     철을 옹립할 걸 두려워해서 죽인 것이라는 추정도 있습니다. 석
     달 후에는 둘째 석린도 죽고 막내 석견만 살아남습니다.

드라마 「추노」 중에서

소현세자의 독살 음모론을
역사적 배경으로 한 드라마 「추노」.

소현세자는 죽음을 맞이하기 전
심복에게 자신의 아들을 부탁한다.

소현세자가 숨을 거두자마자
그의 일가에 잇따라 피바람이 불었다.

강빈은 사사되고 세 아들은 제주도로 유배되는데
두 아들이 역병으로 목숨을 잃는다.
민심은 인조를 의심했다.

도망간 노비를 쫓는 추노꾼 그리고 노비.
새로운 세상을 꿈꾸는 이들은 죽을 위기에 처한
소현세자의 마지막 아들을 구하기 위해
제주도로 향한다.

소현세자, 그는 세상을 떠나고 없지만,
그의 아들이라면 새로운 세상을 열 수 있으리라
믿었던 것이 아닐까?

소현세자에 대한 인조의 본심

최태성 아마 소현세자가 원통해서 눈을 못 감았을 것 같아요. 자기가 볼 모로 낯선 곳에 끌려갈 때는 이 비극이 마지막일 것으로, 자신이 돌아가면 그때부터 새로운 희망이 시작될 것으로 생각했을 텐데, 돌아와서는 더 큰 비극이 기다리고 있었으니까요.

신병주 우리가 여기서 이해해야 할 건 소현세자의 죽음이 독살이든 아니든 인조가 상당히, 표현이 좀 그런데 즐겼다는 거죠. 마치 원했던 것처럼 말이죠. 바로 후계자를 봉림대군으로 지명했다든가 하는 일련의 과정을 보면 결국 소현세자의 집안이 왕위를 계승하는 건 절대 안 된다는 인조의 의지가 확실히 드러나요.

소현세자를 어떻게 볼 것인가?

그날 전국의 역사 선생님들이 부활시키고 싶은 인물 중 한 사람으로 소현세자를 꼽았다고 하잖아요. 그만큼 소현세자는 좋은 군주로서의 가능성도 충분히 있었던 건 분명한 것 같습니다.

최태성 한편으론 이런 생각도 들어요. 소현세자는 세자였잖아요. 정책을 입안한 사람이 아니에요. 그러니까 실책은 없단 말이죠. 그런데 그 당시가 너무 절망적이었고요. 그래서 우리가 그 절망 속에서 몇 가지 행적을 보고 얘기하는 걸 통해서 소현세자를 어떤 희망의 아이콘으로 보려는 게 아닌지, 소현세자가 살았으면 어땠을지 궁금합니다.

류근 투수들이 공 던질 때 잡는 법을 보면 어떤 공이 날아올지 알잖아요. 가능성이 있겠다고 생각한 거죠. 근데 던지지 못하고 그냥 쓰러져 버리니까 '아, 저 공을 던졌으면 정말 엄청난 공이 들어왔을 텐데……' 하는 아쉬움이 있는 거죠.

허태구 근데 각도를 좀 달리해서 보면, 소현세자를 선진 문물과 서양 사상을 받아들인, 근대적인 개혁의 선구자로 보는 시각에는 그 시대와 대중의 열망이 학계 연구에 투영된 측면도 있다고 생각해요. 일제강점기 식민주의 사학을 보면 병자호란 전후의 조선 외교 관계라는 건 조선의 역사를 부정적으로 서술할 수 있는 아주 좋은 먹잇감이거든요. 그렇기 때문에 거기에 대응하고자 해방 이후의 민족주의 사학 지형에서는 광해군이나 최명길 같은 인물들을 부각하려고 했고요. 이렇게 이어지는 계보에 소현세자와 강빈을 위치시킴으로써 조선 시대사에 대한 부정적인 인식을 극복하려고 했다고 해석할 수 있을 것 같아요.

그날 홀륭한 리더였다는 희망을 버리고 싶지 않았던 거죠. 지금까지 했던 얘기를 종합해 보면 볼모를 자처했던 희생정신, 용골대에게 호통친 담력, 서양의 과학과 문물을 받아들이는 개방성, 거기다가 사업 수완까지 있네요. 그래서 '소현세자가 왕이 되고, 봉림대군이 뒤에서 무(武)를 좀 키워서 받쳐 줬다면 지금 우리가 아는 조선보다는 좀 나은 조선이 되지 않았을까?' 하는 생각이 듭니다.

신병주 결국 우리 역사 속에서 소현세자와 같은 인물이 존재하고 활동했다는 것 자체는 상당히 의미 있는 지표였죠.

소현세자의 무덤 '소경원'

조선 왕릉 중의 하나인 서삼릉.
이곳에서 조금 떨어진 곳에 소현세자의 무덤이 있다.

수년 전 목축 시험장이 들어서면서
다른 왕족의 능이 있는 구역과 분리된 것이다.

그런 이유로 이곳을 찾는 이는
그리 많지 않다고 한다.

6·25전쟁 때 폭격으로 전각마저 불타 없어진 소경원.
원래는 일반 묘와 마찬가지로 소현묘로 불렸으나,
고종 때에 이르러서야 소경원으로 격상됐다.

살아서나 죽어서나 외로웠을 소현세자.
지금까지도 그는 다른 왕족들과 떨어져
어느 산자락에서 외로운 세월을 보내고 있다.

남편 소현세자 곁에 묻히지 못한 아내 강빈.
그녀의 무덤인 영회원은 현재
상주하는 관리인도 없이 외부와 단절돼 있다.

세자빈의 지위를 잃었던 강빈의 묘 역시
고종 때에 이르러서야 격에 맞는 무덤으로 조성됐다.

2

하멜,
조선에
표류하다

1653년 7월, 하멜은 네덜란드 동인도회사의 무역선인 스페르버르 호를 타고 일행 예순네 명과 함께 일본 나가사키로 향하였다. 그러나 불행하게도 풍랑을 만나 제주도 산방산 근처의 해안에 상륙하였다. 백성들에게 발견된 생존자 서른여섯 명은 관원들에게 체포되어 제주목사에게 압송되었다. 제주목사 이원진은 하멜 일행을 심문한 뒤 왕에게 편지를 띄웠는데, 『효종실록』에는 다음과 같이 기록되어 있다.

"배가 바다 가운데에서 뒤집혀 살아남은 자는 38인이며 말이 통하지 않고 문자도 다릅니다. 배 안에는 약재(藥材)·녹비(鹿皮) 따위 물건을 많이 실었는데 목향(木香) 94포(包), 용뇌(龍腦) 4항(缸), 녹비 2만 7000이었습니다. 파란 눈에 코가 높고 노란 머리에 수염이 짧았는데, 혹 구레나룻은 깎고 콧수염을 남긴 자도 있었습니다. …… 옷깃 옆과 소매 밑에 다 이어 묶는 끈이 있었으며 바지는 주름이 잡혀 치마 같았습니다. 이어서 왜어(倭語)를 아는 자를 시켜 '너희는 서양의 크리스천[吉利是段]인가?' 하니, 다들 '야야(耶耶)' 하였고, 우리나라를 가리켜 물으니 고려(高麗)라 하고, 이어서 가려는 곳을 물으니 나가사키[郎可朔其]라 하였습니다."

『하멜 표류기』에는 "70세가량 된 목사가 선량하고 이해심이 많은 사람이며 서울 출신으로 조정에서도 상당한 신망을 받고 있었다."라고 기록되어 있어 이원진이 이들에게 우호적으로 대했음을 알 수 있다. 얼마 뒤에는 네덜란드 출신으로 1627년에 제주도로 표류해 조선에 귀화한 박연(벨테브레이)이 한양에서 내려와 통역을 맡았다. 하멜은 "57~58세로 보이는 박연이 모국어를 거의 잊고 있어서 떠듬떠듬 말하는 것을 거의 알아들을 수 없었지만, 한 달 정도 같이 지내다 보니 그가 다시 모국어를 기억해

냈다."라고 기록했다. 박연은 효종이 "그대들이 새라면 본국으로 날아갈 수 있겠지만, 우리는 외국인을 나라 밖으로 보내지 않는다. 그대들을 보호해 주겠으며 적당한 식량과 의복을 제공해 줄 테니 이 나라에서 여생을 마치라."라고 했던 말을 전했고, 이후 하멜 일행은 억류 생활을 하게 되었다. 이 때는 효종이 북벌을 추진하던 시기로, 청의 눈치를 살피던 상황에서 서양인들이 조선에 표류한 사건은 정치적으로 큰 부담이었다.

험난한 생활이 이어지고 고국으로 돌아가는 것이 어려워지자 하멜 일행 중 몇몇 사람이 탈출을 시도했다. 1655년 3월, 조선을 방문한 청나라 사신이 귀국하는 길목에 하멜 일행 중 두 사람이 숨어 있다가 갑자기 나타났다. 이들은 조선 옷 속에 입은 네덜란드 옷을 보이며 청나라 사신에게 자신들의 억울함을 토로하고 도움을 요청했다. 그러나 이들의 시도는 실패했고, 조정에서는 하멜 일행을 처리하는 문제를 놓고 토론을 벌여 전라도의 병영으로 보내 수용하는 것으로 결론을 냈다. 효종이 사망한 후에도 하멜 일행은 조정의 골칫거리였다. 1662년, 현종은 당시까지 생존해 있던 스물두 명을 나누어 여수에 열두 명, 순천에 다섯 명, 남원에 다섯 명을 보냈다. 하멜은 여수로 보내져서 훈련장에 나가 화살을 줍고 매일 새끼를 꼬는 힘든 생활을 했지만, 희망을 잃지 않고 틈틈이 노력한 끝에 마침내 탈출에 성공했다.

고국인 네덜란드로 돌아간 하멜은 조선에서의 생활을 생생하게 정리한 『하멜 표류기』를 편찬하였다. 책을 쓰게 된 동기가 밀린 급여를 청구하기 위한 증거 자료로 제출하기 위해서였다는 점이 흥미롭다. 『하멜 표류기』는 조선을 서양에 최초로 소개한 책자로, 효종과 현종이 표류한 서양인에 대해 취했던 정책뿐만 아니라 17세기 조선의 사회상을 구체적으로 이해하는 데도 많은 도움이 된다.

하멜, 조선에 표류하다

1653년 여름, 나는 네덜란드 동인도 회사 소속인
스페르버르호를 타고 순조로운 항해를 하고 있었습니다.

일본의 나가사키로 향하던 중
우리 배는 강한 폭풍우를 만났습니다.
나와 내 동료들은 생사를 건 사투를 벌였습니다.

거센 파도에 배가 부서지고,
가까스로 살아남은 서른여섯 명만이
낯선 섬의 해안가에 도달할 수 있었습니다.

막막해진 우리 앞에 중국식 옷을 입은 사람이 나타났습니다.
하지만 그는 우리가 말을 걸 새도 없이 도망쳐 버렸습니다.

그다음 날 아침, 1000여 명의 무장한 병사가
우리를 에워쌌습니다.
그들은 겁에 질려 땅에 바짝 엎드린 우리를
끌고 가기 시작했습니다.

이곳은 대체 어디일까요?
우리 운명은 어떻게 되는 것일까요?

조선에 표류한 하멜은 어떤 인물?

최원정   여러분은 하멜이 네덜란드 사람이라는 거 알고 계셨죠?

이윤석   부끄럽지만, 하멜에 관해서 아는 건 『하멜 표류기』랑 외국인이
조선에 표류했다는 정도인데, 히딩크 다음으로 유명한 네덜란드
인이 하멜이었다는 걸 이제야 알았습니다.

그날   우리나라에서 유명한 네덜란드 사람, 히딩크 다음으로 유명한
네덜란드 사람이군요. 우리는 하멜만 알고 있었는데, 한 명이 아
니고 자그마치 서른여섯 명이나 됩니다. 아마 단체로 조선에 입
국한 최초의 서양인이 아닌가 싶은데요.

신병주   서른여섯 명 중의 한 명인 하멜이 바로 이 당시에 조선에 체류한
상황을 기록한 『하멜 표류기』를 썼죠. 서양인이 최초로 쓴 조선
리포트 또는 조선에 대한 기록이라는 점에서 의미가 아주 크다
고 할 수 있죠.

그날   '과연 그때 조선 사람들은 서양인을 보고 어떤 느낌이 들었을
까? 반대로 서양인들은 조선을 어떻게 바라봤을까?' 그런 생각
을 하면서 하멜에게 좀 더 역사적으로 접근하는 시간이 될 것 같
습니다. 선생님, 하멜이 어떤 사람이고 어떤 사연이 있었는지 설
명 좀 해 주세요.

윤초롱   「역사저널 그날」 프로그램에 서양인의 이력서가 나오는 건 처음
인 것 같습니다. 일단 표류할 당시에 하멜은 나이가 스물셋이었
어요. 꽃다운 나이였죠. 그때 하멜은 스페르버르(Sperwer)호에서
서기를 맡고 있었거든요. 일반 선원들보다는 좀 더 배운, 글을
읽고 쓸 줄 아는, 항해술도 익힌 장교급이었던 것 같습니다.

그날   근데 아까 그 이력서에서 인상적이었던 게 하멜이 잠깐 왔다 간
게 아니에요. 상당히 오랫동안 체류했더라고요. 체류한 기간을
보니까 1653년 8월에서 1666년 9월까지 13년이 넘는 것으로 되

	이름	헨드릭 하멜(Hendrik Hamel)	생몰년	1630~1692
	국적	네덜란드	직업	네덜란드 동인도 회사 소속 선원(서기)
	표류 당시 나이	23세	표류지	제주도
항로		자카르타(바타비아)를 출발해 타이완을 경유해서 일본 나가사키로 항해		
조선 체류 기간		1653년(효종 4)~1666년(현종 7), 총 13년		

하멜 이력서

어 있어요. 효종 4년에서 다음 왕인 현종 7년까지니까 국왕의 교체까지 경험해 본 겁니다. 이쯤 되면 하멜이 조선에 관해서 가장 많이 아는 전문가가 된 거예요.

이윤석   정보를 보니까 어느 정도 부잣집 엘리트이고 '꽃청춘'이고 도련님인데 왜 배를 타고 바다를 찾아서 모험을 떠난 걸까요?

김문식   스페르버르호는 네덜란드의 동인도 회사에 소속된 상선인데요, 하멜은 동인도 회사의 직원이었어요. 이때는 대항해시대[1]입니다. 15세기 이래로 서양인들이 전 지구를 돌아다니면서 무역하는 시대였죠. 그래서 젊은 청년이 무역을 통해서 새로운 세계를 보고 재산도 상당히 쌓을 수 있다는 희망을 품고 항해에 나선 겁니다. 그런데 네덜란드에서 출발해 일본으로 가는 도중에 표류하게 되죠.

신병주   16세기 초반까지 대항로 개척에 가장 적극적이었던 나라가 포르투갈과 스페인이고요, 바로 후발 주자로 네덜란드가 등장합니다. 특히 네덜란드는 잉글랜드와 협력해서 스페인을 상대로 벌인 전투에서 크게 승리하면서 전성기를 누립니다. 이때 세계 최초의 주식회사라고도 볼 수 있는 동인도 회사를 설립하는데, 바로 이 동인도 회사가 네덜란드 번영의 상징이 된 회사죠.

그날   근데 하멜 일행이 조선에 관해서는 전혀 몰랐던 것 같아요.

다운스 전투를 묘사한 그림 1639년 영국해협에서 네덜란드 해군이 스페인의 무적함대를 물리쳤다.

김문식 17세기 중반에 만들어진 요안 블라우의 세계지도를 보면 코리아
       는 그냥 나라 이름만 나와 있고 그 외에는 아무런 지명도 없습니
       다. 알 수 없는 세계인 거죠. 그게 당시에 유럽인이 이해하는 아
       시아의 세계였어요.

그날   어떤 나라인지는 모르고, 나라 하나가 붙어 있다는 정도만 알았
       군요.

김문식 나라 이름 정도만 아는 거죠.

그날   일본은 도시 이름이 나와 있는데 말이죠.

김문식 중국 쪽으로 보면 지명이 많이 나타나고, 일본도 해안 쪽으로 지
       명이 나타나죠. 일본에 관한 이해도 있는 겁니다.

그날   별게 다 섭섭하네요. 소외감이 느껴집니다.

요한 블라우의 세계지도

요한 블라우의 세계지도 중 동아시아 부분

서양인 하멜과 조선의 첫 만남

그날   13년간의 기록을 천천히 따라가 보겠습니다. 폭풍우에서 겨우겨우 살아남아서 제주도에 도착했어요. 1000여 명이나 되는, 무장한 조선인이 나타났으니 하멜 일행도 매우 무서웠을 것 같아요.

신병주   그때는 아마 조선인이라는 것을 몰랐던 거 같아요. 『하멜 표류기』를 보면 "그들은 중국식 복장을 하고 있었지만, 머리에는 말총으로 짠 모자를 쓰고 있었습니다. 우리는 해적이나 본토에서 추방된 중국인들이 사는 곳에 왔을지도 모릅니다. 그래서 모두 겁을 먹었습니다."라고 조선인에 대한 첫인상을 상당히 호전적일 수도 있다는 식으로 기록합니다.

윤초롱   그렇죠. 사실은 하멜이 먹을 게 없으니까 길 가는 조선인을 총으로 위협해서 불을 얻어 내거든요. 그랬더니 그날 100명이 포위하고, 그다음 날 1000명이 포위합니다. 얼마나 무서웠을까요?

그날   근데 솔직히 말씀드리면 겁은 우리가 더 먹었을 거예요. 덩치도 크고 생김새도 이상한 사람들이 한두 명도 아니고 떼로 몰려서 모여 있었다고 생각하면 그때 얼마나 놀랐을까 싶어요.

이윤석   서로서로 경계하고 무서워했던 거네요.

윤초롱   조선인이 서양인들을 경계한 부분을 제가 한번 읽어 볼게요. 제주목사 이원진이 조정에 보낸 보고서에서 이렇게 밝히거든요. "이 사람들은 눈이 파랗고 코가 높고 머리가 노랗고 수염이 짧습니다. 머리를 풀어 헤치고 여인들이나 입은 알록달록하고 치렁치렁한 옷을 입은 것이 우리의 풍습과 크게 다른 것 같습니다."

이윤석   『걸리버 여행기』 생각도 좀 나요. 1000명이나 와서 경계하는 모습을 보면 말이죠.

그날   조선이 소인국 쪽이군요.

이윤석   너무 큰 사람들이 와서 겁이 났던 거죠. 제가 예전에 제주도에 갔던 생각이 나는데, 제주시였던 것 같아요. 은행 옆에 표지판이 있는데 거기에 하멜 일행이 머물렀다고 적혀 있었거든요. 근데 그 집의 원래 주인이 광해군이었다고 하더라고요.

그날   그래요? 하멜 일행이 광해군이 살던 집에서 머물렀어요?

신병주   이때가 광해군이 사망한 지 그렇게 오래되지 않았을 때입니다. 1641년에 사망하거든요. 하멜의 표류가 1653년이니까 12년 뒤에 새로운 사람이 여기 살게 됐는데, 하멜은 "이곳이 왕의 숙부가 살았던 곳이다."라고 기록해요. 잘못된 정보죠. 효종에게 광해군은 할아버지뻘이거든요. 게다가 "이 왕의 숙부가 선왕을 폐위하려고 시도하다가 결국 쫓겨나서 이 섬에 왔다."라고 또 다른 잘못된 정보를 기록해 놓았어요.

그날   광해군과 인조의 상황을 거꾸로 이해하고 있었던 거네요. 그러고 보니까 언어로 소통이 안 되었을 텐데, 처음에 어떤 식으로 서로 대화를 나누었나요?

김문식   한양에서 통역 겸 조사원이 파견돼요. 하멜의 기록을 보면 이렇게 나와 있습니다. "총독이 우리에게 '이 사람이 누군지 알겠는가?'라고 묻기에 우리는 화란인이라고 대답했습니다. 그러자 총독은 '틀렸다. 이 사람은 조선인이다.'라고 말했습니다."라는 대목이 나옵니다. 자, 이 사람이 누구일까요?

이윤석   저 오늘 사실 미리 예습을 조금 해 왔어요. 제가 답을 말씀드리겠습니다. 조선 최초로 귀화한 서양인 박연입니다. 머리 한번 쓰다듬어 주시죠.

신병주   이때 제주목사가 자신 있게 "이 사람은 조선인이다."라고 말할 수 있었던 게 이미 박연은 귀화했거든요. 분명히 네덜란드 사람처럼 생겼는데 조선인이라 하니 하멜 일행은 조금 당황했을 텐데, 조선으로서는 박연이 귀화했다는 것을 확실하게 알린 거죠.

하멜의 동상(왼쪽)과 박연의 동상(오른쪽)

김문식 네덜란드에 있는 하멜의 고향에 세운 하멜의 동상을 보면 조선
　　　　복식과 서양 복식을 같이 입고 있는 모습이죠.

그날　　박연의 원래 이름은 뭐였나요?

윤초롱 박연의 원래 이름은 벨테브레이라고 하고요, 1627년에 역시 일
　　　　본으로 가다가 폭풍을 만나서 제주도에 표착한 사람이거든요.
　　　　조선인 아내를 얻어서 조선에서 1남 1녀를 낳고 정착해서 살게
　　　　되고요. 훈련도감에서 조총이나 화포를 제작하는 데 기여하면서
　　　　조정의 신뢰도 받았죠. 병자호란에도 참전했을 정도니까요.

신병주 이게 정말 우연이지만, 똑같은 네덜란드 사람이 또 표류해 오니
　　　　까 조정에서도 당연히 박연을 보내면 어느 정도의 통역은 할 수
　　　　있을 거라고 판단했는데, 문제가 생겨요. 박연이 이때 이미 조선
　　　　에서 생활한 지 26년이 됐어요. 26년 동안에 모국어인 네덜란드
　　　　어를 다 잊어버린 거죠.

박연을 만난 하멜의 심경

50대 후반 정도 되어 보이는 남자의 이름은
얀 야너스 벨테브레이.

26년 전 조선에 왔다는 그는
고국의 말조차 거의 잊어버리고 있었습니다.

같은 네덜란드 사람을 만나서 기뻤던 마음은
금세 슬픔으로 바뀌고 말았습니다.

우리도 그처럼 이곳에 갇혀
평생을 살아야 하는 게 아닌지,
생각만 해도 나는 너무 두렵습니다.

이름	나이	직책	이름	나이	직책
헨드릭 하멜	23	서기	산더르 바스컷	28	포수
헨드릭 얀서	?	일등항해사	얀 피테르스전	23	포수
야코프 얀서	34	조타수	안토네이 윌데릭	19	포수
호베르트 데네이스전	34	조타수	헤릿 얀스전	19	포수
헨드릭 코르넬리선	24	하급 수부장	헨드릭 얀서 보스	?	포수
얀 얀서 펠트	22	하급 수부창	파울뤼스 얀서 콜	?	포수
코르넬리스 디르크서	18	하급 수부장	베네딕튀스 클레르크	14	급시
맛회스 이보컨	19	하급 선의	클라스 아렌츠전	14	급사
얀 클라스전	36	요리사	데네이스 호베르츠전	12	급사
요하니스 람펀	23	조수			

스페르버르호 표류자 19인의 신상 기록

하멜 일행 서른여섯 명과 표류선

그날　모국어까지 잊어버리고 26년이나 산 박연을 하멜 일행이 봤을 때 기분이 얼마나 묘했을까요? 26년이 지나면 모국어를 잊어버리게 되나요?

신병주　외딴섬에서 26년간 한번 살아 보세요. 그런데 그나마 다행스럽게도 계속 대화하다 보니까 더듬더듬 그 말을 알아들었다는 기록이 보입니다.

그날　그러면 박연은 하멜 일행을 상대로 통역하면서 어떤 사실들을 알아냈나요?

윤초롱　박연이 조사한 서른여섯 명 중에서 열아홉 명에 관한 기록이 남아 있거든요. 주목해야 할 점은 직업이 다양하다는 거예요. 일반 선원도 있었지만, 일등항해사에서 포수, 조타수까지 있었습니다. 그러니까 각자 자기의 전문 기술이 있었죠.

그날　좀 미안한 표현이지만, 조선으로서는 다양하게 활용할 수 있는 사람들이 있었던 셈이에요. 그러니까 의지만 있었으면 이것저것

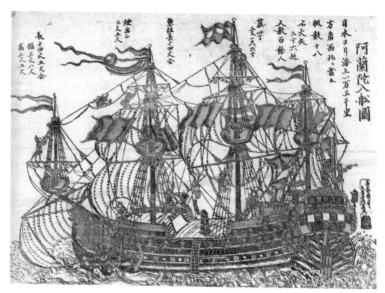
나가사키에 입항하는 네덜란드 선박을 묘사한 그림

배울 수 있는 방도가 많았다는 겁니다.

신병주 이때 싣고 온 게 대포라든가 조총 같은 무기를 비롯해 은 600냥
　　　　 입니다. 그리고 대단히 재미있는 게 두 개의 병 입구를 붙이고
　　　　 여기에 모래를 흐르게 한 유리병 같은 게 있었다고 합니다. 그게
　　　　 뭐 같아요?

그날　　 모래시계겠지요?

신병주 예, 아마 모래시계로 시간을 계산하려고 했던 것 같고, 천리경이
　　　　 라든가 유리로 된 거울 같은 것, 또 화포 같은 물품도 있어서 그
　　　　 당시에 선진 서양 문물에 해당하는 물품이 상당히 많이 있었습
　　　　 니다.

그날　　 소현세자가 가지고 온 것보다 더 많은 것 같은데요?

신병주 소현세자는 주로 말에 싣고 왔지만, 하멜 일행은 배에 싣고 왔거
　　　　 든요. 훨씬 규모가 크다고 볼 수 있죠.

제주도에서의 탈출 시도

김문식 하멜 일행이 처음 만난 제주목사는 이원진이라는 사람인데요, 죽도 끓여 주고 반찬이 부족하면 반찬도 제공해 주는 식으로 매우 부드럽게 대해 줍니다. 그런데 얼마 후에 다른 사람으로 바뀝니다. 새로 온 제주목사는 부식 지급을 중단해 버려요. 그러니까 하멜 일행이 밥과 바닷물을 먹었다고 하거든요. 이런 상태로 굉장히 살기가 어려워지니까 하멜 일행이 제주도에서 탈출을 꿈꾸게 됩니다.

윤초롱 결국 도망가려고 시도하죠. 그런데 그 시도가 너무 어이없이 끝나는 게 고을 외곽에 있는 배를 훔치려다가 개가 짖어서 발각되고 말아요.

류근 개가 짖어서 배를 훔쳐 가지 못하게 막았다는 말이죠? 제주 개가 말이에요, 진돗개 못지않게 명견이에요. 지금 어떻게든 자기네 배를 지켜 내잖아요.

윤초롱 결국은 나가지 못하고 붙잡히거든요. 처음으로 엉덩이 까고 볼기짝 스물다섯 대를 맞죠. 거의 한 달을 고생했다는데 몸 고생도 몸 고생이지만, 다시 고향으로 돌아갈 수 없을지도 모른다는 불안감 때문에 마음고생이 더 심했을 것 같습니다.

신병주 이때 조선이라는 나라가 병자호란을 겪은 다음에 효종 시대에 이르러 공식적으로 드러내 놓지는 못하고 북벌 정책을 추진하는, 대단히 어려운 시기에요. 국제 정세를 보면 청나라에도 압박당하고 일본도 만만치 않은 상태에서 하멜 일행을 처리하려니 명쾌한 답이 안 나오는 거예요. 그러다 보니까 일단은 억류해 놓고 보자는 식이 되면서 하멜 일행은 기약 없이 체류하는 상황이 되었죠.

효종을 알현하는 하멜 일행

효종의 북벌 계획과 하멜 일행

그날 효종은 하멜 일행에게 한양으로 오라는 명령서를 보냅니다. 근데 제주도에서 한양까지 가는 길도 얼마나 멀었겠습니까?

김문식 마침내 하멜 일행은 한양에 도착해서 효종을 알현하는데요, 『하멜 표류기』에 그 장면을 묘사한 삽화가 있습니다. 유럽에서 그린 거죠.

그날 근데 어떻게 우리 조선 왕을 저렇게 유럽 왕처럼 그려 놨을까요?

김문식 자기들 식으로 그린 거죠. 당시 국왕이던 효종은 대우를 잘해 주는 편이었습니다. 하멜 일행을 이용하려고 생각한 거 같아요. 그래서 훈련도감에 이들을 배속해서 호위 병사로 임명합니다. 하멜 자신도 화승총 한 자루에 화약과 총알을 받았다는 기록이 있고요. 효종으로서는 당시에 북벌 정책을 추진하는 상황에서 서양의 화포술이나 총포술을 가진 사람들이 있으니까 적극적으로 활용하려는 목적도 있었던 것 같습니다.†

윤초롱 당시에 조선이 북벌에 상당한 힘을 쏟았다는 게 하멜이 묘사한 군사훈련 상황에 나타나 있는데요. 병사들은 봄 석 달과 가을 석 달 동안 훈련을 받습니다. 사격 훈련을 받고 기타 병법 훈련을 받기 위해 매달 세 번씩 전술훈련을 하러 갑니다. 하멜은 "그들은 세상의 모든 책임이 자기들 어깨에 얹혀 있기라도 한 것처럼 맹렬히 군사훈련을 합니다."라고 묘사해 놨어요.

신병주 효종이 북벌을 계획하는 과정에서 병사들을 확실히 파악하고자 호패를 적극적으로 보급해요. 그래서 그 당시에 표류했던 하멜 일행에게도 호패를 지급합니다. 그런데 재미있는 것은 헨드릭 얀서라는 일등항해사에게는 남북산(南北山)이라는 이름을 부여했고, 헨드릭 얀서 보스라는 포수에게는 남이안(南二安)이라는 이름을 부여했어요.

그날 왜 남씨였지요?

신병주 아무래도 네덜란드를 남만이라고도 불렀기 때문에 남씨 성을 하사했다고 볼 수 있죠.

이윤석 그 전통을 받아서 히딩크는 희동구로 불리기도 하고, 인연이 깊네요.

† 전에 온 남만인 박연이라는 자가 보고 "과연 만인이다." 하였으므로 드디어 금려(禁旅)에 편입하였는데, 대개 그 사람들은 화포를 잘 다루기 때문이었다.
— 「효종실록」 4년(1653) 8월 6일

하멜 일행의 한양 생활

그날 어찌 됐든 한꺼번에 서른여섯 명이 한양에 들어온 거는 당시로써는 대단한 화제였겠어요. 얼마나 신기했을까 싶어요.

김문식 하멜 일행이 서울에 와 궁에서 효종을 만났을 때 효종이 잔치를 베풀어 줍니다. 이 자리에서 네덜란드 사람들이 노래도 부르고 춤도 추면서 자기들이 평소에 하던 걸 보여 주죠. 그런데 이게 서울에 소문이 나요. 그래서 유명한 권세가 집안의 초청을 받아 가서 무대를 꾸며 대접을 받고요. 구경거리가 된 거죠.

그날   아니, 광대도 아니고 집집이 돌아다니며 춤추고 노래했던 거예요? 큰 수모였겠어요.

류근   서른여섯 명이면 슈퍼주니어의 세 배쯤 되는 건데, 거의 아이돌 급이네요.

이윤석   구경거리로 여겼었던 증거로 기록이 있더라고요. 머리가 금발이기 때문에 물속의 괴물에 가깝다는 기록도 있고, 뭔가 마실 때 코가 닿으니까 코를 뒤로 돌려놓고 마시는 희한한 족속이라는 이상한 소문도 납니다. 구경거리로, 낮도깨비 비슷하게 본 게 아닌가 싶습니다.

김문식   괴로운 일이 또 있었는데, 처음에 하멜 일행이 서울에 머물면서 우리나라에 귀화한 중국인들 집에서 살았어요. 얹혀서 산 거죠. 근데 겨울이 되면 주인인 중국계 조선인이 장작을 장만해 오라고 성화를 부려요. 그래서 하멜 일행이 무려 5킬로미터 정도를 걸어가서 나무를 베어 오죠. 그러니까 추운 겨울에 너무 힘든 거예요.

그날   조선살이가 쉽지는 않았던 모양입니다. 그런데 조선 조정을 발칵 뒤집어 놓는 사건이 하나 발생합니다.

청나라 사신의 행렬에 뛰어들다

1655년 3월, 조선에 왔던 청나라 사신이 돌아가던 날,
큰 소동이 벌어진다.

청 사신이 지나가는 길목에 숨어 있던
하멜 일행 두 명이 사신 행렬에 뛰어든 것이다.

일등항해사인 헨드릭 얀서와 포수인 헨드릭 얀서 보스.
두 사람은 조선 옷을 벗어
속에 입고 있던 네덜란드 옷을 내보이며
고국으로 돌아가게 도와 달라고 간청한다.

하지만 두 사람은 그 자리에서 체포되어 수감되고
나머지 하멜 일행도 집 밖 출입이 금지된 채
삼엄한 감시를 받는다.

조선에 억류된 서양인이
청나라 사신 앞에서 벌인 탈출 시도 사건으로
조선 조정은 매우 난처한 상황에 빠진다.

청나라와 '조선 탈출 시도 사건'

그날 　두 네덜란드인의 탈출 시도가 어째서 조선으로서는 난처해지는 거죠?

김문식 　당시 청의 처지에서 보면 1644년에 북경을 함락했지만, 중국 남쪽까지는 완전히 장악하지 못한 상황이에요. 그래서 조선과 명의 접촉을 계속 경계하고 수시로 사신을 파견해 감시하면서 많은 세폐[2]와 곡물을 요구해서 조선의 경제력을 피폐하게 합니다. 경제력이 생기면 조선이 군사력을 확충할 가능성이 있으니까요. 이런 시절에 조선이 외국인을 데리고 있다는 게 청나라 조정에 알려지면 화포 같은 서양 무기들이 조선으로 전달됐을 가능성이 제기되겠죠. 그러니까 아주 예민하고 민감한 사안입니다.

그날 　효종은 한창 북벌에 신경을 쓰고 있을 때잖아요. 훨씬 당황했겠어요.

윤초롱 　돌발 상황이었지만 나름대로 신속하게 처리하는데요, 박연을 보내서 일등항해사였던 헨드릭 얀서와 포수였던 헨드릭 얀서 보스를 잡아 오고요, 청나라 사신에게는 뇌물을 주면서 눈감아 달라고 부탁합니다. 당시 하멜은 탈출하려던 네덜란드인 두 명이 어떤 처분을 받았는지 몰랐는데, 후에 그들이 죽었다는 걸 들었다고 합니다.[†]

그날 　안타깝기는 한데, 그래도 조선으로서는 나름대로 잘해 주려고 했는데 문제를 일으킨 거잖아요. 그러면 나머지 일행과 하멜은 어떻게 처리했는지 궁금하네요.

신병주 　조선 조정으로서는 대단히 고민스러운 거예요. 게다가 효종 때는 감시를 목적으로 청나라에서 사신이 자주 왔거든요. 그래서 조정에서도 이 문제를 두고 어전에서 회의하면서 하멜 일행을 그냥 처형하자는 쪽으로 결론을 냅니다. 하멜 일행은 거의 죽을 위기에 들어선 거죠.

그날 효종은 남과 다른 게 대군 시절에 이미 청나라 심양에 잡혀가서 볼모 생활도 해 봤던 사람 아닙니까? 그래서 하멜 일행의 심정을 누구보다 잘 알았을 것 같은데, 처형 얘기가 나왔다는 게 이해가 잘 안 돼요.

김문식 효종은 죽일 생각을 하지 않았어요. 강경파가 하멜 일행을 사형하자고 주장하는 상황에서 효종은 사형을 막아 줍니다. 그리고 처형하는 대신에 청 사신을 도저히 만날 수 없는 지방으로 유배를 보내는 것으로 결론을 내립니다.

> † 당초에 남만인 30여 인이 표류하여 제주에 이르렀으므로 목사 이원진이 잡아서 서울로 보내었다. 조정에서 늠료를 주고 도감(都監)의 군오(軍伍)에 나누어 예속시켰다. 청나라 사신이 왔을 때 남북산이라는 자가 길에서 곧바로 하소연하여 고국으로 돌려보내 주기를 청하니, 청사가 매우 놀라 본국을 시켜 잡아 두고 기다리게 하였다. 남북산이 애가 타서 먹지 않고 죽었으므로 조정이 매우 근심하였으나, 청나라 사람들이 끝내 묻지 않았다.
> ─ 『효종실록』 6년(1655) 4월 25일

전라도에서의 험난한 유배 생활

신병주 결국 전라도 병영으로 유배를 보내는데, 하멜 일행이 가장 오랜 기간 살았던 곳이 전라도 지역이었어요. 아무래도 청나라 사신의 눈을 피하기에 좋은 곳이기도 했고요. 그런데 이때도 상당히 어려운 생활을 했다는 게 『하멜 표류기』에 나와요. 풀을 뽑게 한다든가 성곽을 수축하는 식으로 과중한 작업에 시달렸고, 일종의 행상으로 나무를 해다가 팔기도 했고요. 그렇게 산속을 휘젓고 다니다 보니까 옷이 다 해졌다는 기록까지 있습니다.

그날 궁금한 게 저렇게 유배 생활을 하면서 결혼한다거나 자식을 낳는다거나 하는 일은 없었어요?

과중한 작업에 시달리는 하멜 일행

신병주   박연과는 달리 하멜 일행에 관해서는 그런 기록이 없어요. 조선
        인 여성들도 처음 보는 서양인들에게 다가가기가 좀 어려웠겠
        죠. 박연은 관료가 됐기 때문에 달랐지만 말이죠. 요즘도 그렇지
        만 공무원은 안정된 직업이잖아요. 근데 하멜 일행은 거의 유랑
        생활을 하고 갖가지 작업에 시달리니 웬만한 조선인 여성은 쉽
        게 혼인을 하지 않으려 했을 겁니다.

그날   조선에서 저렇게 유배 생활을 하면서 정말 막노동만 했군요. 안
        타까운 게 항해 전문가도 있었고 포수도 있었고, 무기도 다룰 줄
        아는 사람들이었는데 단순노동만 시킨 겁니다. 한양에서는 흐지
        부지됐지만, 전라병영에서라도 군관이나 군사로 활용했으면 어
        땠을까요? 아쉬움이 남습니다.

김문식   하멜 일행이 전라도로 가고 나서는 아주 편안하게 산 거 같지는
        않아요. 1657년이 조선에 온 지 5년째 되는 해인데, 이때 기록을
        보면 밥에 쳐서 먹을 소금 한 줌을 얻기 위해서 3킬로미터를 걸
        어가야 했다는 표현이 나오거든요. 그리고 구걸해서 먹을 것을

보충하는데, 재미있는 것은 하멜 일행이 스님과 친했어요. 근데 스님 중에 탁발승이 있잖아요. 스님들이 탁발하면서 시주를 구하는 걸 보고 탁발승처럼 행세해서 먹을 것을 보충하는 이야기가 기록에 있습니다.

하멜, 조선의 대기근을 겪다

윤초롱 하멜 일행이 시주를 따라 하면서 구걸할 정도로 어려웠잖아요. 그런데 이때는 하멜 일행만 어렵게 산 게 아닙니다. 대기근 때문에 일반 백성들에게도 대단히 어려운 시기였어요. 굶어 죽는 사람이 엄청 많았는데, 가난한 일반 백성들은 목숨을 부지하기 위해서 도토리를 주워 먹고, 소나무의 속껍질과 잡풀을 뜯어 먹었거든요.

그날 그랬군요. 근데 대기근이 왜 하필이면 이 시기에 닥쳤을까요? 그때 상황을 설명해 주실 전문가를 모셨습니다. 부경대학교 사학과의 김문기 교수님입니다. 교수님, 대기근이야 『조선왕조실록』에 여러 차례 나오는데, 이때 기근은 좀 특별했나요?

김문기 지난 1000년의 역사를 보면 서기 1000년에서 1300년 사이에는 오늘날과 비교해 기온이 같거나 좀 더 따뜻했던 중세 온난기가 있었습니다. 그리고 그 이후부터 1900년까지는 오늘날보다 훨씬 한랭했는데, 그 시기를 소빙기(소빙하기)로 부릅니다. 작은 빙하기라는 의미입니다. 그 소빙기 중에서도 가장 추웠던 시기가 바로 17세기였습니다. 『하멜 표류기』만 보더라도 조선 시대에 하멜 자신이 겪었던 추위에 관한 기록을 곳곳에서 확인할 수가 있습니다.

그날 네, 그럼 당시 조선에는 구체적으로 어떤 일들이 있었나요?

김문기 하멜이 표착했던 1653년에는 4월에 경기도와 황해도에서 서리

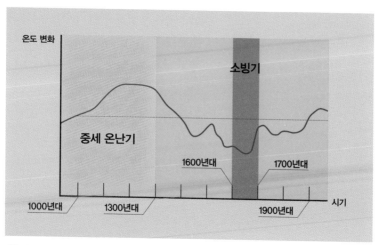

온도 변화

소빙기

중세 온난기

1600년대

1700년대

1000년대

1300년대

1900년대

시기

기후 변동 그래프

가 내렸고, 6월에는 강원도에서 서리가 내렸습니다. 사실 이러한 현상들은 하멜이 조선에서 머물던 기간 내내 계속 반복해서 발생했던 일입니다.

그날 조선 시대에는 음력을 썼으니까 지금 말씀하신 계절이 한여름이죠. 한여름에 서리가 내린 셈이네요.

김문기 그중에서도 가장 흥미로운 점은 하멜이 조선에 머무는 동안에 동해가 자그마치 두 번이나 얼어붙었다는 것입니다. 1655년 봄과 1659년 봄에도 동해가 얼어붙습니다. 하멜은 "조선의 겨울에는 매우 많은 눈이 내린다. 1662년 어느 절에 머물 때는 집과 나무들이 눈으로 가득 덮여서 이웃에 있는 집으로 가기 위해서는 눈 속에 굴을 파야 통과할 수 있었다."라는 기록을 남깁니다. 하멜이 전라남도에 머물렀다는 사실을 생각해 보면 당시 추위로 말미암은 피해가 얼마나 심각했는지를 알 수가 있습니다.

그날 설명을 듣는 것만으로도 너무 춥지 않아요? 귀화한 중국인들이 땔감 해 오라고 괴롭혔던 게, 워낙 추우니까 어쩔 수 없었겠다는 생각이 드네요. 게다가 이상 한파가 이어지니까 가뭄도 안 올 수가 없죠.

김문기　하멜은 1662년에 수천 명의 사람이 기근으로 굶어 죽었다는 기록을 남겼습니다. 또한 도로에는 병사들이 배치되어 길거리에 널린, 굶주려 죽은 사람들의 시체를 매장하면서 매일같이 일어나는 살인이나 강도를 예방했다는 기록도 남겼습니다.

그날　　거의 전쟁 때나 다름없는, 비참하고 처참한 수준인데요.

신병주　현종이라는 왕은 15년이나 재위했어요. 그런데 '저 양반 왕 맞아?' 하는 생각마저 들 만큼 우리 기억 속에는 존재감이 없습니다. 당시에 자연재해가 워낙 자주 일어나서 제대로 정책을 펼 수가 없었던 거죠. 전형적인 조선 시대판 IMF 시대로 우리가 현종 시대를 규정해 볼 수 있죠.

그날　　대항해시대와 소빙기가 얼추 일치하는 것 같아요. 지리적으로는 새로운 기회를 줬지만, 기후적으로는 새로운 위험을 주는 시대였던 거죠. 그게 하멜의 불행이었고요. 두 가지가 동시에 왔으니까요.

김문기　하멜이 조선에 있지 않았다고 하더라도 당시에 전 지구적으로 나타난 소빙기의 한랭한 현상을 피해 갈 수는 없었을 것입니다. 다만 조선이라는 낯선 땅에 와서 이방인으로서 지냈던 것은 대단히 고통스러운 일이었을 겁니다.

그날　　전 세계를 추위에 떨게 했던 소빙기 이야기까지 잘 들어 봤습니다. 김문기 교수님 말씀 들어 보니까 대기근으로 우리 조선 사람들도 이방인을 챙길 여력이 전혀 없었던 거예요. 나도 먹고살기 바쁜데 말이죠.

김문식　하멜 일행이 전라도로 유배를 갈 때 서른세 명이 갔거든요. 근데 7년 만에 열한 명이 죽어요. 그만큼 희생이 컸고요. 본래는 전

네덜란드 레이던의 운하와 수로를 묘사한 그림(1660년경) 혹한으로 얼어붙은 모습이다.

라병영에서 하멜 일행에게 기본적인 식량을 제공했는데 스물두 명을 먹여 살릴 비용이 부족하게 되죠. 그래서 다시 전라도 지역 내에서 분산해 배치합니다. 여수로 열두 명을 보내고, 순천으로 다섯 명, 남원으로 다섯 명을 보내서 각 고을로 부담을 나눠 줍니다.

효종의 승하와 현종의 즉위, 하멜 일행은?

윤초롱 하멜 일행의 삶이 팍팍해진 데는 또 다른 이유가 있었는데요, 효종이 승하하고 현종으로 왕이 교체되면서 대우가 달라졌어요. 방금 얘기한 대기근도 있지만, 현종은 즉위와 동시에 격렬한 예송 논쟁에 휘말리거든요.

그날 그 유명한 예송 논쟁이군요. 예송 논쟁, 많이는 들어 봤는데 잘 모르겠어요. 구체적으로 어떤 논쟁인 거죠?

신병주 예송 논쟁은 현종 때 크게 두 차례가 있었습니다. 1659년의 기해 예송과 1674년의 갑인예송이죠. 현종이 즉위한 해인 1659년은 결국 효종이 승하한 해이기도 하잖아요. 인조의 계비, 즉 효종의 계모가 효종의 상에 상복을 몇 년 입을 것인지를 둘러싸고 서인 은 1년복, 남인은 3년복을 주장하면서 정치적·사상적으로 대립 한 논쟁 또는 사건이 첫 번째 예송 논쟁인데, 기해년에 일어났기 때문에 기해예송이라고도 하죠.

그날 섭섭한 거는 그런 사정이 있었다고는 하지만, 지금 당장 나라에 서 굶어 죽는 사람들이 이렇게 나오잖아요. 그런데 기근이 든 지 방에 3년을 도와줄지 1년을 도와줄지 벌이는 논쟁이면 이해하 겠는데, 상복을 3년을 입을지 1년을 입을지로 논쟁하는 건 잘 와 닿지 않아요.

김문식 왜란이나 호란을 거치면서 국가 지도층의 권위가 땅에 떨어졌 고, 나라가 흔들흔들할 때거든요. 그래서 국가 질서를 되세우는, 새로 세우는 차원에서 주자 성리학을 강조하게 되고, 특히 예를 제대로 실천하는 문화 국가라는 것을 보여 주고 싶어 했죠. 그래 서 왕실에서부터 예치를 제대로 한다는 것을 보여 주기 위해서 결국은 상복을 둘러싸고 논쟁이 생겼던 거고요. 근데 국가에서 이런 논쟁이 생기다 보니깐 하멜 일행에 관한 관심은 자연스럽 게 약화될 수밖에 없죠.

일본으로의 탈출

1666년 9월, 어둠을 틈타 하멜과 그의 동료들이
여수의 해안가로 향한다.

조선에 표착한 지 13년.
또다시 탈출을 시도한 것이다.

서른여섯 명의 표류자 중
이때까지 남은 생존자는 열여섯 명.
탈출에 동참한 이는 그중 여덟 명이었다.

조선 해역을 벗어나 일본의 나가사키로 향하던 배는
마침내 육지를 발견한다.
천신만고 끝에 하멜 일행이 도착한 곳은
나가사키에 인접한 작은 섬 고토였다.

일본 정부는 즉시 수군을 파견해
하멜 일행을 나가사키 지방 관청으로 보낸다.

조선에서 탈출한 네덜란드인들의 출현.
이것은 조선과 일본 양국의 외교적 마찰로 이어지는
파문을 몰고 온다.

여수

고토   나가사키

하멜, 13년 만에 조선을 탈출하다

그날   저는 하멜 일행이 탈출에 성공하는 과정에서 한 편의 영화를 보는 느낌을 받았어요.

류근   몇 번이나 시도했으니까 빠삐용급이에요.

김문식   하멜 일행 여덟 명은 도착하고 나서 나가사키 봉행³이라는 관리에게 끌려가 심문을 받습니다. 난파선의 규모가 어느 정도였는지, 애초에 항해 목적이 무엇이었는지 등을 묻는 항목이 열한 개였고, 조선에서 어떻게 생활했는지 묻는 항목이 일곱 개입니다. 조선의 군사력과 경제력, 풍습, 종교 같은 것을 묻는 항목이 열일곱 개로 제일 많았고요. 그다음으로 조선의 대외관계 같은 것을 묻는 항목이 여섯 개 있고, 어떻게 해서 탈출하게 됐는지, 하멜 일행의 탈출에 대한 조선의 견해는 어떤지 묻는 항목이 열세 개입니다. 이렇게 매우 상세한 신원 조사가 하루 만에 끝나요.

그날   정보를 일목요연하게 체계적으로 수집하고 분석하는 모습이 상당히 인상적인데요. 심지어 조선은 하멜 일행이 도착했을 때 지금 왜 일본으로 가려고 하는지조차 묻지 않았다고 하잖아요. 정보라는 것에 대해서 가치를 아예 못 느끼고 있었던 것 같아요.

신병주   하멜 일행이 심문을 받은 이후에는 격리된 장소로 옮겨져요. 데지마 상관이라는 곳인데, 인공 섬처럼 되어 있거든요. 일본과 네덜란드가 직거래 무역을 할 수 있도록 만든 곳입니다. 서양 문물이나 기독교가 일본에 갑자기 들어오면 혼란을 줄 수 있기 때문에 일단은 일정하게 폐쇄된 공간을 만들어서 어느 정도 거를 수 있게 하는 게 목적이었죠.

그날   인공섬까지 만들고, 굉장히 치밀한데요.

김문식   저 지역에서만 외국 배가 드나들 수 있게 하고 나머지 지역은 막은 거죠. 그렇지만 저렇게 열린 통로를 통해 네덜란드 서적을 받

나가사키의 옛 지도 중 데지마 부분 1764년에 출판된 지도로, 가운데에 데지마가 보인다.

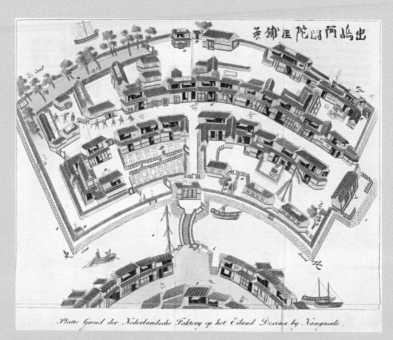

인공섬 데지마

아들여서 일본 사람이 네덜란드어를 배우고 번역까지 하거든요. 그래서 18세기에 가면 의학 서적까지 번역하는 수준에 이릅니다. 이른바 난학(난가쿠)이라는 것이죠. 일본으로서는 데지마가 유럽을 가까이할 수 있는 좋은 계기를 제공해 준 겁니다.

그날 저 당시만 해도 세계에서 네덜란드가 1인당 국민소득이 제일 높은 나라였어요. 일본은 네덜란드를 잘 배웠던 거죠. 그런데 하멜 일행의 출현이 조선과 일본 간의 외교 문제로 비화했다면서요?

윤초롱 1644년에 조선과 일본 사이에 갑신 표류 사건이 일어났는데, 그 이후 난파선이나 표류선이 발생하면 서로에게 통보해 주기로 약속한 상태였거든요. 근데 일본이 네덜란드는 일본에 조공을 바치는 속국이라면서, 즉 표류민인 하멜은 일본의 속국 사람이니까 일본에 알렸어야 하는데 왜 알리지 않았느냐는 식으로 트집을 잡아서 문제화하죠.†

그날 네덜란드가 일본에 조공을 바치는 나라라니, 어떻게 보면 속인 거잖아요? 그렇게 해서 일본이 어떤 이득을 보길래 그럴까요?

신병주 일본은 조선과 대단히 무역하고 싶어 하는데, 조선은 일본에 대해서 아주 폐쇄적인 정책을 써요. 무역할 수 있는 장소로 왜관이라는 특정한 한 곳만 지정한 것이 대표적이고요. 또한 이 시기에는 교역선 규모를 스물한 척 정도로 제한하는 문제가 있었기 때문에 이 사건을 약점으로 잡아서 결국은 자신들과 조선의 무역을 더 늘리라고 요구하려고 했죠.

† 병오년 가을에 남만인 여덟 명이 고기를 잡으러 바다로 나갔다가 표류해 일본 오도(五島)에 도착하였다. 오도에서 이들을 붙잡아 장기(長崎)로 보내니 장기 태수가 그들의 거주지를 물어보았는데 아란타(阿蘭陀)의 사람들이었다. 아란타는 곧 일본에 속한 군(郡)이었다. 그 사람들을 강호(江戶)로 들여보냈는데 관백(關白)이 대마도주(對馬島主)로 하여금 우리나라에 묻기를, "해변에 왕래하는 야소종문(耶蘇宗門)의 잔당들을 일일이 기찰하여 통보해 주기로 일찍이 귀

　　　　　　　　　　　　　　　　　　— 『현종개수실록』 8년(1667) 2월 26일

『하멜 표류기』가 출판된 배경

그날　수많은 고비를 넘기고 하멜은 드디어 고국 땅을 밟습니다. 고국
　　　에 가서 쓴 게 『하멜 표류기』지요?

김문식　그렇죠. 돌아가서 썼죠.

신병주　제가 질문 한번 드려 보겠는데, 『하멜 표류기』를 쓴 가장 기본적
　　　인 동기가 무엇일 것 같아요?

그날　『로빈슨 크루소』처럼 일기 같은 게 아니었을까요? 또 한편으로
　　　생각해 보면 제가 네덜란드의 출판업자라면 당연히 하멜을 설득
　　　해서 책을 내게 했을 것 같습니다. 이 정도면 충분히 베스트셀러
　　　가 될 수 있다고요.

신병주　하멜이 『하멜 표류기』를 처음 쓰게 된 동기는 급여에 있습니다.
　　　조선에 13년간 체류하면서 결과적으로 동인도 회사로부터 한 푼
　　　을 못 받은 거예요. 그래서 급여를 받기 위해 쓰기 시작한 책이
　　　『하멜 표류기』입니다.

그날　일종의 보고서였군요.

신병주　자신에게 무슨 사건이나 사고가 생겼을 때 그 내용을 보고하면
　　　정당성을 인정받아서 급여나 보상을 청구할 수 있잖아요.

그날　13년간이나 소식이 없었는데, 어디서 놀다 온 게 아니라고 기록
　　　으로 적은 거죠. 근무 일지를 쓴 거네요. 이만큼 일했으니까 돈
　　　받아야 한다고 말이죠.

신병주　그래서 내용이 좋은 거예요. 절박하니까 말이죠. 그리고 이 『하

1665년경에 제작된 네덜란드 동인도 회사의 지도 동인도 회사가 설립된 곳은 지명이 검은색으로 적혀 있다.

멜 표류기』는 네덜란드 쪽에서 볼 때 조선과 교역하는 데 상당히 도움을 주는, 조선의 정보를 알 수 있는 중요한 책이죠.

17세기 유럽의 『하멜 표류기』 열풍

그날　당시 네덜란드의 상황이 어땠는지 많은 분이 궁금해하실 것 같은데요, 한국학의 석학인 네덜란드의 보드윈 왈라번 교수님을 모셔 봤습니다. 교수님, 『하멜 표류기』가 유럽에서 출간되자마자 매우 화제가 됐었다면서요?

왈라번　그때 유럽 사람들은 탐험 얘기에 관한 관심이 많이 있었어요. 그래서 출판사에서도 그런 얘기가 나오면 서로 출판하려고 했는데, 저작권이나 판권이 있는 시대가 아니었기 때문에 1668년에 출판사 세 곳에서 거의 동시에 『하멜 표류기』가 나왔습니다. 프랑스어와 독일어, 영어로도 나중에 다 번역이 되었습니다.

윤초롱　17세기라면 네덜란드가 무역으로 번성했었던 시기잖아요. 네덜

네덜란드의 다국적 무역

란드의 대외 무역은 어떻게 이루어졌나요?

왈라번 네덜란드는 1568년부터 스페인을 상대로 독립 전쟁을 했는데, 무기로 전쟁하는 것뿐만 아니라 경제 전쟁도 했어요. 그래서 지구 어디든지 무역을 할 수 있다는 기대가 있으면 그곳으로 가서 무역을 독점하려고 합니다. 예를 들면 일본 사람들에게 양념을 팔고 은을 산 다음에 그 은으로 인도에 가서 물과 옷감을 사고 그 옷감을 대부분 인도네시아에 팔았어요. 그러니까 다국적인 무역을 크게 했어요.

그날 그러면 네덜란드는 『하멜 표류기』가 나오기 전에 이미 조선에 관해서 알고 있었던 건가요?

왈라번 조선이 어디 있는지 알고 있었어요. 왜냐하면 벌써 1610년에는 네덜란드 사람들이 조선과 무역할 수 있으면 좋겠다고 생각해서 배를 조선으로 보내는데, 쓰시마 다이묘[4]가 반대했기 때문에 다

도착하지 못했어요. 그래서 그때는 포기했지만, 이후에도 여러 번 시도해요. 1622년에는 네덜란드 배가 조선 앞바다에 갔는데 조선 군함 서른여섯 척의 공격을 받고 도망가기도 해요.

신병주 실제로도 1639년에 보물섬 원정대라는 탐사대가 출항하기도 했는데, 태평양에서 좌초되어서 조선에는 도착하지 못했습니다. 그 당시에는 조선을 뭔가 미지의 나라, 금과 은이 있는 나라라고 생각하는 유럽인들이 있었던 것 같습니다.

그날 『하멜 표류기』가 나오고 나서 네덜란드에서 조선으로 가 보자는 움직임은 없었나요?

왈라번 하멜의 보고서를 읽은 다음에 다시 한 번 그것을 검토하게 됐죠. 그래서 '코리아'라는 배도 만들었고요.

그날 아, 코리아라는 배를 만들었군요.

왈라번 계속 한국과 교류하려고 했다는 점에서 의미 있는 얘기라고 생각합니다.

네덜란드 '코리아호'의 운명은?

그날 왈라번 교수님이 말씀하신 것 중에 보면 코리아라는 배가 있었다고 하잖아요. 그게 어떻게 됐나요?

김문식 결국 조선에 오지는 못합니다. 당시에 일본은 중계무역을 하고 있었는데요, 쓰시마를 거쳐서 네덜란드산 물건을 조선에 팔고, 또 조선의 물건을 나가사키로 가져와서 서양에 팔아 매우 크게 이득을 남겼죠. 그래서 네덜란드가 조선과 직접무역을 하려고 한다면 네덜란드가 일본에서 누리는 독점 무역의 권리를 뺏겠다고 협박합니다. 네덜란드 측에서도 자신들의 정보에 의하면 일본과의 교역이 단절되는 것을 감수하면서까지 추진할 만큼 조선과의 교역이 이익이 남지는 않는다고 판단했어요. 그래서 결국은 무산됩니다.

17세기 조선의 대외 인식

이윤석 저는 여기서 좀 화가 나네요. 임진왜란 때는 길을 빌려 달라는
이야기를 해 놓고서는 막상 네덜란드가 코리아호를 딱 앞세워서
들어오려고 하니까 그 길을 막아 버려요. 그때 막지 않았으면 동
양과 서양의 교섭이 태동하는 시기였기 때문에 뭔가 선진 문물
을 받아들여서 나라의 힘이 좀 더 강해졌을 수도 있다는 아쉬움
이 들거든요.

류근 저는 개인적으로 회의적이에요. 일찍이 서른여섯 명이나 되는
하멜 일행, 각자 전문적인 영역을 지닌 사람들이 들어와서 13년
을 넘게 머물렀는데도 제대로 활용하지 못했던 걸 보면 일본과
달리 애초에 서양 문물을 받아들일 의지나 준비가 없었던 것이
라는 생각이 들어요. 중국 아니면 다 오랑캐라는 소중화주의에
빠져서 여전히 객관적으로 정세를 파악하지 못하는 시대였다는
생각을 하게 된다는 말이죠.

이윤석 물론 지금 상황에서 생각하면 섭섭할 수도 있겠지만, 당시의 조
정이나 백성들 마음도 이해되는 게 임진왜란과 병자호란이라는
큰 전쟁을 치르고 난 뒤라서 새로운 낯선 사람을 보면 두려움이
앞설 것 같기도 하고요. 청과 일본이라는 두 나라를 신경 쓰느라
여력이 없었을 거라고 생각은 들어요.

류근 근데 아무리 국내외 정세가 그렇다고 할지라도 어떤 변화에 대
해 대응책을 마련하는 것이 바람직한 지도자의 모습이라고 생각
이 들거든요. 그런데 지금 보면 당시는 왕에서 사대부까지 총체
적으로 리더십이 부족한 시대였다는 생각이 들어요.

신병주 리더십 문제도 있지만, 이 당시가 소빙기여서 자연재해가 잦았

다는 점도 있습니다. 또한 효종이라는 왕은 북벌이라는 이념을 구현하기 위해서 나름대로 이리저리 뛰었지만, 내부적인 개혁이라든가 서양 문물의 수용 같은 것은 등한시할 수밖에 없었고요. 그 뒤를 이은 현종이라는 왕의 시대는 예송 논쟁이 가장 첨예하게 사상 논쟁으로 전개된 때죠. 게다가 현종은 건강도 별로 안 좋아서 온전에 가장 많이 간 왕이기도 했고요. 이런 시대적 조건이 겹치면서 어떤 측면에서 보면 하멜이 표류했던 시대가 상황이 참 좋지 않은 시대였다고 할 수 있습니다.

그날   만약에 서양 문물에 대단히 호의적이었던 소현세자가 하멜 일행을 맞았다면 어떻게 했을까요?

이윤석   지금 모습과는 많이 다르지 않았을까요? 저는 청나라에서 받아들인 것과 네덜란드에서 받아들인 것들을 조화해서 완전히 다른 나라가 될 수도 있었을 거라는 생각이 드는데요.

김문식   명나라 말기는 조선에 엄청난 뇌물을 요구하는 등 혼란했던 시대지만, 매우 개방된 시대이기도 해요. 서양 선교사도 나타났잖아요. 그래서 바깥의 정보가 들어오거든요. 그런데 청이 들어오고 나서 이 문이 다 닫혀 버려요. 청나라도 아직 중국을 완전히 장악하지 못했으니까 조선 사신이 가면 정보를 꼭꼭 숨기고, 조선으로서도 항상 청의 눈치를 봐야 하고, 남쪽에서는 일본이 조선을 또 침략하는 게 아닌지 걱정되는 상황이지요. 그래도 아쉬운 건 있죠. '18세기의 영조나 정조 같은 뛰어난 왕이 있었더라면 좀 더 적극적이지 않았을까?' 하는 아쉬움, 그리고 하멜이 한 100년만 뒤에 표류했었더라면 하는 아쉬움도 있어요. 영조 시대나 정조 시대는 분위기가 다르거든요. 아주 적극적으로 해외 정보를 구하는 시대이기 때문에 우리가 실제로 개항했던 19세기 후반부보다 좀 더 앞당겨서 개항할 수도 있었을 거라고 가정할 수는 있겠죠.

그날 하멜이 파도도 잘못 만났지만, 때도 잘못 만났어요.

김문식 몹시 어려울 때 온 거죠.

그날 조선 시대의 지도 두 개를 보시면 똑같은 것 같지만 달라요. 뭔가 이상해졌네요.

윤초롱 지도에는 당시의 세계관이 반영되어 있죠. 「혼일강리역대국도지도」는 건국 초기에 만들어진 지도인데, 인도와 아프리카까지 세계를 인식하고 있어요. 근네 17세기에 나온 「천하여지도」를 보면 조선이 후기로 갈수록 중국 중심의 세계관으로 기운다는 점이 반영되어 있죠.

김문식 15세기는 조선 초기죠. 「혼일강리역대국도지도」는 조선을 건국한 세력들이 그린 지도인 겁니다. 그래서 굉장히 개방적인 세계관이 나타나고요. 이 지도에 나타난 정보가 어디서 온 거냐 하면 원나라에서 온 거예요. 몽골이 동유럽까지 장악하잖아요. 그래서 동서 교류가 가장 활발했던 시대거든요. 17세기는 바로 하멜이 표류한 시기인데 이때 그려진 「천하여지도」를 보면 세계를 중국이 거의 다 차지하고 있죠. 15세기에 그린 지도에 있던 인도나 아프리카 지역은 빠져나간 거죠. 그러니까 세계에 대한 실질적인 감각이 없는 상황입니다.

그날 막연한 상식으로는 세월이 흐르면 정보가 알려져서 세계가 점점 넓어져야 할 것 같은데 오히려 좁아졌네요. 실제로 아는 세계와 믿고 싶은 세계가 나뉜 것 같아요. 정말 단순한 지도인데 당시 사람들의 세계관을 표현해 줍니다.

이윤석 세월이 흐르면서 근시가 됐어요.

신병주 그래서 「혼일강리역대국도지도」를 제작할 무렵에 하멜이 들어왔다면, 즉 오히려 더 빠른 시기에 들어왔다면 하멜의 또 다른

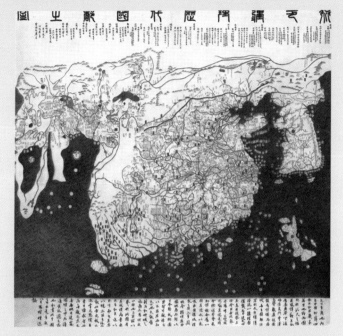

「혼일강리역대국도지도」

「천하여지도」 서울역사박물관 소장.

모습이 나왔을 수도 있죠.

그날의 소회

그날   초등학교 때 읽었던『하멜 표류기』를 많이 성장한 기분으로 바라보게 되었습니다. 근데 어떠셨어요?『하멜 표류기』를 보면서『하멜 표류기』는 어떤 것이라는 본인만의 정의가 생기지 않았을까 싶은데, 그날의 소회를 얘기해 보겠습니다. 단언컨대『하멜 표류기』는? 먼저 우리 류근 시인님께서 하시죠.

류근   "단언컨대『하멜 표류기』는 조선의 대외 정세에 관한 표류다."

김문식   국제 정세 속에서 조선이 표류하고 있다는 거죠.

류근   그 당시에 숭명반청(崇明反淸) 이데올로기나 소중화주의에 매몰되지 않고 좀 더 적극적이고 유연하게 국제 정세와 선진 문명, 국제 교역 등에 관심을 보였다면 그 이후에 조선의 역사가 조금은 달라졌을 거라는 아쉬움을 품게 됩니다.

그날   이윤석 씨, 단언컨대『하멜 표류기』는?

이윤석   "단언컨대『하멜 표류기』는 버려진 초대장이다."

그날   이거 지적인데요.

이윤석   조선이 세계로부터 초청장을 받았는데 그 초청장이 어느 곳에도 닿지 못하고 버려진 거죠.『하멜 표류기』가 아니라『하멜 교류기』였어야 했는데 그러지 못해 많이 아쉽습니다.

김문식   저는 이렇게 봤습니다. "단언컨대『하멜 표류기』는 좋은 사료다."

그날   직업 정신이 투철하십니다.

김문식   이 표류기를 읽다 보면 조선의 실정에 관해서 매우 상세하게 보고하거든요. 목격담이기 때문에 공식적인 기록과는 또 다른 묘미가 있는 것 같아요. 그래서 저는 좋은 사료라고 봤어요.

3

무찌르자
오랑캐,
나선정벌

1654년, 북벌을 국시로 채택하고 강력히 추진하던 효종은 심각한 고민에 빠졌다. 공격 목표인 청나라 측에서 지원군을 파견해 달라고 요청해 온 것이다. 17세기 중반 이후 청과 러시아는 국경 지역에서 몇 차례에 걸쳐 충돌했다. 청나라는 러시아군을 제압하는 데 조총으로 무장한 조선군 포수들이 제격임을 파악하고 조선에 지원군을 요청한 것이었다. 병자호란 이후 청나라와는 군신 관계에 있었던 만큼 조선으로서는 청나라의 요구를 거절할 명분이 없었다. 효종은 고심 끝에 청의 요청을 수락하고 수백 명의 조총 부대를 1654년과 1658년, 두 차례에 걸쳐 길림 근처로 보내 청나라군과 합세하여 러시아군을 공격했다. 당시에는 러시아를 '나선'이라고 불렀기 때문에 이 원정을 '나선정벌'로 일컫는다.

나선정벌의 시작은 1654년 2월, 청나라에 파견되었던 사신 한거원이 서울에 들어와 효종에게 청나라의 요구 사항을 보고한 것에서 시작한다. "조선에서 조창(鳥槍)을 잘 쏘는 사람 100명을 선발하여, 청나라 관리의 통솔을 받아 나선을 정벌하되 3월 초 10일에 영고탑에 도착하라."라는 것이었다. 당시까지 효종은 나선, 즉 러시아의 존재를 모르고 있었다. 효종이 나선은 어떤 나라인지를 묻자, 한거원은 "영고탑 옆에 별종이 있는데 이것이 바로 나선입니다."라고 답하였다. 효종은 북우후 변급을 대장으로 삼은 조선군을 청나라로 파병하였다. 조선군은 왈합에서 벌어진 전투에서 청나라군과 연합하여 승리를 거두고 1654년 7월 영고탑으로 귀환하였는데, 이를 1차 나선정벌이라 한다. 『효종실록』에는 "변급이 청나라 군사와 함께 나선을 격파하고 군사를 거느리고 영고탑으로 귀환하였다."라고 이날의 승전이 간략하게 기록되어 있다.

1658년, 청나라는 다시 러시아와 국경 분쟁에 시달리자, 조선군의 파병을 재차 요청하였다. 이에 효종은 함경도 북병영의 부사령관격인 병마우후 신유에게 조총군 200명과 초관 60여 명을 거느리고 러시아 정벌에 나서게 하였다. 신유가 기록한 『북정록』에 의하면, 신유는 1658년 4월 6일에 회령에서 군병을 검열하고, 영고탑에서 사이호달이 이끄는 청나라 군대와 합류했다. 5월 9일에 청군과 합류했을 때 신유가 이끈 조선군 200명은 청나라 장수 여덟 명에게 스물네 명씩 배속되었다. 6월 10일에 조청 연합군은 흑룡강과 송화강이 만나는 지점에서 스테파노프가 지휘하는 러시아군과 접전을 벌였다. 당시 러시아군의 모습에 대해서는 "적은 신장이 10척이나 되며 눈은 길고 깊으며, 털은 붉고 수염은 헝클어져 마치 해초가 어깨에 늘어진 것 같다."라고 하여 외모만으로도 공포의 대상이었음을 알 수 있다. 그러나 조선군은 10여 척의 배를 앞세우고 공격해 오는 러시아군에 총과 불화살로 용감히 맞서 싸워 대승을 거두었다. 이 전투에서 스테파노프를 포함하여 러시아군 270여 명이 전사한 데 비하여 조선군 희생자는 단 여덟 명이었다. 이를 2차 나선정벌이라 한다.

　　1654년과 1658년의 두 차례 나선정벌은 조선군이 러시아군을 상대하여 승리를 거두었다는 점, 그리고 정묘호란과 병자호란 이후 패전을 거듭했던 조선군의 전투 역량이 만만치 않음을 보여주었다는 점에서 큰 의미가 있다. 그러나 무언가 씁쓸함이 진하게 밴 승리였다. 청을 공격 목표로 삼고 야심 차게 군비 증강에 나서 북벌을 준비하던 효종이 도리어 청의 출병 요구로 조선군을 파병한 것은 효종 시대의 딜레마를 압축적으로 보여준다. 나선정벌은 승리했는데도 기뻐할 수 없는 묘한 전쟁이자 약소국의 비애를 절감하게 한 전쟁으로 기억되고 있다.

무찌르자 오랑캐, 나선정벌

350여 년 전, 흑룡강에서 대규모 전투가 벌어졌다.
조선과 청나라가 러시아에 맞서 싸운 전투,
나선정벌이었다.

당시 러시아로서는 아시아 진출을 결정짓는
중요한 전투였던 나선정벌.

하지만 조선군을 앞세운 조청 연합군은
단 하루의 전투로 승리를 거둔다.

원수인 청을 도와 전투에 나서야 했던 조선군.
조선에 나선정벌은 어떤 의미였을까?

청나라와 연합해 러시아를 무찌르다

최원정 오늘은 조선과 청나라 연합군이 러시아군과 대전을 벌였던 나선
정벌(羅禪征伐)로 이야기를 시작해 보겠습니다. 나선정벌, 솔직
히 용어 자체가 조금 생소해요.

최태성 그렇죠. 그래서 제가 학생들에게 한번 나선정벌이 뭔지 아느냐
고 물어봤더니 학생들이 자신 있게 안다고 하더라고요. 그래서
대단하다고 하면서 "뭔데?"하고 물어봤더니 "신라가 이긴 전쟁
이잖아요."라고 대답하더라고요. 왜 그러냐면 나제동맹이라고
할 때 들어가는 신라 있잖아요. '나' 자가 들어갔으니까 '아, 신
라구나.' 하고 생각한 거죠.

계승범 '나선정벌'에서 '나선'은 러시아를 한자로 표현하기 위해 음역
한 것입니다. '나선정벌'을 문자 그대로 해석하면 "러시아를 상
대로 정벌을 떠났다."라는 정도가 되죠.

신병주 이게 더 혼란스러울 수 있는 게 근대 이후로 가면 러시아를 지칭
할 때 나선보다는 아라사(俄羅斯)를 주로 쓰거든요. 그러다 보니
까 나선이라는 말이 익숙하지 않게 된 것이고요.

그날 그럼 아관파천[1]에서 '아' 자는 아라사에서 파생된 거로군요.

신병주 그렇죠. 러시아 공사관으로 파천했다는 뜻이죠.

그날 우리 역사에 항상 외침이 있었지만, 우리가 어느 나라를 침략하
고 정벌한다는 건 매우 생소하거든요.

박금수 그 당시에 전투가 실제로 어디서 벌어졌는지 보면, 그때 압록강
과 두만강 이북 지역은 청나라의 영향권이었습니다. 그런데 러
시아가 우랄 산맥을 넘어서 흑룡강을 오가면서 많은 약탈을 하
자 청나라가 러시아를 정벌하려고 결심합니다. 그래서 가장 가
까운 곳에 있는 조선에 연락해 지원병을 보내 달라고 요청하고
요. 이에 조선은 함경도 지방에 있는 군사들을 모아서 국경에 가

나선정벌 전투 지역

장 가까운 회령 지방에 지원군을 결집한 다음 청군의 사령부가 있었던 영고탑까지 이동합니다.

그날 그렇다면 전투는 정확하게 어디서 벌어진 건가요?

박금수 영고탑 지역에 집결한 조청 연합군은 배를 타고 이동합니다. 그래서 1654년의 1차 정벌에서는 송화강과 목단강이 합류하는 왈합 지역에서 러시아군과 전투를 벌였습니다. 1658년의 2차 정벌에서는 더 나아가서 흑룡강과 송화강이 합류하는 지점에서 러시아군을 상대로 전투를 벌이죠.

그날 1차 정벌과 2차 정벌로 나뉘어 있었군요. 아주 멀리 갔네요. 지금도 가려면 비행기를 타고 꽤 가야 할 것 같은데, 가 보신 분 있

목단강

송화강

목단강과 송화강

으세요?

계승범 제가 하얼빈 쪽을 통해서 1차 정벌의 전투가 벌어진 곳을 답사하고 온 적이 있습니다. 전투가 벌어진 장소가 왈합인데, 왼쪽에서 오른쪽으로 쭉 흘러오는 강이 목단강이고 저기가 목단강의 마지막 부분입니다. 그리고 중앙에서 앞쪽으로 흘러오는 강이 송화강입니다. 조청 연합군이 목단강에서 배를 타고 내려와서 송화강을 거슬러 올라오던 러시아 군대와 만나 강 위에서 한 번 싸웁니다. 그리고 중앙 부분에 있는 언덕으로 올라가서 육상 총격전까지 전개하죠. 거기서 러시아군이 피해를 보니까 배를 타고 후퇴해 버리고요.[†] 이 정도가 1차 정벌의 전투입니다.

신병주 흑룡강은 그럼 더 위에 있나요?

계승범 오른쪽으로 한참 더 타고 내려가야 흑룡강과 만납니다.

그날 아, 물빛이 정말 검네요. 흑룡강이라는 게 진짜 말 그대로 물 색깔이 검어서 흑룡강인가요? 흑룡강의 모습이 매우 평화로워 보

흑룡강

송화강

송화강과 흑룡강

이는데, 저기서 전투가 벌어졌다는 얘기잖아요. 강이 엄청 넓은 데요.

계승범 흑룡강의 북쪽 강기슭이 지금 러시아 영토인데, 제가 예상하기로는 아마 이 북쪽 강기슭 쪽에 붙어서 전투가 발생한 것으로 보입니다. 실제로 송화강이 흘러가다가 흑룡강과 만나는 곳이기도 합니다.

그날 진짜 물 색깔이 다르네요. 딱 구분되는데요.

계승범 훨씬 수심이 깊습니다.

그날 이렇게 1차 나선정벌의 전투지를 확인해 봤습니다. 그런데 이해가 참 안 가는 것 중 하나가 병자호란 때 청은 조선군이 얼마나 약한지 확인했잖아요. 그런데 이렇게 중요한 전투에 군사력도 약한 조선한테 왜 지원을 요청했을까요?

류근 이를테면 우리 집 다 불 지르고 무너뜨린 다음에 자기네 저쪽 담벼락 끝에 불났다고 지금 양동이 들고 불 끄러 오라고 압력을 넣는 상황이에요.

계승범 제가 보기엔 정확한 비유를 하셨습니다. 청나라에 항복했으니까 흔히 말하는 갑과 을의 관계가 되었는데요. 갑의 필요에 따라서 을에게 얼마든지 지시를 내릴 수가 있는 거죠. 그래서 우리가 지금 군대를 요청했다고 표현하지만, 더 솔직히 말하면 거의 징병했다고 봐야죠. 실제로 『조선왕조실록』에는 징병이라는 표현이 자주 나옵니다.

> † "신이 왈합에 이르러 비로소 적선을 만났는데 큰 배 13척은 300석을 실을 만하고 작은 배 26척은 왜선(倭船)과 비슷하였습니다. 청나라 장수가 신을 선봉으로 삼으려 하기에, 신이 말하기를 '어찌 이 자피선을 타고 저들의 큰 배를 막을 수 있겠는가.' 하였습니다. 청나라 장수가 옳게 여기고 드디어 왈합 300명과 청나라 군사 300명을 시켜 강변의 지세가 가장 높은 곳을 택해 진을 치게 하고 이어서 유붕(柳棚)을 언덕 위에 벌여 두고, 우리 군사를 시켜 가려진 물건에 의지하여 포를 쏘게 하였습니다. 적선이 점점 물러가는데 그 배는 몸체는 크나 노가 없어서 나아가 싸우지 못하고 흐름에 따라 내려갔습니다. 흑룡강과 후통강이 합류하는 곳에 이르러 적이 처음에는 싸우려 하였으나 마침 동풍이 이니 드디어 돛을 올리고 갔습니다. 적선에 탄 남녀가 400명이 못 되고 가진 것은 화기뿐이고 그 용모는 다 만적(蠻賊)과 비슷하고 옷은 다 누른 비단이었습니다."
> ― 『효종실록』 6년(1655) 4월 23일

나선정벌 전투 결과 분석

그날 미리 좀 결과를 알자면, 나선정벌은 조청 연합군이 이기죠?

신병주 그렇죠, 승리하죠. 그것도 두 차례나 말이죠.

최태성 제가 학생들에게 한번 물어봤어요. "과연 조청 연합군과 러시아가 싸웠을 때 누가 이겼을까?" 전 사실 학생들이 "러시아가 이겼어요."라고 얘기할 것으로 예상했는데, 압도적으로 조청 연합군이 이겼을 거라고 손을 들더라고요. 왜 그랬을까요?

류근 그거는 그 학생들이 워낙에 영민해서 그래요. 정벌이라는 말에 이미 승리했다는 뜻이 포함되어 있잖아요. 이걸 간파한 거죠. 애

김윤겸의 「호병도」 청나라 병사를 묘사한 그림. 국립중앙박물관 소장.

들 아주 잘 키웠네요.

최태성 학생들이 왜 그렇게 대답했는지 제가 이유를 한번 설명해 드리
겠습니다. 첫 번째는 "청나라와 함께해서"입니다. 아무래도 호
란의 아픔이 있기 때문에 청나라가 좀 세다는 느낌이 들었던 거
죠. 두 번째는 "조선은 화포가 세서"입니다. 세 번째는 "러시아
는 힘이 없어서"입니다. 여기서 재밌는 표현이 나왔어요. "이때
는 러시아에 핵무기가 없었잖아요."

그날 　우리 아이들의 발상이 재밌네요. 그때는 중국에도 핵무기가 없었는데 말이죠. 그런데 당시에 정말로, 객관적으로 청나라의 전력이 더 우세했던 건 맞는 건가요?

박금수 　그래서 제가 오늘 2차 나선정벌의 전투 정황을 보고드리겠습니다. 전투 날짜는 1658년 6월 10일이고, 조청 연합군과 러시아군 두 편이 맞붙었는데, 함대에 속한 배의 규모를 먼저 보시겠습니다. 조청 연합군에는 총 52척의 크고 작은 배들이 모인 반면에 러시아는 대형 선박 위주로 11척이 이 전투에 참여했습니다. 그럼 그 배 안에 탄 병력은 어떤지 보겠습니다. 조선군은 총 260명이 이 배에 지원군으로 갔는데요, 조청 연합군의 병력은 청군을 포함해 총 2500명이었습니다. 러시아군 병력은 360여 명 정도였고요. 이 두 군대가 맞붙었던 것입니다.

그날 　차이가 어마어마한데요?

박금수 　전투 결과를 보면 러시아군의 배는 총 11척 중 7척이 불에 탑니다. 그리고 러시아 지휘관 스테파노프를 포함해서 총 220여 명이 전사합니다. 조청 연합군의 피해는 전사 120여 명인데, 그중 조선군 전사자는 총 8명밖에 안 되는 일방적인 결과였고요. 이상으로 2차 나선정벌의 전투 경과보고를 마칩니다.

그날 　저 정도로 수적 차이가 난다면 머릿수로 밀어붙여서 이긴 거 아닙니까?

신병주 　청군은 지난 3년여 동안 머릿수로 앞섰는데도 패전을 거듭합니다. 그래서 지리적으로는 가까이 있기도 하고, 조선의 포수들이 능력이 있다니까 한때는 적군이었던 조선군을 끌어들인 거죠.

나선정벌의 승리 원인

신유가 남긴 『북정록』에는
나선정벌 당시의 상황이 세세히 기록되어 있다.

흑룡강을 따라 내려가던 조청 연합군은
우연히 러시아군의 함대 여러 척을 발견한다.
그리고 시작된 전투.

첫 작전은 포격전이었다.
연합군은 적선을 향해 대포를 쏘아 댔지만,
적선의 배는 상당히 견고해 피해를 보지 않았다.

이어 선택한 작전은 조선 조총수들을 앞세운 근접전.
조선 조총수의 등장에 러시아군이 당황하자
조선군은 갈고리를 이용해 적선을 끌어당겼다.
백병전이 시작된 것이다.

연합군은 모든 적선을 소탕하기 위해
마지막으로 불화살을 쏘았다.
날아온 불화살에 적선은 일곱 척이 전소했다.

조선과 청나라 연합군의 완승이었다.

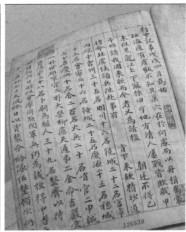

『북정록』

나선정벌 참전 일기 『북정록』

그날 　우리 조선군의 조총병들이 큰 역할을 한 거네요. 임진왜란 이후
　　　에 이겼다는 얘기는 들어 본 적이 없는데 오랜만에 승자가 되었
　　　다고 하니까 기분이 나쁘지는 않습니다. 그런데 이 『북정록(北征
　　　錄)』이라는 게 참전 일기잖아요. 그 긴박한 순간에도 기록했던
　　　걸 보면 『난중일기』에 버금가는 기록 정신이 아닙니까?

계승범 　기록 자체가 상당히 꼼꼼합니다. 『난중일기』에 버금갈 정도예
　　　요. 매우 꼼꼼한 데다 불의의 사태로 전사한 병사들의 이름을 하
　　　나하나 다 기록해 놓았고요.

신병주 　어떻게 보면 이때 대승을 이끌었던 신유가 이순신 장군과 비슷
　　　한 측면이 있어요. 이순신 장군도 해전에서 활약하기 전에는 주
　　　로 두만강 변이라든가 녹둔도 등에서 상당히 능력을 발휘했거든
　　　요. 그런데 신유도 숙종 때는 삼도수군통제사에 올라요. 이번 이
　　　야기를 계기로 신유가 좀 더 알려졌으면 합니다.

그날 　일기를 거의 매일매일 썼더라고요. 날짜가 거의 빠짐이 없어요.

나선정벌 승리의 주역, 조선 조총병

최태성 저는 조총이 매우 인상적이었거든요. 이때 청나라가 조선에 조총 부대를 요구했고, 실제로 이 조총 부대가 전투에서 큰 활약을 했으니까요. 그런데 러시아군은 총이 없었나요?

박금수 총이 있었죠. 당시에 러시아군의 총이 어떤 것이었는지 제가 설명하겠습니다. 먼저 조선군이 썼던 총은 전통적인 화승총이죠. 화승총은 불을 먹은 화승이 화약을 점화함으로써 탄알이 나가는 방식의 총입니다. 반면에 러시아군이 들고 있었던 것은 수석식 소총입니다. 17세기의 유럽에서는 화승총이 부싯돌을 이용해 점화하는 수석식 소총으로 대체됩니다. 방아쇠를 당기면 물고 있던 부싯돌이 열리면서 그 불꽃이 마치 오늘날의 가스라이터처럼 화약을 점화하죠.† 그래서 이 수석식 소총이 화승총보다 장전 시간이 짧고 쏘기에도 간편합니다. 두세 배 이상은 더 많이 총을 쏠 수 있고요. 또한 이 수석식 소총의 장점은 즉각적으로 대응할 수 있다는 것입니다. 화승총은 불을 계속 피워 놓을 수가 없죠.

그날 그래서인지 총 자체도 수석식 소총이 훨씬 비싸 보입니다.

최태성 그런데 지금 설명하신 걸 들어 보면 화승총보다 수석식 소총이 더 좋다는 거잖아요. 어떻게 이길 수 있었을까요?

그날 그러게요. 그건 진짜 의문이네요.

박금수 사실은 그게 사람의 문제죠. 무기로서는 분명히 러시아군의 소총이 다음 세대이기 때문에 훨씬 편리했겠지만, 조선 조총병이 흔들리는 배 안에서도 정밀하게 쏠 수 있을 정도로 사격 능력이 매우 좋았던 것 같아요.

계승범 신유가 남긴 『북정록』을 보면 조선군이 정확한 시범 사격술을 선보이는 장면이 나옵니다. 먼저 청나라군 100명이 한 60~70미터 거리를 두고 표적을 세운 다음에 쐈는데 세 발을 쏴서 한 발

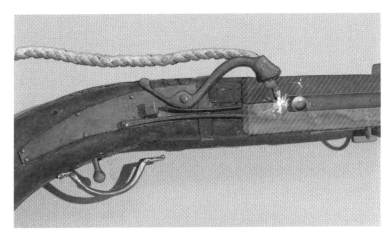

화승총(위)과 수석식 소총(아래)의 점화 방식

이상 명중한 사람이 열몇 명밖에 안 나왔습니다. 그런데 당시 조
선군이 200명인데 100명씩 조를 짜서 역시 세 발씩 쏘니까 각 조
100명 중에서 한 발 이상 맞춘 사람이 육십몇 명이었습니다. 그
러니까 세 발을 쏴서 한 발 이상을 명중할 확률이 조선군은 평균
60~70퍼센트라는 거죠. 청군과는 비교가 안 되는지라 당시에
신유 자신도 우리가 월등하다고 기록했고요.

그날 우리나라가 올림픽 때 양궁이나 사격 같은 종목에서 금메달을 많이 따잖아요. 역시 예전부터 뭔가 유전적인 게 좀 있나 봐요. 쏴서 맞추는 거에 재능이 있는 민족인 거죠.

> † 적의 군기(軍器)는 화포와 장창이고, 총에는 화승을 쓰지 않고, 만호석(瑪瑚石)을 화문에 단단히 고착시키고, 또 용두(龍頭) 위에 금수(金燧)를 달아 놓았는데, 용두가 떨어지면 금수와 만호석이 서로 부딪쳐 불이 통기어 점화되며, 점화가 되면 곧 발사되도록 되어 있다.
> ─ 『성호사설』 제8권 「인사문」

조선과 러시아의 첫 만남, 나선정벌

그날 당시에 조선군은 러시아군을 본 게 처음이었을 거 아니에요?

신병주 그래서 효종이 처음에 나선이라는 게 뭐냐고 물어봐요. 그때 "저 흑룡강 영고탑 쪽에 사는 어느 별종의 무리다."라는 정도의 대답밖에 못 했던 것이 기록에 나옵니다.

최태성 이익의 『성호사설』에 보면 나선정벌의 한 장면이 묘사되어 있어요. 뭐라고 기록이 나와 있냐면 러시아인들을 이렇게 표현했어요. "적은 신장이 10척이나 되고, 눈은 길고 깊으며, 털은 붉고 수염은 막 헝클어져서 마치 해초가 어깨에 늘어진 것 같다." 기본적으로 1척이 30센티미터보다 좀 짧았죠? 그러니까 10척이면 2미터가 넘는 거예요.

그날 체감은 그렇죠. 엄청 커 보이니까요. 한 2미터 정도 되어 보이는 거죠.

최태성 털도 막 이렇게 나 있고요.

신병주 우리보다는 신장이 월등한 데다가 머리가 헝클어지고 수염까지 있으면 일단은 부담스럽습니다. 그런데 조선군이 엄청 용감한 거죠.

류근 이건 외계인과 벌이는 전투 같아요. 정말 처음 보는 사람들일 텐데 말이죠. 저 어릴 때 시골 살았잖아요. 어쩌다 외국 사람들 보면 정말 신기하고 놀랍고 무서웠거든요. 거인처럼 보이기도 했고요. 그런데 그 당시 사람들은 오죽했겠습니까? 더구나 적으로 마주쳤는데 말이죠.

나선정벌과 러시아

그날   조선군에게 러시아는 정말 미지의 존재였는데, 과연 조선군이 싸워서 이겨 낸 러시아군은 어떤 사람들이었는지 자세히 알아보겠습니다. 중세 서양사를 연구하고 계신 박지배 교수님 모셨습니다. 당시 나선정벌에서 조선군이 맞닥뜨렸던 러시아군은 어떤 사람들이었어요?

박지배   나선정벌에서 전투를 수행했던 러시아군의 주력은 카자크 부대였습니다. 카자크는 러시아 남부와 우크라이나 지역에 거주하고 있었는데요, 점차 시간이 지나면서 유라시아의 다른 지역으로 퍼져 나갔죠. 카자크는 상당히 용맹스럽고 모험심이 강한 전사 집단이었습니다. 그래서 러시아 정부는 카자크를 자신들의 군대로 편입하기 시작했고요.

박금수   그러면 교수님, 왜 러시아군은 카자크군을 앞세워서 흑룡강까지 진출한 건가요?

박지배   몽골 세력이 쇠퇴하면서 러시아가 동쪽으로 진출하기가 수월해졌죠. 그래서 16세기 후반이 되면 러시아가 서부 시베리아 지역을 점령합니다. 추운 지역에 속하는 러시아에서는 모피가 매우 귀하고 비싼 상품이었는데요, 심지어 러시아에는 쿠나라는 화폐단위가 있을 정도였습니다. 쿠니차는 흑담비라는 뜻이거든요. 즉 모피가 화폐로도 쓰일 정도로 중요했던 것이라고 얘기할 수 있습니다. 그래서 모피를 얻고자 흑룡강 유역까지 왔다고 할 수

카자크를 묘사한 그림

시베리아로 진출하는 러시아군

있고요.

최태성 경제적인 이유가 중요했던 거네요.

박지배 동쪽으로 진출하는 과정에서 현지 주민들에게 흑룡강 유역에 관
해서 얘기를 듣게 되었던 거죠. 흑룡강 유역이 굉장히 부유한 지
역이고 은광까지 있다는 얘기를 들었기 때문에 러시아 정부가

흑룡강 유역에 건설된 러시아 요새들

카자크를 앞세워서 남하하기 시작했던 거고요. 그래서 흑룡강을 따라서 쭉 내려가면서 흑룡강 상류 근처에 알바진, 그리고 흑룡강 하류 지역에 하바롭스크 같은 요새를 건설했던 것입니다. 그러나 여기서 문제가 됐던 것은 만주족이 이미 흑룡강 지역에 영향력을 미치고 있었다는 점이죠. 그래서 결국은 충돌할 수밖에 없는 상황이 되었습니다.

그날 당시 조선은 러시아에 관한 정보가 전혀 없었다고 했는데, 러시아는 어땠습니까?

박지배 러시아 역시 비슷했던 것 같습니다. 조선에 관해서 알지 못했던 것 같아요. 당시에 현지 주민들이 남긴 말들을 보면 러시아군의 카자크들이 조선인들에 관해 얘기하면서 "대두인들이 무섭다."라는 표현을 썼던 모양입니다.

그날 대두인들이라는 게 머리가 큰 사람들을 뜻하는 거예요? 아니, 근데 우리 머리가 왜 크다고 하는 걸까요? 왜 그렇게 표현했죠?

박지배 여기서 대두인이란 벙거지 같은 전립을 썼던 당시의 조선 총병들을 가리키는 말이었습니다. 조선 총병들의 사격 솜씨가 꽤 뛰어났던 모양입니다. 그래서 러시아 카자크들이 상당히 놀랐던 모양이고요.

전립을 쓴 모습

그날 벙거지 같은 전립을 쓰면 머리가 커 보인다는 말이죠?

류근 대모인이라면 몰라도 불쾌하게 대두인이 뭡니까?

그날 전립이 생각보다 매우 작아요.

최태성 아니, 이게 어떻게 머리에 들어가요? 얹으라는 거지 쓰라는 게 아니네요.

그날 이걸 쓰면 러시아군이 볼 때 굉장히 용맹해 보였던 모양이에요.

박금수 근데 이 전립은 개나 돼지의 털을 짓이겨서 만드는 겁니다. 실제로 방탄조끼도 이런 식으로 만들거든요. 그래서 이 전립이 가벼우면서도 방탄 능력이 상당히 있습니다.

그날 방탄 능력이 있다는 건 뜻밖이네요.

최태성 그리고 중요한 게 뭐냐면, 이 전립을 쓴 사람들이 총을 쏘잖아요. 그럼 러시아군이 픽픽 쓰러지는 거예요. 이게 두려울 수도 있을 것 같아요. 그러니까 이거 쓴 사람들에게서 무언가가 막 날라 오는 데 자신들이 죽는 거예요.

그날 눈에 매우 띄었던 건 분명하죠. 교수님, 그렇다면 러시아에서는

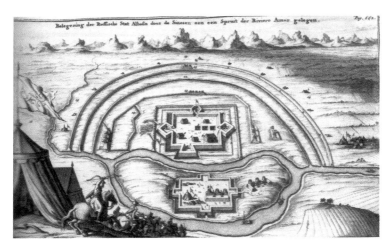

알바진 요새를 공격하는 청군

나선정벌을 어떻게 보고 있어요?

박지배 먼저 나선정벌은 한러 관계로 보면 한국과 러시아 최초의 공식
적인 만남으로 얘기할 수 있을 것 같습니다. 1658년의 2차 나선
정벌에서 러시아군이 패퇴하면서 흑룡강 북쪽으로 물러나는데
요. 그러고 나서 몇 차례 전투가 더 있었지만, 결국엔 네르친스
크 조약을 맺어서 흑룡강 북쪽은 러시아가 차지하고, 흑룡강 남
쪽은 중국이 차지하기로 하는 경계선을 만든 의미를 지닙니다.

그날 나선정벌은 중국과 러시아의 국경선을 정하는 매우 중요한 전투
였군요.

최태성 거기에 조선 조총병이 큰 역할을 한 거죠.

류근 정말 재주는 곰이 넘고 돈은 왕 서방이 챙긴다는 경우 아닙니까?
어쩌면 정말로 우리 때문에 북만주를 지키게 된 게 아닐까요? 뭔
가 위자료를 청구하고 싶은 생각이 크게 듭니다.

최태성 그래도 러시아군도 벌벌 떨게 했던 조선의 조총병이라는 이야기
를 들으니까 저는 조금 뿌듯한데요.

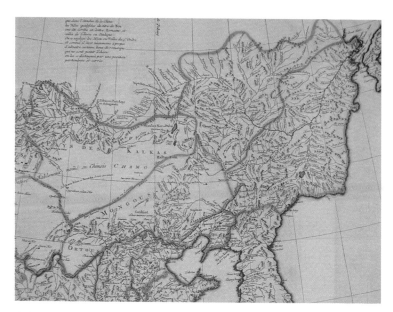

네르친스크 조약으로 확정된 청과 러시아의 국경

그날   뿌듯한 건 좋은데, 그 좋은 실력을 우리를 위해서 사용한 것도
       아니고, 남의 전투에 끌려가서 사용한 거 아니에요?

계승범 어떻게 보면 용병은 그런 데 가면 돈이라도 받잖아요. 그런데 솔
       직히 말씀드리면 조선군은 돈도 못 받고 끌려갔다 온 거죠.

나선정벌, 약소국의 비애

1658년 6월 10일,
청국 대장의 무모한 작전으로
우리 병사 일곱 명이 목숨을 잃었다.

내 말대로 적선을 불태웠다면
모두 살아 조선으로 돌아갈 수 있었을 것이다.

다음 날이 되자 청나라는
전사한 조선 병사들을 화장하라고 했다.
난 우리 풍속대로 매장하겠다고 했다.
설득 끝에 전우를 흑룡강 변 언덕에 겨우 묻어 주었다.

멀리 이국땅에 와서
함께 고향으로 돌아갈 수 없으니
참으로 불쌍하다.

조선군 병사들의 안타까운 죽음

그날 기껏 도와주러 갔는데 하찮은 대우를 받았다고 하니 마음이 짠한데요.

계승범 조선 측 전사자가 생기지 않습니까? 그래서 신유가 거의 분노하다시피 하면서 일기를 쓴 게 나오는데, 원래는 원거리에서 불화살을 쏴서 적의 함선을 일단 불태우고 그다음에 소탕하러 가려 했습니다. 그런데 청나라 총사령관이 러시아 함선에 적재되어 있을 값나가는 물건들이 아깝다면서 불태우지 말고 배 위에 올라가서 러시아군을 직접 제압하라고 지시하죠. 그러니까 청나라 군대와 같이 움직이던 조선군도 선봉에 있던 부대가 근접전을 벌이다가 전사자가 많이 생기고요. 신유가 그걸 보고 저 장수의 탐욕만 없었으면 죽지 않았을 우리 병사가 죽었다며 울분을 토합니다.

그날 근데 그 청나라 장수가 사이호달(沙爾瑚達)이라는 사람이잖아요. 이 사람이 병자호란 때도 참전했던 장수라고 해요.

신병주 신유도 잠시 헷갈렸을 거 같아요. 이 사람이 도대체 적장인지 우리 편인지 말이죠.

그날 연합군이었던 거잖아요. 우리가 단독으로 지휘한다거나 작전을 펼친다거나 할 순 없었나요?

계승범 조선은 청나라의 속국이었기 때문에 대등한 두 나라가 연합군을 형성한 게 아니죠. 당시 청나라의 만주족은 팔기제로 유명하지 않습니까? 그래서 청나라 장수는 조선군 260명을 독립적인 부대로 자기 휘하에 두는 게 아니라 260명을 여덟로 나누어서 그냥 분산해서 배치해 버립니다. 그러니까 신유도 작전 지휘권이 없는 겁니다.

최태성 그럼 연합군이라는 표현도 조금 그러네요.

팔기 (윗줄 왼쪽부터) 정황기, 양황기, 정백기, 양백기, (아랫줄 왼쪽부터) 정홍기, 양홍기, 정람기, 양람기.

계승범 애매하긴 한데 편의상 그렇게 쓰는 것이죠.

그날 청 장군이 재물에 눈이 어두워져서 함선을 불로 못 태우게 하잖아요. 신유에게 지휘권이 있었으면 그런 일들을 겪지 않았겠네요. 조선군 전사자가 좀 줄었겠어요.

신병주 청나라 처지에서 보면 조선군은 외국 용병인데 조선군이 목숨 잃는 거는 자신들의 관심사가 아니었다는 거죠. 그러다 보니까 이 사이호달이 적선에 올라가서 전투를 벌이라 지시했을 때 신유가 어느 정도 독자적인 작전권이 있었다면 그 지시를 거부할 수도 있었을 텐데 그러지 못했고요. 이국땅까지 데리고 왔던 부하를 지켜 주지 못하니 매우 안타까워했죠.

속국 군대의 비애

그날 전투가 끝나고 바로 철군도 못 했다면서요. 왜 그랬어요?

신병주 청군으로서는 러시아군이 또 공격해 올지도 모르니 조선군을 붙잡아 두려고 했는데, 문제는 이때 군량미가 딱 3개월가량만 남아 있었기 때문에 조선군이 계속 주둔하려면 추가로 군량을 받아야 했어요. 그런데 군량을 조선에 요청해 받으라는 식으로 나오니까 기다리는 과정에서 아주 힘든 상황에 부닥치죠.

최태성 실제로 『북정록』을 보면 신유가 군량미 때문에 늘 걱정하는 내용이 많이 있거든요. 근데 상식적으로 보면 누가 군량미를 대야할까요? 급해서 남아 달라고 요청했으면 그렇게 요청한 쪽에서 해결해 줘야 하는 게 상식일 텐데, 그런 상황이 아닌 것 같아요.

계승범 실제로 1차 성벌 때는 한 석 달 동안 청나라가 식량을 댔습니다. 그런데 2차 정벌 때는 군대를 요청하려고 조선에 보낸 칙서에 군량은 너희가 준비해서 오라고 아예 딱 명시했어요.

그날 이게 도대체 말이 안 되는 얘기예요.

계승범 상황이 더 열악해진 거죠.

류근 우리도 베트남 전쟁에 참전했잖아요. 그때 우리가 도시락 싸서 간 거 아니잖아요. 조선에 실익이 있는 전투도 아니고, 목숨 걸고 싸워 준 것도 억울한데 군량미까지 대라는 건 폭거 아닙니까?

그날 군량미가 떨어져서 청에 쌀을 빌렸다면서요.

계승범 빌려 먹죠. 여러 번 빌려 먹기도 하는데 약간 썩어 있기도 하고 젖어 있기도 했습니다. 그러니까 전령을 보내 함경도 회령에서 군량미를 긴급히 수송하지요. 그다음에 이자까지 쳐서 갚아 줘야 했고요.

최태성 이런 기록이 있더라고요. "우리 조선군을 붙잡아 두는 이유가 뭐냐면 바로 이 사이호달이 군량미를 탐내서다." 군량미가 도착할 때까지 기다렸다가 군량미가 도착하면 비로 칠군하면서 자기가 군량미를 딱 가져가려고 하는 거죠.

그날 군량미만 받고 이대로 가라는 거죠. 이런 걸 벼룩의 간을 빼 먹는다고 하는 거고요.

박금수　이자까지 받는 거죠. 오래 있으면서 꿔 주고 받고 또 꿔 주고 받는 식으로요.

나선정벌 그 후

그날　군량도 우리가 대고 승전도 했지만, 사상자까지 냈어요. 그런데 애매한 구석이 있습니다. 참전했던 병사들에게 보상은 누가 해 주는 겁니까? 복귀했을 때 조정은 상금을 베풀긴 하나요?

계승범　1차 정벌 때는 있었던 것 같은데,[†] 2차 정벌에 대해서는 그런 기록은 못 본 것 같습니다. 청나라나 함경도 차원에서 해 줬을 수는 있겠죠.[‡] 근데 중앙정부 차원에서는 특별히 한 건 없는 것 같아요.

최태성　당시 조선군의 처지가 되어서 본다면 분명히 이기긴 했지만, 뭔가 좀 찝찝한 기분이었을 것 같아요. 삼전도의 굴욕을 안겨 줬던 청을 도와주었고, 현장에서는 온갖 수모까지 당했고 말이죠. 참 묘한 기분이 아니었을까요?

류근　당시에 참전했던 신유가 착잡한 심경을 글로 남긴 게 있더라고요. 제가 한번 읽어 볼 테니까 그때 심경을 짐작해 보세요. "이역만리 출정에서 성공하는 건 세상에 드문 일이건만, 이 나그네의 마음은 어찌하여 또다시 장탄식인고. 이번 원정은 예전의 심하의 원정과 근본적으로 다르니 죽어 고국으로 돌아가지 않은 김공이 오히려 부럽도다." 이게 지금 죽지 못해 싸웠다는 뜻이네요. 싸워서 이긴 게 오히려 수치스럽다는 뜻입니다.

신병주　심하의 원정, 광해군 때 있었던 이른바 싸얼후 전투라고도 하는데, 아마 "죽어 고국으로 돌아가지 않은 김공"은 선천부사로 후금군과 맞서 싸우다가 전사한 김응하[2]를 가리키는 것 같아요. 당시에 신유 본인이 생각하니 전사한 김응하만큼 평가를 못 받겠

김응하 후금군에 맞서 싸우다 전사했다. 명의 만력제가 요동백으로 봉했으며, 조선에서는 영의정으로 추증되었다.

다는 안타까움을 느낀 거죠.

계승범　당시에는 조선이 북벌한다면서 청나라를 원수라고 했는데, 원수
　　　인 청나라를 상대로 싸움을 걸기는커녕 그 지휘를 받아서 나갔
　　　으니까 매우 우울했겠죠.

> † 비변사가 아뢰기를, "변급이 외로운 군사를 거느리고 이역에 깊이 들어갔다가 군사들을 온전히 데리고 돌아왔으니 상이 없을 수 없습니다. 병조로 하여금 논 상하게 하소서. 군인들은 거주지 고을로 하여금 호역(戶役)을 면제하게 하고 쌀과 베를 하사하게 하는 한편 호궤(犒饋)를 실시하여 위로하게 하소서." 하니, 상이 그대로 따르고 특명으로 변급을 가자하였다.
> ―『효종실록』 5년(1654) 7월 3일

> ‡ 이듬해 청나라에서는 공사(貢使) 편에 부탁하여 전시한 여덟 사람의 집에는 각각 은 서른 냥을 주고, 부상한 스물다섯 명에게는 5등급으로 나누어 은을 차등 있게 주었다.
> ―『성호사설』 제8권 「인사문」

무찌르자, 오랑캐!

청을 도와 나선정벌을 승리로 이끈 조선군.
하지만 조선에 청나라는 병자호란의 주범이자
굴욕적인 항복을 안겨 준 원수였다.

당시 조선엔 북벌론이 대두하고
그 선두에는 조선의 임금 효종이 있었다.

"저 오랑캐는 반드시 망할 날이 있다.
정예 포병 10만을 양성하여 불시에 관외로 쳐들어가면
중원의 의사와 호걸이 어찌 호응하지 않겠는가!"

오랑캐 청을 무찌르자는 북벌.
하지만 오히려 청을 도와야 했던 조선의 현실.

당시 조선 사회를 이끌었던
북벌의 실체는 과연 무엇이었을까?

그날   효종의 북벌 얘기가 나와서 말인데요. 효종이 실제로 군사력 강
　　　화에 굉장히 힘썼다면서요?

신병주   청나라의 끊임없는 감시 속에서도 남한산성의 방어 체계도 구축
　　　하고, 특히 이때 훈련도감을 상당히 정비하고 북벌을 위한 준비
　　　기구로서 어영청을 강화합니다. 효종의 북벌이라 하면 꼭 등장
　　　하는 인물이 이완[3]인데, 이 이완이 어영대장 겸 훈련대장으로 임
　　　명됩니다. 이완은 효종을 거쳐 현종 때까지 계속 훈련내장만 지
　　　내죠. 그야말로 효종의 북벌 의지를 확실하게 구체화하고 전달
　　　할 수 있는 무관으로 활동했죠.

박금수   실제로 무기도 효종 때 많이 개발되었습니다. 광해군 때부터 쭉
　　　이루어진 것이긴 하지만, 나선정벌에서도 보셨던 것처럼 포수
　　　를 굉장히 강화하거든요. 특히 조선 포수가 두려워하는 청 기병
　　　의 돌격을 막아 내기 위해 신무기를 개발하려고 노력하죠. 바로
　　　전거라는 겁니다. 전차라고 읽기도 하고 전거라고 읽기도 하는
　　　데, 평상시에는 수레에 화포를 싣고 끌고 다니다가 적이 나타나
　　　면 일렬로 배치하죠. 한마디로 움직이는 성곽입니다. 조선이 병
　　　자호란 때 산성전을 고수하다가 돌파당했잖아요. 그래서 평야에
　　　서도 기병대의 돌격을 막을 수 있는 무기로서 개발한 거죠.

계승범   저는 개인적으로 좀 더 깊이 보고 싶어요. 효종은 17세기 중반,
　　　병자호란으로 항복한 뒤 한 10여 년 만에 즉위한 조선의 왕인데,
　　　조선이라는 나라의 내부 실정을 상당히 잘 안다고 봐야겠죠. 근
　　　데 정예 포병 10만을 양성하여 자식처럼 사랑한다는 건 말이 안
　　　됩니다. 우리가 지금 10만 양성설을 들으면 10만 명이야 키우면
　　　된다고 생각할 수 있지만, 효종 때보다 훨씬 부강했던 선조 때
　　　도 못 키운 거예요. 게다가 기회를 봐서 곧장 산해관[4] 앞으로 진

산해관 북경을 수비하는 관문이었으며, 현판에 '천하제일관'이라 적혀 있다.

격하면 중원에 있는 의사와 호걸이 호응하지 않겠느냐고 했는데요, 물론 호응할 수도 있죠. 그러나 호응하지 않을 수도 있는 겁니다. 청나라가 중국 남쪽까지 차지해 버렸으니까요. 즉 나라의 존망이 걸린 군사작전을 전개하는 건데, 효종이 얘기하는 작전은 너무 낭만적이라는 거예요. 만약에 제가 효종이었다면 상당히 불안했을 것 같아요. 왜 그러냐면 자기 형인 소현세자 문제도 있잖아요. 왕위를 계승하는 과정에서도 신료들은 다 반대했고요. 장손이 있는데 왜 동생이 잇느냐면서요. 또 신하들은 붕당을 많이 지어서 왕을 우습게 알기도 하는 상황이죠. 이런 상황에서 일단 왕실, 즉 자기 자신과 조선왕조라는 종묘사직을 지키기 위해서 물리적인 힘을 원한 것 같아요. 그래서 왕실을 지킬 물리력, 즉 군사력을 강화할 방안으로 북벌이 좋은 빌미가 되지 않았을까 생각합니다.

박금수 근데 이 왕권 강화와 도성 방어만을 위해서라고 하기에는 무척 큰 규모로 군비가 늘어나거든요. 어영청에 한때 약 2만 1000명에 달하는 병사를 두었다고 하는데, 그만한 병력을 유지하려면 큰 비용이 들기 때문에, 제 생각에는 그래도 효종은 개인적으로는 북벌을 꿈꾸었을 것 같다는 생각을 해 봅니다.

계승범 효종의 속마음을 누가 알겠습니까?

신병주 특히 효종의 성격에 관해 우리가 얘기해야 하는 게, 그야말로 아버지의 복수, 즉 복수설치[5]를 하겠다고 왕이 된 인물이거든요. 소현세자와 그 아들들을 인조가 다 제거하고 효종에게 왕의 길을 터주었기 때문에 본인은 부친을 위해 복수설치를 해야 한다는 당위성은 있었을 거예요. 결국 묘호[6]도 효종이잖아요. 부친에 대한 효를 다한다는 의미가 대단히 강한 묘호거든요.

그날 효심도 좋고 의욕도 좋고 진심도 좋은데 그것이 실력으로 이어지지 않는다면 그야말로 정치적 수사와 내부 환기용 제스처에 지나지 않는 거 아닙니까?

신병주 그래도 실력을 키우려고 했던 점은 어느 정도 봐줘야 하지 않을까 생각합니다.

그날 근데 오히려 효종 같은 사람은 심양까지 가서 청나라가 어떻게 지배하는지를 경험한 사람이잖아요. 저 무렵에 보면 "오랑캐가 금방 망할 것이다."라고 얘기하지만, 사실 그게 아니라는 것을 자기도 알았을 것 같아요. 그렇다면 실제로는 북벌에 대해서 본인도 반신반의하지 않았을까 싶네요.

신병주 그러니까 반신반의하면서도 본인은 그런 식으로 얘기해야 하는 게 효종의 처지였죠.

그날 이게 실현할 수 있는 건 아니었겠지만, 병자호란 이후에 민심을 수습하기에는 좋은 공략법 아닌가요?

류근   그런데 저는 정말 화가 나는 게, 당시까지도 신하들이 끝까지 물고 늘어지는 게 숭명반청 아닙니까? 그런데 이때는 명나라가 이미 망했던 때잖아요.

계승범   간략하게 말씀드리면 조선의 왕은 명나라 황제를 상대로 조공을 바치고 책봉을 받음으로써 충효를 백성들에게 솔선수범해서 보여 주었거든요. 그런데 삼전도의 항복으로 스스로 충효를 범했죠. 그러면 노비, 상놈, 소작인들이 더는 주인, 양반, 지주에게 조건 없는, 절대적인 복종과 충성을 하지 않는 때가 온다는 겁니다. 그때가 온다면 조선왕조는 무너진다는 거죠.

최태성   정신적 가치가 와르르 무너진다는 거군요.

그날   그 정도는 문제도 아니에요. 그야말로 기득권 문제잖아요.

계승범   그렇죠. 명분을 앞에 내세우지만, 기득권을 쥔 사람들이기 때문에 매우 현실적인 계산을 하는 겁니다. 그래서 이걸 상쇄해 나가는 방법이 바로 북벌을 외치는 거죠.

북벌 vs 나선정벌

그날   우리가 지금까지 북벌의 배경과 북벌 논의가 전개되는 과정을 얘기해 봤는데, 다시 나선정벌로 돌아가 보죠. 그러면 북벌이라는 건 반청이라는 기본 의식을 전제로 하는데, 나선정벌은 청나라의 요구에 의해서 간 거잖아요. 굉장히 모순된 거네요.

최태성   지금 효종의 북벌이라는 얘기를 하면서 나선정벌을 다시 한 번 바라보니까 이제 좀 이해가 되네요. 무엇이냐면 숭명이라는 거대한 이데올로기의 틀 안에 있었으니 승리해도 우울할 수밖에 없는 원초적 슬픔을 내재한 전쟁이 바로 나선정벌이었다고 보이는 거죠.

계승범   신유가 1680년에 병으로 죽습니다. 당시에 유형원[7] 같은 쟁쟁한 사람들이 다 와서 애도하고요. 그리고 고인을 기리고 애도하기 위해서 시처럼 만사를 쓰는데, 신유가 평생에 걸쳐 남긴 가장 뛰어난 업적이 나선정벌이잖아요? 근데 신유의 조문객으로 온 그 누구도 그 얘기를 언급 안 합니다. 없는 공적도 부풀려서 해도 무방한 만사에 있는 공적도 언급 안 하고, 주로 무슨 내용을 썼느냐면 "남해에서 활약하고 북방에서 활약했는데 못 이룬 북벌 때문에 술로써 달랬네." 같은 말만 썼어요.

신병주 　그 만사를 써준 사람은 오히려 신유를 배려해 줬다고 생각하는 거죠. 나선정벌은 우리 조선 후기 역사에서 외적과 맞서 싸워 거둔 거의 유일한 승리거든요. 그런데도 이 승리가 정말 슬픈 승리가 되어 버린 겁니다. 전반적으로 북벌이 이념으로 요구되던 시대였기에 신유와 병사들을 높이 평가하는 사람들조차 나선정벌은 아주 슬픈 일이라고 축소해 버리는 경향이 나타났죠.

그날 　이런 딜레마가 어디 있습니까?

박금수 　10년 가까이 묻힌 조선의 병사애가, 생명이, 목숨이 아주 참 아깝네요.

그날 　그렇죠. 그런데 이렇게 효종 때는 나선정벌이 슬픈 전쟁이었는데, 오히려 후대인 숙종 때 가서는 나선정벌이 재평가를 받습니다. 어떻게 된 일일까요?

사대부, 나선정벌의 기억을 바꾸다

승리했지만, 슬픈 정벌로 기억된 나선정벌.
하지만 1690년, 숙종은 신유의 제문을 직접 지으며
나선정벌을 승리한 전쟁으로 기록한다.

"먼 예전 무술년 북녘 변방에
이빨로 사람을 물어 죽여도
능히 제압할 수 없었는데
출정한 군대는 굳세고 날랬으며
바람은 불고 날은 맑아
소굴을 쳐부수고 불태우니
그 위엄에 적의 활과 창이 떨었고
개선하여 돌아와 승첩을 아뢰니
더욱더 성총 입어 발탁되었도다."

나선정벌, 기억의 재구성

그날 　신유의 제문을 왕이 직접 올렸어요. 흔한 일은 아니잖아요.

신병주 　이 무렵이 돼서는 나선정벌에 관해 재평가하고 싶었던 거죠. 숙종이 신유라는 인물의 제문을 직접 쓰면서 이제 나선정벌의 승리를 좀 더 적극적으로 기억해 보겠다는 의지를 표명한 거고요.

그날 　그렇다면 숙종에게 나선정벌은 어떤 의미였을까요?

계승범 　청나라가 전성기에 들어서니까 북벌을 할 수 없는 걸 다 알게 되는 거예요. 근데 왕으로서는 "우리가 지난 한 30~40년간 북벌을 추진했는데 불행히 실패했습니다."라는 식의 담화문을 발표할 수는 없죠. "우리가 비록 실행은 못 했으나, 마음에서 상징적으로나마 남아 있는 북벌을 우리는 사실 성공해 봤다."라는 식으로 바꿀 필요가 있는데, 가만히 보니까 나선정벌이 있는 거죠. 간단한 게, 거기서 청나라만 빼면 돼요. 처음부터 우리 자신의 필요에 따라 우리 스스로 군대를 보내서 북쪽에 있는 오랑캐를 쳤다면서 말 그대로 북벌이라 주장하게 된 겁니다.

그날 　당시 사람들의 자괴감, 즉 북벌하지 못한 자괴감을 극복할 수 있는 대안으로 나선정벌이 갑자기 등장하는 거네요.

류근 　어찌 됐든 이른바 상징 조작이고 환상 조작이라는 거 아닙니까? 종로에서 뺨 맞은 기억은 빼 버리고 한강 가서 화풀이한 기억만 과장해서 유포하는 거잖아요.

계승범 　국가 차원으로 보기 이전에 개인 차원의 과거사를 보면 남에게 말하기 부끄러운 게 몇 개씩 있습니다. 그런데 이런 아픈 상처, 즉 정신적 상처로 남은 것들을 스스로 심리적으로 완화하고 좀 과장하더라도 기억에서 해소하지 않으면 아마 인간들은 거의 미쳐버리지 않을까 싶습니다.

신병주 　병자호란, 그리고 이어지는 삼전도의 치욕을 겪고 난 불안한 상황에서 즉위한 효종이라는 왕이 왕권도 강화하고 이념적으로는 복수설치를 위해 북벌이라는 걸 제시할 수밖에 없는 시대 상황을 봐야죠. 적이었고 무찔를 대상이었던 청나라와 연합해서 정벌에 나설 수밖에 없었던 조선의 운명, 또 이후에 나선정벌을 오히려 승리의 기록으로 남기려는 숙종의 고뇌, 이런 것들은 그만큼 우리 시대가 병자호란 이후에 상처를 해소하는 과정이 얼마나 힘들었는지를 역설적으로 증명해 주죠.

계승범 그런 면에서 볼 때는 조작은 조작이지만, 새롭게 역사를 다시 쓰는 거죠. 신뢰도가 떨어집니다.

그날의 소회, 나선정벌

그날 나선정벌을 통해서 효종의 북벌과 당시 조선이 겪었던 딜레마까지 쭉 살펴봤는데요, 규모는 아주 작은 전투이긴 했지만, 당시의 조선과 동아시아에 시사점을 남긴 건 분명한 것 같습니다. 그날의 소회로 나선정벌에 관한 한마디를 부탁드려 볼게요.

박금수 "나선정벌은 조선이 내키지 않지만 어쩔 수 없이 '나선' 정벌이다." 정말 찜찜한 기분으로 나선 정벌이지만, 신유라는 또 다른 영웅을 발견하는 기회도 되지 않았나 하고요.

최태성 저는 "나선정벌은 좀 더 당당해져도 되는 전쟁이다."라는 표현을 쓰고 싶어요. 흑룡강에서 출발해 다시 압록강과 두만강을 건너 터벅터벅 되돌아오는 조선 군인들의 모습을 떠올려 보면 이겼지만, 왠지 우울한 모습일 것 같거든요. 그런 군인들의 모습을 떠올리면서 그분들께 어깨를 펴시라고, 좀 더 당당해지시라고 하며 응원의 박수를 보내고 싶습니다.

류근 백성의 처지에서 본다면 "나선정벌은 힘없는 나라의 백성에게는 정벌이 아닌 징벌이었다."라는 말을 하고 싶어요. 어찌 되었

청과 러시아의 1689년 국경선을 표시한 1796년의 지도

든 남의 싸움에 명분 없이 동원된, 불행하고 슬픈 전쟁이었다는 거죠.

계승범 현대 시각으로 본다면 "나선정벌은 근현대 동북아시아의 새로운 세력 판도를 결정지은 매우 중요한 전쟁이었다."라고 보고 싶어요. 이때 등장한 러시아가 실제로 지금까지도 동북아시아에서 굉장히 중요한 열강 노릇을 하고 있고요. 그런 걸 놓고 볼 때 세계사 차원으로 봐도 의미 있는 전투에서 용감히 싸웠다고 할 수 있을 것 같습니다.

4

김육,
대동법을
지키다

조선 시대의 학자나 관료라고 하면 성리학의 이론과 원칙에는 충실했지만, 민생 문제의 해결에는 별다른 대안을 제시하지 못했다는 이미지를 대표적으로 떠올린다. 이러한 선입견은 이제까지의 연구가 주로 학파나 당파 위주였으므로 나타난 것인데, 실제로는 조선 시대에도 국부나 민생에 중점을 두고 실천하는 관료가 다수 있었다. 그리고 이러한 관료를 대표하는 인물이 바로 김육이다.

조선 시대의 농민이 국가에 부담하는 것으로는 토지에 대한 세금인 전조(田租) 외에 16세 이상 60세 미만의 남자가 국가에 지는 군역, 그리고 공납이 있었다. 공납은 농민이 가옥을 소유한 대가로 지방의 특산물을 무상으로 바치는 것인데, 관청이 해당 특산물을 미리 사들이고 나중에 그 비용을 농민에게 비싸게 받아내는 방납 혹은 대납(代納)의 폐단이 컸다. 1569년에 이이는 특산물 대신에 쌀을 세금으로 받자는 의견을 제시했으나, 실현되지 못하였다. 임진왜란 이후 공납의 폐단은 더욱 커져 호피(虎皮) 방석 한 개의 대납 가격이 쌀 70여 석이나 면포 200필로 치솟는 등 농민의 부담이 극심한 상황에 이르렀다.

이러한 상황에서 왕위에 오른 광해군은 영의정 이원익의 주장을 받아들여 공물을 특산물 대신 쌀로 내는 대동법을 시행했다. 기존에는 세금을 호별로 부과했으나, 대동법은 토지 결수에 따라 부과함으로써 땅을 많이 소유한 대지주의 부담은 커진 반면에 가난한 농민의 부담은 상당히 줄어들었다. 대동법을 주관하는 관청으로는 선혜청이 설치되었는데, 처음에는 토지 1결당 16말이 부과되었으나, 점차 조정되어 1결당 12말로 확정되었다. 대동법은 경기도에서 처음 시행한 후 전국으로 확대할 계획이었으나, 지주와 중간상인들의 저항으로 광해군 때는 경기도에서 시행하는 데 그쳤다.

대동법의 확대 시행은 효종 때 이루어졌다. '왕정(王政)은 안민(安民)보다 우선인 것이 없다.'라는 분위기가 확산되면서, 김육과 조익 등이 강력히 주장해 대동법의 전국적인 시행이 논의된 것이다. 김육은 광해군 때는 조정에 나갈 뜻을 접고 가평의 삼꼭 정딕동 화개산 이래에서 농사를 지으며 생활했다. 이 시기에 김육은 숯을 제조하여 직접 파는 등 양반의 체통 대신에 땀 흘려 일하는 삶을 실천했다. 인조반정 이후 출사한 김육은 대동법의 전국적인 시행을 주장하여 효종 때는 충청도와 전라도에 대동법이 시행되게 했다. 김육은 몸소 충청도 지역의 대동법을 주관하면서 세부 사목(事目)을 정하는 등 대동법의 시행에 앞장서기도 했다. 이후 대동법은 숙종 때인 1677년에는 경상도로, 1708년에는 황해도까지 확산되었고, 1894년의 갑오개혁으로 지세(地稅)에 통합될 때까지 존속하였다.

대동법이 시행되면서 '공평의 원칙'에 합당한 보편적 과세와 균등한 부담이 이루어졌다. 대동법은 예측할 수 있는 예산 제도의 기틀을 마련하여 가렴주구를 도모하는 봉건적 수탈을 방지하는 데도 크게 기여했다. 또한 대동법의 시행은 공인에게 왕실과 정부의 소요 물자를 조달케 함으로써 상업과 수공업의 발달을 자극하기도 했다. 대동법은 중간상인들의 이익을 배제하고 백성들의 안정된 삶을 보호한다는 취지에서 본다면 반드시 추진해야 할 세제 개혁이었다. 그런데도 시행하는 과정에서 많은 어려움이 따랐던 것은, 땅을 많이 보유한 지주들이 강력하게 반대하였기 때문이다. 당시에 정책을 추진한 관료들 역시 지주라는 기득권의 입장에서 벗어날 수 없었기에 세제 개혁에는 오랜 진통이 따랐다. 이러한 어려움 속에서 민생을 최우선으로 했던 김육의 모습은 오늘날에도 시사하는 바가 크다.

김육은 누구인가?

최원정　우리 역사 속 인물 중에 부활시키고 싶은 인물을 조사한 적이 있
　　　　는데요, 그중에는 우리에게 좀 생소한 인물도 있습니다. 여러분
　　　　은 김육이라는 인물을 아세요?

이윤석　뽑힌 걸 보니 지금 이 시대에도 필요한 인물인 것 같습니다.

류근　　상대적으로 김육이라는 인물은 정말 죄송스럽게도 제게는 너무
　　　　낯서네요.

그널　　김육이 선정된 이유는 뭐라고 생각하세요?

최태성　김육은 백성을 위한 정책과 실행력을 지녔고, 현재의 조세제도
　　　　에 일갈을 가할 수 있는 인물이라는 점에서 선정되었을 것 같습
　　　　니다.

그날　　세금 문제는 증세니 감세니 해서 항상 시끄럽잖아요. 김육에 관
　　　　해서 이야기해 보는 것도 의미가 있을 것 같습니다. 그래서 김육
　　　　과 그의 업적인 대동법에 관해서 연구하고 계시는 특별한 분을
　　　　모셨습니다. 한국국학진흥원의 이정철 박사님입니다. 어떤 얘기
　　　　부터 시작해야 할까요?

이정철　평택에 가면 대동법 시행을 기념하는 비가 있습니다. 그 비는 설
　　　　립 자체에 상당히 감동적인 사연이 있습니다.

대동법 시행 기념비 경기도 유형문화재 제40호.

대동법을 시행한 그날

김육 대감이 79세를 일기로 세상을 떠나셨습니다.

우리는 큰 슬픔에 빠졌습니다.
십시일반 부의금을 마련해 찾아갔지요.
하지만 대감댁에서는 받지 않으셨습니다.

고민 끝에 우리는 부조하려던 돈으로
대동법을 시행해 준 은혜를
영원히 잊지 않겠다는 비를 세웠습니다.

朝鮮國領議政金公堉大同後萬世不忘碑

백성이 세운 대동법 시행 기념비

그날 　김육, 조선 최내의 개혁 중 히나인 대동법을 정착시킨 인물이죠. 백성들이 고마움과 존경의 표시를 이렇게 한다는 것은 김육이 보통 인물은 아니었다는 얘기잖아요.

이윤석 　자고로 속담에 그런 게 있잖아요. "정승집 개가 죽으면 초상집이 북적여도 정승이 죽으면 초상집은 개 혼자 지킨다." 그런데 이렇게 백성들이 뜻을 모아서 기념비를 세웠다는 건 이름을 날리려고 애쓰는 것보다 백성을 위하면 알아서 기억해 준다는 걸 보여주는 것 같아요.

최태성 　대동법 기념비의 맨 위에는 '조선국 영의정 김공육 대동균역 만세불망비'라는 제목이 있는데, 김과 육 사이에 '공' 자가 들어간 건 존경을 표시하기 위해서 집어넣은 거죠.

그날 　만세는 아니지만, 오랜 시간이 지났는데도 잊지 않고 우리가 대동법을 다루고 있네요.

신병주 　비문의 주요 내용을 보면 대동법을 시행하는 목적과 과정, 성과를 밝히고, 대동법을 추진했던 다른 인물과 김육을 비교해 설명하는 부분이 있어요. 이원익[1]에 관해서는 "은혜를 베풀었지만, 넓히지는 못했다. 조금은 한계가 있다."라고 지적했고, 권반[2]에 관해서는 "문서만 갖추고 시행하지는 못했다."라고 합니다. 하지만 김육에 관해서는 "과단성 있게 시행했다."라며 구체적이고 본격적으로 대동법을 시행한 인물로 기록해 놓았습니다.

이원익 초상 국립중앙박물관 소장.

김육 이전의 대동법

그날 　김육 이전에도 대동법을 시행하려고 노력한 사람들이 있었다는 뜻이죠?

신병주 　광해군 때 이원익이라는 인물이 주도해서 대동법을 처음으로 경기도에 시행하고, 인조 때는 전라도 일부에 시행하지만, 반대가 워낙 심하니까 폐지합니다. 이런 여러 가지 우여곡절을 겪으면서 대동법이 완전하게 정착하지 못하는 상황이었습니다.

최태성 　게다가 당시 집권층 대부분이 양반 지주인데, 이 대동법이라는 것을 시행하면 양반 지주들이 세금을 더 많이 내야 하기 때문에 시행하기가 매우 쉽지 않았습니다. 대동법이 전국적으로 시행되는 데 몇 년 걸렸는지 아세요?

이윤석 　한 30~40년은 넘게 걸렸겠죠.

최태성 　더 많이 걸렸어요. 100년입니다.

이윤석 　100년이면 죽기 전에 못 보겠네요.

류근 　그래서 대동법을 200년간 모색해서 100년간 계획했다고 표현하잖습니까?

시험에 꼭 나오는 대동법 요점 정리

그날 　대동법, 국사 시간에 정말 열심히 배운 기억이 나는데요. 백성에게는 참 좋은 법인데 이거 설명할 방법이 없네요.

최태성 　고등학생들이 대입 수능을 보잖아요. 대동법이라는 게 반드시 한 문제가 나와요. 잠깐 정리해 보면 조선 시대 때 농민들이 내야 하는 세금은 기본적으로 여러 가지가 있지만, 크게 세 종류가 있는데 바로 전세, 역, 공납(貢納)입니다. 공납은 공물이라고도 하고요. 먼저 전세라는 건 토지세죠. 이건 주로 토지를 많이 가진 양반 지주들이 내는 세금입니다. 그다음에 역이라는 게 있거든요. 역에는 두 가지가 있습니다. 군역과 요역이 있는데 군역은 지금처럼 군대에 가는 거죠. 요역은 자신의 노동력을 제공하는 건데, 주로 백성들이 많이 부담하겠죠. 나머지 하나가 공물을 내는 건데, 여기에는 왕에게 보이는 충성의 상징적인 모습이 담겨 있다고 볼 수 있습니다. 그 지역의 특산물을 내는 거죠. 그런데 시간이 흘러가면 흘러갈수록 세금이 공물에 집중되는 거예요. 전체 세금의 한 60퍼센트를 이 공물로 걷는 사례가 많이 보이거든요. 그리고 그 공물을 특산물 대신 쌀로 내게 하는 제도가 대동법이라고 할 수 있죠.

그날 그런데 공물을 쌀로 내면 백성들의 부담이 줄어드는 거예요?

신병주 그렇죠. 가장 큰 이유 중 하나가 특산물이라는 것의 기준이 대단히 애매하다는 점이에요. 예를 들어서 인삼이라고 해도 품질에 따라서 최상급 인삼이 있을 수 있고 품질이 아주 떨어지는 인삼이 있을 수도 있는데 기준이 애매하다는 거죠. 그래서 수령들이 인삼을 좋은 걸 받아 놓고서는 정작 국가에는 중등품 내지는 하등품을 바치면 그만큼 중간에서 이익을 남길 수 있죠. 지금도 굴비 같은 걸 보면 최상품 굴비와 그렇지 않은 굴비는 가격 차이가 좀 나잖아요. 그런데 쌀은 품질이 상당히 균질화되어 있고, 물량을 정량화할 수 있죠. 그러다 보니까 누가 중간에서 농간을 부릴 수 있는 여지가 거의 없어지고요.

최태성 근대 조세제도의 핵심 중 하나가 투명성이거든요. 그런데 대동법에서 그 투명성이 보여요.

조선의 방납 커넥션

그날 저희가 대동법을 이해하기 위해서는 방납(防納)을 조금 더 자세히 이해할 필요가 있는데, 이해를 돕기 위해서 준비한 게 있습니다. 역할극을 해 볼까 해요.

류근 갈수록 별걸 다 시키네요.

그날 류근 시인의 연기력이 좀 의심되지만 말이죠. 이윤석 씨가 수령, 최태성 씨가 방납 업자, 류근 시인이 백성을 맡아 주세요. 그럼 조선의 방납 커넥션, 지금 시작하겠습니다. 때는 바야흐로 조선 시대, 왕이 명하기를 그날 마을에서는 1호당 인삼 다섯 뿌리를 공물로 바치라고 하는데요, 이때 수령과 방납 업자가 은밀한 뒷거래를 시작합니다.

최태성 "올해의 공물은 1호당 인삼 다섯 뿌리랍니다. 예전에 말씀하신 대로 좀 해 주시기 바랍니다."

이윤석 "아이, 우리 이미 얘기 끝났잖아. 오케이. 다섯. 자, 들어라! 1호당 인삼 열 뿌리, 정확히 열 뿌리씩 공물로 바치도록 하라."

그날 수령은 백성들에게 조정에서 요구한 것보다 훨씬 많은 공물을 요구하니,

류근 "나리, 인삼 열 뿌리입니다. 최상품으로 준비했습니다."

최태성 "이게 인삼입니까? 도라지보다도 못하네."

이윤석 "어디 보자. 아니, 저놈의 간이 배 밖으로 나왔구나. 이런 하품을 감히 진상하다니. 가지고 가서 깍두기나 해먹어라. 나는 도저히 이런 하품을 받을 수가 없어. 전하께서 드실 거야, 전하께서."

그날 점퇴,[3] 공물의 품질을 문제 삼아 돌려보내니, 백성은 방납인을 찾아갈 수밖에.

류근 "내 인삼이 부실하다고 공물로 받을 수 없다는데, 혹시 좋은 물건 좀 가지고 계시오?"

최태성 "물론이지. 사정이 딱한 것 같으니 내 것 주도록 함세. 그런데 자네 알지 않는가? 내 것은 최상품이라 좀 비싸. 쌀 50두 내야지."

류근 "예? 아니, 인삼 열 뿌리에 쌀 50두라고요? 시장에서 사면 10두

면 되는데 이거 너무하는 거 아닙니까?"

최태성 "사또, 대신할 인삼을 제가 가지고 왔습니다. 늘 그렇지만 제 것
은 최상품입니다. 받아 주시지요."

이윤석 "어디 봅시다. 잠깐만, 지난번에 류근이 가지고 왔던 거랑 똑같
은 건데. 하하, 최상품을 봤도다. 명품이로다."

최태성 "감사합니다."

이윤석 "이것이 인삼인가 산삼인가. 역시! 앞으로는 모든 물건을 최태
성이가 갖고 온 것만 받겠느니라."

최태성 "물론입죠, 물론입죠."

그날 왕에게 바치고 남은 공물은 수령과 방납인이 주거니 받거니,

최태성 "자, 이게 제가 받은 겁니다. 아, 이건 우리 사또님 것, 이건 제
것. 받아 주시지요."

이윤석 "이러려고 그런 건 아닌데. 이거 참, 사람 불편하게. 아이고, 참."

이정철 이렇게 뒷거래로 받는 돈을 인정이라고 부릅니다. 그런데 이 인
정이 재미있게도 오늘날 말하는 인정과 한자가 똑같습니다. 요
즘 식으로 말하면 리베이트입니다.

이윤석 "이것이 사람 사는 정이지. 뿌듯하구먼."

신병주 인정이라는 말을 그야말로 자기들이 하는 짓을 합리화하기 위해
서, 유리하게 하려고 갖다 붙인 걸로 봐야죠.

그날 백성들에게 인정을 베푼다는, 그런 말도 안 되는 논리로군요.

방납의 폐단

그날 수령과 방납 업자가 짜고서 백성들에게 폭리를 취하는 모습을
보셨습니다. 그야말로 조선의 방납 커넥션인데, 이거 문제가 많
네요.

최태성 방납에서 방 자가 한자로 막을 방 자죠. 그러니까 한자로 풀어

보면 공납을 내는 걸 막는다는 의미거든요. 그런데 이 방납 업자들이 얼마나 폭리를 취했던지, 임진왜란 이후에는 공물로 내야 하는 생선 한 마리 가격이 쌀 10두 정도가 되었다고 합니다. 엄청난 거죠.

그날   아까 보니까 아주 인정이 넘쳤어요. 그 인정의 폐단이 얼마나 심했던지 이런 말이 있었다고 해요. "공물은 손에 들고 가지만, 인정물은 말에 싣고 간다." 말에 실을 정도로 많이 부담을 졌다는 거죠. 공물이라는 게 구하기 어렵고 운반하기 어려운 게 대부분이라고 했는데, 구체적으로 어떤 것들이 있는 거예요?

최태성   아주 다양하죠. 일단 기본적으로 그 지역의 특산물인데, 제철 채소와 과일뿐만 아니라 해삼, 전복, 상어, 문어 같은 아주 진귀한 해산물도 있었습니다. 그뿐만 아니라 담비 가죽이라든지 표범 가죽이라든지 사슴 가죽 같은 산짐승 가죽들, 그리고 종이와 그릇, 휴지 같은 가내수공업품까지 국가에 필요한 것들이 아주 다양하게 공물에 들어가죠.

신병주   조정에서 공물을 정해 줄 때 지역의 현실을 제대로 모르고 공물을 부과하는 경우가 많았어요. 예를 들어서 한 1970~1980년대까지 명태가 대단히 잘 잡혔잖아요. 문제는 지금은 명태가 러시아로 전부 가 버려서 없어요. 그런데 명태를 자꾸 바치라고 요구하면 상당히 힘들죠. 이렇게 현실에 맞지 않다 보니까 답답한 백성들은 결국 중간상인인 방납 업자 최태성 선생 같은 사람을 찾고요.

이정철   몇몇 물건은 업자들이 사재기해서 구할 수 없을 때도 있었고요.

그날   그런데 저는 이렇게 중간 모리배들이 횡횡하면서 방납 같은 폐단이 많았는데도 나라에서 가만히 있었다는 게 정말 이해가 안 간단 말이에요. 이런 조세 비리가 100여 년이 넘게 지속될 수 있었다는 게 좀 이상하지 않습니까?

이정철 아주 날카로운 지적입니다. 이 방납 문제와 공납 문제는 처음부터 문제가 있었던 것은 아닙니다. 오랜 세월에 걸쳐서 문제가 악화되어 왔는데, 사람들이 체감하지 못할 정도로 천천히 진행됐죠. 또한 제도가 그렇게 오래 유지되는 이유는 나름대로 순기능이 있어서입니다. 문제는 지방의 행정 관서에 운영 비용이 안 내려온다는 점이었는데요, 그러면 그 관서에서는 운영비를 마련하기 위해서 자기들이 통제할 수 있는 데서 얻어 낼 수밖에 없죠. 이런 기능이 있기 때문에 조정에서도 대 놓고 하지 말라고 말할 수가 없는 상황이 된 겁니다. 그런데 거기다가 그 제도를 운용하는 사람들의 개인적인 착복까지 더해지죠.

그날 이 세금 수탈 구조가 오랜 세월 얽히고설켜 있기 때문에 백성이 어떻게 대 놓고 저항을 못 하는 거예요. 그러니까 수령으로서는 "어, 이거 관청을 운영해야 하는데 돈도 안 내려와? 내가 어떻게든 거둬야지."라는 이유를 내놓는데, 결국은 그 모든 게 백성들의 수탈로 귀결되니까 문제인 거네요.

이정철 다 좋은데 백성들만 안 좋은 거죠.

신병주 그리고 백성들로서는 계속 이런 체제가 지속되니까 '원래 이렇게 살아가는 거구나.'라고 생각하는 거죠.

그날 당연하게 받아들이는군요.

신병주 그 모순을 크게 못 느꼈었다는 거죠. 그래서 그런 모순이 잘못된 거니까 고쳐야 한다는 걸 확실하게 인식시켜 준 김육과 같은 인물이 등장합니다.

김육＝대동법

그날 우리가 흔히 대동법이라고 하면 김육, 김육이라고 하면 대동법,

김육 초상 실학박물관 소장.

이렇게 나오잖아요. 왜 그렇게 된 거죠?

이정철 간단하게 말씀드리면 결과를 만들어 냈다는 거죠. 한국 축구의 고질적인 행태가 골문 앞에 가서 엉뚱하게 움직이는 거잖아요.

류근 문전 처리 미숙이죠.

이정철 예, 그런 얘기를 많이 하잖아요. 그런데 축구에 비유하면 김육은 일종의 스트라이커 역할, 즉 골잡이 역할을 한 거예요. 골문 앞에 가서 결과를 만들어 낸 사람입니다. 법을 만든 사람이죠.

이윤석 그러니까 대동법이라는 슛을 넣은 사람이네요.

신병주 실제로 대동법에서 가장 중요한 지역이 그 당시에 양호[4]로 불린,

충청도와 전라도인데 그곳에서 대동법의 기반을 확실하게 다진 인물이 김육이므로 김육이라고 하면 대동법을 떠올리는 거죠.

그날 한 줄로 요약하자면 공론은 많았지만, 법제화가 안 되었는데 김육에 이르러서 드디어 법제화가 된 거네요.

민생을 살리는 대동법

신병주 김육이 대동법을 본격적으로 시행한 시점의 상황을 보면 임진왜란과 병자호란이라는 양란을 겪으면서 백성들이 기본적으로 내야 할 것보다 훨씬 많은 것을 내야 했거든요. 특히 청나라는 기후 요건으로 말미암아 쌀 같은 곡물의 공급이 원활하지 않으니까 조선에 쌀을 많이 요구합니다. 예를 들어서 1640년경에는 청나라에 조공으로 바치는 쌀이 한꺼번에 10만 석 정도였는데, 당시 조선의 1년 경비와 거의 맞먹는 막대한 요구량입니다. 그러다 보니까 결국 그 비용을 국가에서 대려면 백성들에게 세금으로 내게 할 수밖에 없었고, 그 과정에서 당연히 세제 문제가 가장 중요한 국가의 문제로 대두하죠.

최태성 결국 백성들은 못살죠. 세금을 계속해서 뜯어 가면 못사니까 나는 못 내겠다고 도망가는 거예요. 백성이 도망가면 그 세금 어떻게 될 거 같으세요?

그날 "너 도망간 애랑 친하지. 그러니까 좀 더 내 봐."라는 식이 아닐까요?

최태성 예, 비슷했어요. 세금이라는 것, 특히 곡물 같은 것은 그 마을에 양이 할당되어 있기 때문에 한 사람이 안 내고 도망가면 다른 사람이 그걸 대신 내야 하는 상황이 돼요. 그래서 어떤 기록을 보면 한 고을에 있는 사람들이 한꺼번에 사라졌다는 기록도 있습니다.

그날　마을 전체가 사라졌군요.

최태성　마을 전체 백성들이 손잡고, 손에 손잡고 사라진 거죠. 그러니까 유랑민이 되는 거고요.

그날　세금을 내고 군역을 이행하는 건 백성들이잖아요. 그런데 백성들이 이렇게 유랑해 버리면 나라의 근간이 흔들리는 거라서 대동법을 시행한 거 아닙니까? 어느 정도로 효과가 있었는지가 궁금하네요.

이정철　대동법을 시행하면서 기존의 세금 부담이 얼마나 줄었는지 대략 볼 수 있는 사례가 있습니다. 뭐냐면, 나라에서 어떤 집에 "이 집은 좀 잘한 게 있으니 특별히 혜택을 줘야겠다."라고 할 때는 곡물을 내야 하는 의무를 면제해 줍니다. 그걸 전문용어로는 복호라고 하는데, 재미있는 건 그 복호가 시중에서 거래돼요. 그 거래 금액이 보통 60말 정도였고요. 즉 60두죠. 그런데 복호 가격이 대동법을 시행한 후에는 60두에서 12두로 떨어졌으니까 5분의 1로 줄어든 거죠.

그날　그 정도로 백성들의 부담이 줄어든 거네요. 조선 최고의 개혁이라고 할 만한 것 같아요.

최태성　5분의 1이라고 하셨잖아요. 지금 우리는 연말정산을 할 때 보면 어떻게든지 절세 차원에서 뭔가 할 수 있는 게 없는지 많이 고민하거든요. 그런데 5분의 1 정도로 줄어드는 혜택이 주어졌다는 것은 엄청난 거예요. 100만 원 내야 할 세금을 20만 원만 내게 하는 거잖아요.

이윤석　지금이라도 다시 한 번 시행해야죠.

그날　1결당 12두로 세액의 기준이 정해졌잖아요. 여기서 결이란 무엇을 말하는 건지, 그 뜻을 저희가 자세히 알려 드리기 위해서 정리해 봤습니다.

대동법의 기준

300두의 쌀을 수확할 수 있는 땅의 넓이를 1결이라 합니다.
대동법은 세액을 1결당 12두로 통일했습니다.

이전의 공납은 국가가 각 군현 단위에 부과하면
군현의 수령이 백성들의 호마다
공납을 거둬 가는 방식이었습니다.

온종일 걸어도 남의 땅을 밟을 일 없는 이 대감도,
땅이 없는 우리도 똑같은 양의 공납을 냈습니다.

그렇지만 대동법이 시행되자 가진 자가 많이 내고
없는 저는 적게 낼 수 있게 되었습니다.

백성들은 기뻐서 춤추고
개들은 아전을 향해 짖지 않았습니다.

그날 간단하네요. 가진 땅만큼 세금을 내게 된 거예요.

최태성 내는 기준이 집집이 내는 것에서 땅을 가진 면적만큼 내는 걸로 바뀐 거잖아요. 이게 대단히 큰 변화죠. 땅을 많이 가지면 가질 수록 세금을 많이 내는, 대단히 합리적인 조세제도고요. '대동 (大同)'이라는 단어가 모든 사람에게 공정하다는 의미를 담고 있는 것 같아요.

신병주 엄밀하게 말하면 결은 토지 면적이라기보다는 거기서 얼마나 수확되는지를 뜻하는데, 그래도 결국은 많이 수확하는 사람이 많이 내는 세금 제도로 바뀐 거죠.

그날 그런데 도량형이라는 게 아직도 좀 헷갈리거든요. 1결이 300두를 수확할 수 있는 토지를 말하는 건데, 1결당 12두를 징수했으니까 매우 조금만 내도 된다는 것까지는 이해했어요. 그런데 도대체 300두는 얼마만큼이고 12두는 얼마만큼인지, 나아가 홉과 되, 말 같은 도량형은 얼마만큼인지 모르겠거든요.

류근 옛날에 소주 단위를 두 홉들이, 네 홉들이라고 했었잖아요.

그날 홉이 얼마 정도 되죠?

류근 홉이 어떤지는 대충 느낌이 오는데, 말 같은 거죠.

그날 말술 드시는 분이라고 할 때, 그 말은 얼마나 되죠?

류근 저희 어릴 때 시골에서 잔치 같은 걸 하면 양조장에서 말통으로 시켜서 술을 먹거든요. 대충 감이 있어요. 둥근 말통, 아시죠? 막걸리 말통 말이죠.

그날 왜 도량형의 기준이 술로 가는지 모르겠는데요.

최태성 그렇지요. 학생들은 전혀 이해가 안 됩니다.

그날 부모님들 장 보러 가시면 고기도 근으로 사시고 쌀도 말과 홉으로 사셨던 기억이 있는데, 정확한 부피와 질량은 모르시죠?

조선 시대의 도량형

그날　특별히 도량형에 관해 제대로 설명해 주실 분을 저희가 모셔 봤습니다. 한국도량형박물관의 이인화 관장님 모셨습니다. 관장님, 도량형을 3000여 점 수집하셨다면서요?

이인화　네, 저는 도량형이 모든 경제활동의 기준이자 출발이라는 생각을 하고 있습니다.

그날　근데 도량형이라는 말 자체가 어려워요.

이인화　도량형에서 도(度)는 길이 또는 길이를 재는 자를 의미하는 것입니다. 양(量)은 부피 또는 부피를 재는 홉이라든가 말, 되 같은 것을 의미합니다. 형(衡)은 무게 또는 무게를 재는 저울을 의미합니다.

신병주　형은 저울 형 자죠.

그날　저울 형 자요? 아, 그렇게 해서 도량형이군요. 저희가 김육에 관해서 이야기를 나누고 있습니다. 그런데 대동법에 관한 내용이 나오니까 부피 단위가 요즘과는 많이 달라서 그 양이 도무지 가늠이 안 돼요.

이인화　조선 시대의 부피 단위에는 홉과 되, 말, 섬이 있습니다. 이 기준은 의외로 음악에서 기원하고 있고요.

그날　오, 음악이군요.

이인화　네, 관악기인 황종관[5] 내에 해주산 기장 1200알이 들어가는데, 이 관의 부피를 한 작이라고 합니다.

그날　왜 콕 집어서 해주산 기장일까요?

이인화　해주산 기장이 고르고 아주 작기 때문에 썼던 것 같습니다. 열 작이 모여서 한 홉을 만들고요. 그리고 열 홉이 한 되입니다. 열 되가 한 말이고요.

그날　지금 홉과 되, 말이 나오는데, 정작 두는 안 나오네요. 가장 궁금한 게 1결당 12두의 두거든요.

이인화 두는 말과 같습니다. 한자로 말 두(斗) 자인 거죠. 따라서 열두 말 은 12두와 같은 뜻입니다.

그날 아, 말이 두랑 같은 말이군요. 이제 느낌이 좀 오네요.

최태성 한 말이 열두 개가 있으면 1결당 12두의 그 12두가 되는 거군요.

그날 근데 아무래도 세금 얘기를 해서 그런 걸까요? 왠지 서 도량형을 약간 줄이거나 늘리거나 해서 조금 속였을 것 같다는 생각도 드 는데요.

이인화 예, 그런 일이 조선 시대에 비일비재했던 것 같습니다. 맨눈으로 구분하기는 어려울 만큼 아주 미세하게 도량형의 크기를 조작하 는데요, 한 되에 쌀을 한 열 톨 정도만 더 담아도 마을 단위로 보 면 상당한 양이 되겠지요. 또한 원래는 밀대를 사용해서 위에 쌓 인 쌀을 깎아서 양을 측정합니다. 그런데 대개는 고봉으로 해서, 즉 수북이 담아서 재는 사례가 많았던 것 같습니다.

그날 아, 위로 올라오게 담아서 더 많이 가져가는군요. 관장님, 도량 형이 백성들의 삶과 어떤 관계가 있었다고 생각하세요?

이인화 도량형은 백성의 삶을 헤아리는 것입니다. 이것은 세종대왕의 말씀입니다. 백성들이 사용하는 도량형이 정확하다는 것은 건 전한 경제활동을 할 수 있고 백성들이 일한 만큼 배불리 먹을 수 있는 기본이 마련된 사회라는 것을 의미하는 것입니다.

백성보다 가난한 양반, 김육

그날 우리가 왜 김육에 관해서 다루는지 이제는 좀 알 것 같습니다. 백성들의 김육에 대한 애정이 얼마나 깊었겠습니까? 김육은 도 대체 어떤 사람이었기에 이런 폐단을 없애고 대동법을 시행할 수 있었는지, 이력서를 통해서 김육에 관해서 좀 자세히 알아보

이름	김육(金堉)	생몰년	1580〜1658	본관	청풍(淸風)
최종 벼슬	영의정	특기	숯 제조 기술과 농사 기술 보유		
경력 사항	대동법 확대 시행에 공헌, 동전 주조, 시헌력 도입, 수레 보급 추진				
가계 특이 사항	기묘사화 때 희생된 우당 김식의 4대손, 제18대 왕 현종의 비 명성왕후의 조부				

김육 이력서

겠습니다.

류근 　일단 말이죠. 저 가계가 좀 특이합니다. 기묘사화 때 희생된 김
　　　식[6]의 4대손이에요. 조광조와 함께 정치적으로 희생된 대표적인
　　　집안 아닙니까?

그날 　그 당시에는 집안이 풍비박산되었겠네요.

이정철 　그렇죠. 할아버지와 증조할아버지는 과거를 전혀 볼 수 없었습
　　　니다. 할아버지도 과거를 볼 수 없었다가 작은 고을 수령을 했다
　　　는 기록 정도가 있습니다.

신병주 　김육이 열세 살 되던 해에 임진왜란이 일어났고, 이 무렵 김육이
　　　가정적으로 대단히 힘든 상황을 겪습니다. 조부 돌아가시고, 아
　　　버지 돌아가시고, 그다음에 할머니 돌아가시고 해서 상당히 어
　　　린 나이에 가장이 됩니다. 그래서 형편이 어려우니까 가족을 이
　　　끌고 친척집에 의탁했고, 기록을 보면 직접 흙을 지어 날라서 부
　　　모님의 묘를 만들었다는 기록도 나옵니다.

그날 　직접 흙까지 지어 나른 거 보면 정말 가난했나 봐요. 양반인데
　　　노비도 없이 말이죠.

이정철 　한꺼번에 돌아가시면 상을 한 번만 해도 되는데, 꼭 삼년상을 마
　　　칠 즈음이 되면 돌아가시고 돌아가셔서 상주만 거의 8년을 합니
　　　다. 나중에 예순이 넘어서 자신의 어릴 시절 기억을 반추하면서

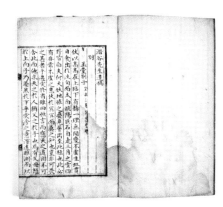

김육의 문집 「잠곡유고」 실학박물관 소장.

스스로 "그때 거의 죽을 뻔했다."라고 표현합니다.

그날 　 초상 치르다가 초상 치를 뻔했네요.

이정철 　 상주만 8년 하고 나니까 20대가 된 거고, 나중에 한 몇 년 공부해서 스물일곱 살 때 생원시에 붙습니다. 생원시에 붙으면 성균관에 들어갈 자격이 되죠.

신병주 　 김육은 성균관 유생으로서 열심히 공부하고 과거 시험을 준비합니다. 그런데 1613년에 계축옥사가 일어나 광해군이 동생인 영창대군을 죽이고 계모를 폐위하면서 공안 정국으로 몰아가니까 김육이 광해군 정권에 실망해서 '내가 공부해서 뭐하겠느냐.'라는 마음으로 성균관을 뛰쳐나옵니다. 과거 시험도 포기하고요. 그리고 가족들을 이끌고 지금의 경기도 가평에 있는 잠곡이라는 곳에 은거합니다. 이때가 서른네 살로 당시로는 상당히 직지 않은 나이인데도 출세하려는 의지를 보이기보다는 과감하게 '나는 이 잘못된 정치에는 나가지 않겠다.'라고 결심한 거죠.

그날 　 그런데 할아버지와 아버지도 돌아가신 상황에서 벼슬까지 안 하면 먹고살 길이 막막했을 것 같은데요.

최태성 그렇죠. 경제적인 기반은 전혀 없는 거죠. 그래서 잠곡에 내려간 지 2년 만에 겨우 집 한 채, 그것도 세 칸짜리 초가집을 마련했다고 해요. 초가집을 마련하기 전까지는 굴을 파서 집을 만들어 거기서 기거했다고 할 정도고요. 양반은 양반인데 백성들보다 못 사는 수준까지 떨어진 것이죠.

이정철 나중에 김육을 표현할 때 "청명고절(淸明苦節)에 빛난다."라는 말을 하는데, 고절이라는 말에서 고 자는 보통 높을 고(高) 자를 쓰거든요. 그런데 김육에게는 쓸 고 자를 써요. 즉 김육의 절개는 높은 절개가 아니라 어려운 지경에 빠져도 변하지 아니하고 끝까지 지켜 나가는 굳은 절개입니다. 그래서 보통 이전에 대동법을 주장했던 사람들은 인신공격이나 인격에 대한 공격을 받았는데, 나중에 김육이 대동법을 시행할 때 보면 반대파가 그런 공격은 하지 못해요.

그날 자신의 기득권을 한 번 다 놓아 본 적이 있는 사람이잖아요.

신병주 자기가 모든 걸 경험하고 백성들의 어려운 사정을 알고 있기 때문에 그가 주장했던 대동법에 훨씬 더 진정성이 묻어난 거죠.

류근 잠곡에 은거했을 때 김육이 지은 시가 있습니다. 제가 한번 읊어 드릴게요. "약초 캐러 구름 뚫고 산 골라 갔고 낚시한 뒤 달빛 안고 돌아왔었지. 나무하는 늙은이나 농사꾼들과 세월이 오래됨에 사귐이 깊었고 가을 서리 내리면 추수 서둘고 봄비가 내릴 적엔 밭을 갈았지." 참 낭만적인 시 아닙니까? 그런데 이게 그냥 낭만이 아니라 다 실제 경험이었던 거예요.

이윤석 이 시에서만 봐도 김육이 경험했거나 함께했던 직업들이 나오는데 심마니와 어부, 나무꾼, 논 농사꾼, 밭 농사꾼 등이 있네요.

그날 어, 예리하시네요. 특이 사항에 숯 제조도 있어요. 숯을 제조하면서 살아갔나 보죠?

최태성 　전하는 말에 따르면 새벽에 파루[7]가 딱 치잖아요. 그러면 동대문으로 제일 먼저 들어오는 인물이 김육이었다고 합니다. 그러니까 가평 잠곡에서 서울까지 밤새워서 숯을 지고 온 거죠. 대단합니다.

이윤석 　새카만 밤에 숯을 지고 밤새도록 걸었던 김육의 모습을 떠올려 보니 뭔가 상징하는 느낌이 드네요. 캄캄한 밤과 깊었던 조선의 현실에서 대동법이라는 숯을 지고 밤새도록 걸어서 백성들에게 환한 아침을 안겨 준 거잖아요.

김육, 벼슬길에 나가다

그날 　은거하던 김육이 어떤 계기로 조정에 다시 나가게 된 거죠?

신병주 　정국에 반전이 일어납니다. 바로 1623년에 인조반정이 일어나서 광해군 정권이 무너진 거죠. 인조 정권은 광해군 정권 때 핍박당했던 사람 중에서 참신한 인재들을 찾습니다. 그 당시에 유일[8]의 인재를 찾는데, 그때 딱 지목된 인물이 김육이었고, 김육도 이 조정에서는, 이 정권에서는 그래도 해 볼 만하다고 생각해서 마침내 10년의 잠곡 생활을 접고 관직에 나가죠.

이정철 　그런데 일단 들어가고 난 다음에는 병자호란이 일어날 때까지 15~16년 정도는 조용합니다. 왜냐하면 말이죠, 사실 냉정하게 보면 하급 관리잖아요. 하급 관리이기 때문에 김육이 나서서 뭘 어떻게 할 수 있는 상황은 아닙니다. 다만 김육은 병자호란이 일어나기 직전에 중국에 갑니다. 그동안 조선은 명나라에 많은 사신을 보냈는데, 마지막으로 보낸 사신이 김육입니다.

신병주 　명나라에 사신으로 간 게 1636년이었는데, 이때 명나라 관리와도 친분이 있었다고 하고요, 화가와도 친했던 것 같아요. 중국인 화가가 그려 준 그림도 있거든요. 지금 우리는 중국 베이징에 두

명나라의 화가 호병(胡炳)이 김육에게 그려 준 「송하한유도」 실학박물관 소장.

시간 정도면 가지만, 그 당시에는 정말 먼 여정이었어요. 그래서 김육도 1636년에 북경에 갔을 때는 오고 가는데 거의 11개월이 걸렸고, 병자호란이 일어났다는 소식도 중국에서 들었던 거예요. 조국에 청나라 군대가 침략했다는 소식에 상당히 충격을 받고 슬퍼했죠.

그날 전쟁이 끝난 시 식 덜 만에 귀국 했디요. 디녀오니까 온 나라가 쑥대밭이 되어 버린 상황이니 얼마나 황당했겠어요.

드디어 대동법을 시행하다

최태성 도탄에 빠진 백성들을 어떻게든 구제해 줘야겠다는 고민을 굉장히 많이 했던 것 같아요. 1638년에 충청도관찰사에 임명되자마자 대동법을 건의합니다. 9월 27일 조정에 올린 상소에 보면 이런 구절이 있네요. "지금 굶주린 백성을 구제하는 방법에는 대동법보다 좋은 것이 없사옵니다."[†] 이렇게 말하면서 시작한 거죠.

그날 드디어 칼을 빼 들었네요.

최태성 그렇죠, 이제부터 시작하는 거죠.

그날 충청도가 세금 수탈이 매우 심했던 곳이라면서요?

신병주 예, 충청도에서도 내포 지역이라는 곳은 가야산을 앞뒤로 등지고 있고 지역적으로 서해와도 굉장히 가까워요. 임진왜란과 병자호란 때도 피해를 별로 받지 않았고요. 그래서 농토가 상당히 비옥했고 바다로 나갈 수 있는 해상 교통의 요지이기도 하니까 이 지역이 집중적인 수탈 대상이 되었습니다.

이정철 제가 나중에 조사해 보니까, 전라도보다 한 네 배 정도 선에서 세금을 거두었더라고요.

그날 그렇게 수탈이 가장 심했던 충청도에 관찰사로 간 것을 보면 대동법은 김육의 운명이었다는 생각도 들어요. 근데 공평하게 세

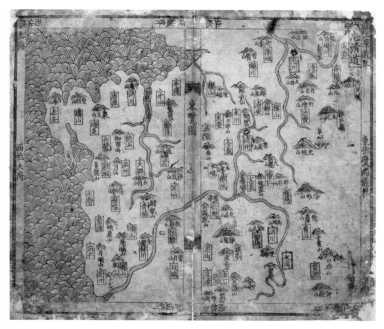

금을 낮추면 백성들에게는 좋은 일이 될지는 모르겠지만, 곰곰이 생각해 보면 국가 재정에 문제가 생기는 거 아닌가요? 세금이 확 줄었으니까요.

이정철   1결당 12두에서 12두라는 건 그냥 나온 수치가 아닙니다. 재정과 민생이 공존할 수 있는 그 수치가 얼마인지 찾아낸 게 12두입니다.

그날   아, 그렇군요. 방납 업자니, 관료들이니 해서 누수되는 세금이 워낙에 막대했기 때문에 그것만 척결해도 국가 세정에는 큰 문제가 없었을 거라는 생각이 들어요.

최태성   김육은 양입위출의 원칙을 지향했다고 해요. 양입위출의 뜻이 뭐냐면, 미리 들어올 것을 제대로 알고 거기에 맞춰 쓰는 것입니다. 어차피 재물이라는 것은 한정된 건데 쓰는 건 또 끝이 없잖아요. 그러니까 세금이 부족하다고 해서 세금을 더 걷는 게 아니라 걷은 것 안에서 효율적으로 쓸 방법을 찾으려 한 거죠.

신병주   지금은 간단하게 말하지만, 대동법을 시행하는 방법을 매우 구체적으로 제시한 사람이 김육이거든요. 그리고 실제로도 효과를 봅니다. 김육이 실무 관료라는 점이 드러나는 것이 동전의 주조와 유통에도 매우 신경을 썼어요. 쌀보다도 더욱 편한 건 돈이라고 생각한 거예요. 왜냐하면 쌀은 어쨌든 무겁잖아요. 근데 돈은 유통이 아주 간단하니까 궁극적으로는 돈으로 가야겠다고 생각합니다. 그러면서 김육이 동전 유통을 적극적으로 시행할 때 과거에 합격하지 못한 유생도 참여시키고, 역관도 참여시킵니다. 그러니까 사람들이 "저런 사람들과 어떻게 일을 할 수 있느냐?"라고 했을 때 "이 일은 사대부가 하는 게 아니라 저잣거리에서 실제로 경험을 해 본 사람이 해야 한다."라고 대답하죠. 요즘 표현으로 하면 현장 경험과 실무 경험을 매우 중시했던 인물입니다.

그날   대단한 탁견이에요. 원래 백성들이 있는 곳에서 돈을 주무르고 만지는 사람은 바로 그 저잣거리 사람들이잖아요. 그러니까 현실은 책이나 이론에 있는 것이 아니라는 걸 일찌감치 깨달은 사람이에요. 그런데 충청도에서도 얘기만 됐지 실제로는 시행이 안 됐고, 효종이 즉위했을 때 김육의 나이가 일흔 살인데 이때도 대동법이 법제화가 아직 안 된 거잖아요.

최태성   그렇죠. 나이도 많으니까 뭔가 끝을 봐야 하는데 시간은 점점 가죠. 그래서 이제 효종을 상대로 정치 생명을 건 협상을 하죠. 상소를 올리는데, 어떤 상소냐면 사직 상소입니다. 사직 상소의 도입부에 이렇게 나와 있어요. "백성들이 부역에 시달려 즐거이 살면서 일할 마음이 없으니, 원망하는 기운이 쌓이고 맺혀 그 형상이 하늘에 보이는 것은 필연의 이치입니다. 대동법은 백성을 편안케 하기 위한 것이니 실로 시대를 구할 수 있는 좋은 계책입니다." 그리고 덧붙이는 말이 있어요. 이제 승부수를 띄우는 거죠. "저를 쓰려거든 대동법을 시행하시고, 아니면 노망한 재상으로 여겨 쓰지 마십시오."

그날 　이게 정치 생명을 걸고 배수의 진을 치고 밀고 나가는 거잖아요. 멋있네요.

최태성 　그렇지요. 나이가 일흔 살인데 말이죠.

그날 　감동적인 게 말이죠, 훈민정음 창제 때 세종대왕이 했던 말과 똑같은 말을 해요. "백성들을 편안케 하기 위해서."

신병주 　그래서 김육 사상의 핵심을 안민이라고 하거든요. 안민의 안 자가 편안할 안(安) 자입니다. 백성을 편안하게 해야 한다는 거죠.

류근 　젊은 사람들이 요즘 '볼매'라는 말 쓰잖아요. 볼수록 매력 있는 사람이라는 뜻인데, 전형적인 볼매에요. 앞으로 볼매 김육이라고 부르겠습니다.

신병주 　김육이 출사하는 조건으로 내세운 일곱 가지 조건 중 몇 가지를 보면 첫째가 평생의 과업이었던 대동법입니다. 그리고 넷째가 삼남[9]의 전세를 강화도에 비축할 것이고요. 다섯째, 영남의 전세는 쌀 대신 무명으로도 내게 하자. 그다음에 여섯째, 황해도의 전세는 황해도 연안 각산이라는 곳에 저장하자. 근데 내용을 보면 다 경제 문제에요. 그중에서 제일 핵심으로 삼은 것은 대동법이고요.

최태성 　경제 전문 관료네요.

이정철 　보통 재상으로 임명받으면 한두 번 정도는 거절합니다. 그때 말하는 사람은 모양새가 나고 듣는 사람은 별로 구속력이 없는 얘기, 즉 말하기에 좋고 듣기에 좋은 얘기를 하면서 거절하는 시늉

순서	내용
1	대동법을 시행할 것
2	어영군을 병사(병부)에 소속하게 할 것
3	강화도와 남한산성에 군량을 비축할 것
4	삼남의 전세를 강화도에 비축할 것
5	영남의 전세는 쌀 대신 무명으로 내게 할 것
6	황해도의 전세는 황해도 연안 각산에 저장할 것
7	충청도와 전라도에서 조정이 시행하던 소금 전매를 중단하고 각 고을에 소속하게 할 것

김육의 일곱 가지 출사 조건

을 하거든요. 근데 김육을 보면 행정 자체를 잘 알지 않으면 해
결할 수 없는 현안을 언급하죠.

그날　이런 글을 썼더라고요. "오로지 바라는 바는 일 처리를 실질적
으로 하는 것이니, 나는 공허한 것을 추구하며 뜬구름 잡는 글은
숭상하고 싶지가 않다." 이걸 평생 신조로 지킨 분이에요.

최태성　진짜 실용주의자네요.

그날　이런 신하를 곁에 두고 있으니 효종은 매우 운이 좋은 임금으로
봐야 할까요?

최태성　효종이 상소를 딱 받아들이고 김육을 우의정에 임명합니다.

그날　이제 왕에게도 이렇게 다짐을 받아 뒀으니 일을 일사천리로 진
행해야 하지 않나요?

신병주　근데 그게 또 잘되지 않아요. 효종은 어느 정도 수용하려고 했는
데, 그 당시에 정치적으로 가장 강력했던 세력인 산당[10]이 반대
합니다. 산당은 재야 산림[11]에 기반을 두고 있었던 세력으로 김

김집 사당 충청남도 논산시 소재. 충청남도 문화재자료 제294호.

집[12]과 송시열[13], 송준길[14] 같은 사람들인데, 이 산림 세력은 김육이 추진하는 대동법은 너무 급진적이고 개혁적인 정책이어서 오히려 백성들을 혼란스럽게 한다고 주장합니다. 하지만 이건 명분일 뿐이고 실질적으로는 대동법이 자신들의 이해 기반과도 관련되니까 강력하게 저항하는 겁니다.

최태성 아까 산당이라고 하신 김집 세력은 권력을 확보해서 당시 탐관오리였던 김자점[15] 같은 세력들을 제거하고 자신들의 세력을 넓히는 것이 목표였습니다. 그런데 김육은 권력을 통해서 자신의 세력을 넓히려고 한 게 아니라 민생을 구하는 안민 같은 것들을 이루어 내려고 했던 거 같아요. 근데 김육과 산당의 갈등은 더욱더 심화했고 결국 김육이 조정에서 물러납니다.

이정철 김육은 자리를 탐내는 사람이 아니에요. 대동법은 김육이 벼슬하는 이유인 거죠. 대동법을 시행하기 위해서는 자기가 할 수 있는 건 다하는 겁니다.

이윤석　지금도 정치인들을 보면 자리가 필요해서 정책을 광고판처럼 들고 있다는 느낌이 드는데, 김육은 정책을 실현하기 위해서 자리가 필요했을 뿐이네요.

최태성　멋있네요.

류근　드라마 제목 있잖아요. '내가 사는 이유'라는 제목 말이죠. 그게 김육에게는 대동법인 거죠.

이정철　김육은 호서 대동법, 즉 충청도 대동법도 폐지될까 봐 죽을 때까지 아주 염려했습니다. 집요한 정도가 대단하죠. 어쨌든 자신이 호남 대동법까지는 해 놓고 죽어야 한다고 생각했는데 결국은 달성되는 건 못 봅니다.

> † 충청감사 김육이 치계하기를, "선혜청의 대동법은 실로 백성을 구제하는 데 절실합니다. 경기와 강원도에 이미 시행하였으니 본도(本道)에 무슨 행하기 어려울 리가 있겠습니까. 신이 도내 결부(結負)의 수를 모두 계산해 보건대, 매 결에 각각 면포 한 필과 쌀 두 말씩 내면 진상하는 공물의 값과 본도의 잡역(雜役)인 전선(戰船), 쇄마(刷馬) 및 관청에 바치는 물건이 모두 그 속에 포함되어도 오히려 남는 것이 수만입니다. 지난날 권반이 감사가 되었을 때에 도내의 수령들과 더불어 이 법을 시행하려고 하다가 하지 못했습니다. 지금 만약 시행하면 백성 한 사람도 괴롭히지 않고 번거롭게 호령도 하지 않으며 면포 한 필과 쌀 두 말 이외에 다시 징수하는 명목도 없을 것이니, 지금 굶주린 백성을 구제하는 방법은 이보다 좋은 것이 없습니다." 하였다.
> ― 『인조실록』 16년(1638) 9월 27일

김육의 편지

신의 병이 날로 깊어만 가서
실낱같은 목숨이 얼마 못 버티고
끊어질 것만 같습니다.

신이 만약 죽는다면
하루아침에 돕는 자가 없어져
대동법이 중도에 폐지될 것이 두렵습니다.

신이 아뢰고 싶은 것은 이뿐만이 아닙니다.
정신이 어지러워
대략 만 분의 일만 전하께 아룁니다.

죽는 날까지 대동법을 외치다

그날   김육이 손자에게 남긴 유언을 보면 정말 죽기 직전까지도 대동법을 놓지 않았네요.

이정철   저게 죽기 한 열흘쯤 전에 남긴 말입니다.

신병주   김육의 머릿속에는 오로지 대동법을 어떻게 구체적으로 실천할 것인지밖에 없었거든요. 그래서 왕에게 올린 글 중에 호남 대동법을 추진하는 실무자인 서필원을 잘 보살펴 달라는 내용이 있고, 그 당시의 영의정에게는 대동법을 시행할 수 있도록 힘을 좀 실어 달라고 따로 또 편지를 보내요.

이정철   영의정에게 보내는 편지는 사망하기 전날에 보낸 겁니다.

최태성   정말 대단한 인물이네요.

그날   김육의 대동법이라는 게 세금 문제뿐만 아니라 조선 후기에 사회 분위기를 많이 바꾸는 계기가 됐을 거 같아요.

신병주   그렇죠. 대동법이 시행되면서 세금을 다 쌀로 바치니까 국가에 필요한 물품을 직접 제작해야 할 필요가 생깁니다. 그러다 보니 수공업과 상업이 발달하면서 유통경제가 발달하죠. 또한 유통 과정에서는 당연히 화폐가 필요합니다. 이런 방면에서 김육은 선구적 모습을 보였죠. 십전통보라는 화폐를 주조해서 유통하려 했고, 중국에 갔을 때 가져온 시헌력[16]도 보급해 보려고 노력했고, 수차도 보급하는 등 개혁적이고 실용적인 성과가 상당히 많아요. 이런 내용을 보면 '어? 조선 후기 실학자의 모습 아니야?'라는 생각이 탁 들잖아요. 보통 실학자들은 재야의 약자들이에요. 정치권에서 소외되었던 사람들인데, 김육은 영의정까지 맡으면서 최고 핵심의 자리에서 실용적이고 개혁적인 여러 가지 정책을 시행했다는 점에서 세상에 미쳤던 효과가 훨씬 더 컸다는 점을 주목해야 해요.

이정철　아이러니한 게, 조선 시대 500년 동안에 제일 큰 전쟁이 임진왜란과 병자호란 아닙니까? 근데 임진왜란과 병자호란을 겪는 과정에서 중국은 왕조가 바뀌고 일본은 정권이 바뀌었어요. 근데 정작 전쟁이 벌어진 조선은 그대로였던 거죠. 그리고 교체 없이 그대로 있을 수 있었던 이유는 왕에 버금갈 만한 지위의 인물이 자체적으로 개혁을 진행했던 데 있죠. 이 개혁의 효과가 어느 정도였냐 하면 현종 시대인 1670년(경술년)과 1671년(신해년)에 경신대기근이라고 해서 100만 명 이상이 죽었다는 기록이 나오는데요, 그때 백성들이 "대동법이 있으니까 우리가 그나마 살았지, 대동법이 없었으면 우리는 다 죽었을 거다."라는 얘기를 합니다.

이윤석　하마터면 조선왕조 250년이 될 뻔한 걸 조선왕조 500년으로 늘려 준 사람이 바로 김육이 아닌가 싶네요. 김육이 사망하니까 효종이 이런 말을 했어요. "어떻게 하면 국사를 담당해서 김육과 같이 확고하여 흔들리지 않는 사람을 얻을 수 있겠는가?" 지금 우리 현실에서 정말 꼭 되씹어 볼 만한 인물인 거 같습니다.

그날　김육의 호가 바로 그가 은거했던 잠곡 아닙니까? 자발적으로 선택한 잠곡의 삶에 어떤 애착을 품었던 거예요. 이런 뛰어난 경제 관료가 죽을 때까지 초가집에서 살았다고 합니다. 그러니까 백성들과 어울려서 살았던 세월이 차가운 머리와 뜨겁고 따뜻한 가슴을 지닌 안민 경세가를 만든 것이 아닌가 싶어요.

이윤석　기획재정부에라도 초상화를 걸어 두면 어떨까요?

류근　저는 사실 김육이 부활시키고 싶은 우리 역사 속 인물 중 한 사람으로 뽑혔다길래 내심 뜨악해하면서 '잘 모르는 사람인데 왜 나왔을까?'라고 생각했는데, 정말 대단히 훌륭한 인물입니다.

그날　김육이라는 인물이 드라마 주인공인 적은 없었지만, 이제 보니까 역사의 주인공이었어요.

5

숙종,
치마폭에
가려진
카리스마

조선의 왕 중에서 정통성으로 가장 우위에 있는 왕은 누구일까? 스물일곱 명의 조선 왕 중에서 적장자는 문종과 단종, 연산군, 인종, 현종, 숙종, 순종으로 총 일곱 명이다. 그리고 적장자 출신의 왕 중에서 가장 존재감이 있는 왕은 현종과 명성왕후의 외아들로 태어난 숙종이다. 숙종이 즉위했을 당시 조선은 중기부터 시작된 당쟁이 절정에 오른 시기였고, 그만큼 신하들의 위상이 컸다. 그러나 열네 살이라는 어린 나이에 왕이 되었지만, 숙종은 결코 신권에 휘둘리지 않았다. 오히려 정통성을 바탕으로 강력한 왕권을 행사해 나가는 왕의 모습을 보였다.

"'내가 나이가 어려서 글을 잘 보지 못하고 또 예도 알지 못하지만, 반드시 (宋)시열이 예를 그르쳤다고 쓴 뒤에라야 선왕의 처분하신 뜻이 명백해질 것이니, 인용했다는 뜻의 소(所) 자를 잘못했다는 뜻의 오(誤) 자로 고치게 하라 하였다.' 그때 임금의 나이 열네 살이었다. 온 조정 사람들은 이 말을 듣고 모두 떨지 않는 이가 없었다."

이 기록은 『당의통략』 숙종조의 기록으로, 숙종이 즉위한 직후 당시의 최고 정치가인 송시열의 잘못을 구체적으로 지적한 장면인데, "조정 사람 중 떨지 않는 이가 없었다."라는 표현이 나올 만큼 어린 왕의 강한 존재감을 보여 준 장면이었다. 할아버지인 효종이나 아버지 현종도 어려워했던, 당대의 정계·사상계의 중심 송시열에게 숙종은 "하룻강아지 범 무서운 줄 모르는", 그야말로 "마른하늘에 날벼락" 같은 존재였을 것이다.

조선 시대의 어린 왕이라고 하면 대부분 숙부인 세조에게 희생당한 단종을 떠올린다. 더구나 단종은 영월의 청령포로 귀양을 갔다가 비참하게 죽었기 때문에 늘 '어리고 불쌍한 왕'의 이미지가 따라 다닌다. 한편 단종과 마찬가지로 열두 살에 왕위에 오른 명종은 어머니인 문정왕후의 수렴청정을 받아 나약한 왕이라는 이미지가 강하다. 그런데 숙종이 이들보다 불과 두 살 많은 열네 살이라는 어린 나이로 왕위에 오른 사실을 아는 사람은 흔치가 않다. 숙종에게는 인현왕후나 장희빈과 같은 궁중 여인들의 이야기가 늘 함께했으므로 성숙한 왕의 이미지가 강하게 남은 것으로 여겨진다. 실제로도 숙종은 즉위한 직후부터 서인 정권의 판세를 뒤엎고 남인을 정국에 등용하는 등 어린 나이가 무색하게 정치 역량을 발휘해 나갔다.

숙종이 지닌 카리스마의 배경에는 현종의 적장자라는 정통성이 있었다. 앞에서도 언급한 바와 같이 조선의 왕은 적장자가 왕위를 계승한 예가 많지 않았다. 그런데 현종이 효종의 적장자로서 왕위를 계승했고, 숙종 역시 부왕인 현종의 적장자로서 왕위를 계승하였다. 조선 왕실로서는 2대를 이어 적장자가 왕위를 계승하는 경사를 맞이한 것이다. 모친인 명성왕후 또한 명문가인 청풍 김씨의 피를 이은 인물이었다.

이처럼 혈통상의 하자도 없고, 별다른 경쟁자 없이 왕세자 교육을 받으며 왕권 강화를 준비하던 숙종에게 가장 큰 걸림돌은 당쟁으로 표출된 신하들의 지나친 권력 다툼이었다. 숙종은 당시에 치열하게 전개되던 당쟁을 1680년의 경신환국, 1689년의 기사환국, 1694년의 갑술환국 등의 환국 정치로 풀어 나갔다. 환국 외에도 1683년경의 노론과 소론의 분열, 1716년의 병신처분, 1717년의 정유독대 등 숙종 대의 정치사는 당파 간의 대립, 정치 세력의 교체와 희생 등이 난무한 시대였다. 그 중심에 있었던 숙종은 환국 정치를 통해 강력한 왕권을 구축했고, 이것은 영조 시대의 탕평책으로 계승되었다.

숙종, 치마폭에 가려진 카리스마

조선 제19대 왕 숙종의 무덤 명릉.
이곳에 잠든 숙종 곁에는 두 번째 왕비 인현왕후와
세 번째 왕비 인원왕후가 묻혀 있다.

숙종의 첫 번째 왕비 인경왕후와 희빈 장씨도
숙종을 멀리 떠나지 못했다.

한때 정국을 뒤흔들었던 희빈 장씨와의 사랑.
인현왕후와 숙빈 최씨.
숙종과 그를 둘러싼 여인들의 굴곡 많은 사랑 이야기는
수많은 작품으로 재탄생돼 대중의 사랑을 받아 왔다.

하지만 단 한 번도 주인공이 되지는 못했던 숙종.
그는 과연 어떤 인물이었을까?

숙종의 이미지

최원정 아마 조선의 제19대 왕 숙종만큼 소설이나 드라마를 통해 우리
에게 친숙하게 남아 있는 왕은 드물지 않을까 싶어요.

최태성 주연은 아니고 늘 조연이었죠.

그날 그렇지요. '누구의 남자'라는 식으로 말이죠.

이윤석 드라마에 왕이 많이 등장하기는 하는데, 장르가 조금씩 달랐던
것 같아요. 태조나 태종은 정통 사극 느낌이고, 영조와 정조는
스릴러, 숙종은 멜로와 로맨스 같은 식으로 장르가 달랐죠.

그날 연산군은 어떤 장르 같아요?

이윤석 막장 아닐까요?

그날 숙종이 주인공으로 나온 드라마는 못 본 것 같아요. 대부분 장희
빈이 주인공이었잖아요. 늘 보면 여자들의 숙종이라는 느낌이
들게 했죠.

신병주 저는 탤런트 박근형 씨가 제일 기억에 남아요. 정말 카리스마가
넘쳤거든요. 그 당시 박근형 씨가 연기한 숙종을 흑백 TV로 본
기억이 남아 있는데, 장희빈이 사약을 받을 때 난리를 치던 장면
은 이상하게 선명하네요.

이윤석 장희빈이라고 하면 여우상 느낌이 들어서 배우가 표독스럽게 하
면 연기를 잘한 것 같아요.

신병주 숙종이라고 하면 여인들의 치마폭에 휩싸였던 왕이라는 이미
지가 보통인데, 두 개 나란히 있는 쌍릉이 숙종과 숙종의 첫 번
째 계비 인현왕후의 무덤이고요, 오른쪽에 가까이 보이는 무덤
은 숙종의 두 번째 계비 인원왕후의 무덤입니다. 이 왕비들 외에
첫 번째 왕비인 인경왕후의 무덤이 숙종 무덤 곁에 있고요. 더구
나 극적인 것은 1969년에 장희빈의 무덤이 경기도 광주에서 숙
종 무덤 근처로 옮겨 왔어요. 결과적으로 숙종은 생전에 함께했

인원왕후의 무덤 왼쪽 위로 숙종과 인현왕후의 무덤이 보인다.

던 네 명의 왕비와 죽은 후에도 함께하게 됩니다. 장희빈도 한때
는 왕비였으니까요. 이렇게 네 명의 왕비가 가까이 묻힌 사례는
숙종이 유일합니다.

그날　살아서나 죽어서나 여자가 떠나지 않네요. 교수님, 숙종의 여인
들을 한번 정리해 볼 필요가 있을 것 같아요.

노대환　인현왕후의 왕비 이미지가 너무 강해서 그런지 많은 분이 인현
왕후를 숙종의 첫 번째 왕비로 알고 계시는데요. 숙종의 첫 번째
왕비는 인경왕후입니다. 스무 살 때 천연두로 일찍 세상을 뜨는
바람에 다시 맞이한 두 번째 왕비가 우리가 잘 아는 인현왕후고
요. 인현왕후도 30대 중반에 결국 세상을 떠나고 세 번째로, 즉
마지막으로 맞이한 왕비가 인원왕후입니다. 이 세 명의 왕후 말
고도 희빈 장씨를 포함해서 여섯 명의 후궁이 있죠.

그날　부인이 아홉 명이면 치마만 쭉 연결해 놔도 거기서 헤어 나오기

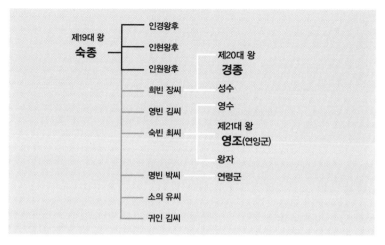

숙종 가계도

어려웠을 거 같아요. 이건 좀 외람된 표현일 수 있겠지만, 숙종의 가장 큰 업적이라면 뭐니 뭐니 해도 '영조를 낳은 게 아닌가?'라는 생각이 들어요. 숙종이 영조를 낳지 않았다면 조선의 문예 중흥기라고 말하는 영조 시대와 정조 시대가 없었을 테니까요.

최태성 지금 말씀하신 게 전반적인 생각이에요. 마찬가지로 교과서에서도 영조와 정조의 탕평책을 설명하기 위해서 숙종 때의 환국을 먼저 이야기하죠. 다시 말해 영조와 정조의 장점을 설명하기 위해서 숙종 때의 단점을 끄집어내거든요. 그런데 정말 이 시간을 통해서 숙종을 다시 평가해야 하지 않을까 합니다. 숙종이 부정적인 면만 있는 왕이 결코 아니거든요. 업적이 상당합니다.

그날 장희빈의 남자도 아니고, 영조의 아버지도 아닌 다른 모습이 있다는 거죠? 기대해 보겠습니다.

키워드로 알아본 숙종

그날 숙종이라는 인물을 차근차근 살펴볼 텐데요. 저희가 키워드로 정리해 볼까요? 첫 번째 키워드 맞춰 보겠습니다. "숙종은 조선에서 두 번째로 ○○○한 왕이다." 두 번째로 무얼 했을까요?

이윤석　미리 힌트가 있었어요. "조선에서 두 번째로 다작 출연한 왕이다." 드라마에서 많이 다룬 왕이라는 거죠.

그날　그러네요. 그럼 첫 번째로 많이 다룬 왕은요?

이윤석　제 생각에는 아무래도 태조가 아닐까 싶은데요.

류근　아무래도 연산군이겠죠.

이윤석　하여간 1등은 아니네요.

그날　네, 그럼 한번 볼까요? "숙종은 조선에서 두 번째로 오래 재위한 왕이다."

신병주　의외로 숙종이 조선 왕 중에서 재위한 기간으로 두 번째죠. 아마 첫 번째는 아실 겁니다. 조선에서 가장 장수했던 왕, 영조가 첫 번째죠. 영조가 52년 재위하고, 숙종이 46년 재위합니다. 숙종의 재위 기간이 두 번째로 길다는 건, 즉 오래 재위했다는 건 그만큼 뭔가 했다는 거죠.

최태성　그렇죠. 저 긴 재위 기간도 묻히는 것 같아요. 영조의 재위 기간이 너무 기니까 숙종이 오래 재위했다는 생각을 전혀 못 하는 것 같다는 생각이 드네요.

그날　다음 키워드 살펴보겠습니다. "숙종은 단종을 ○○했다."

류근　"숙종은 단종을 동정했다." 이른 나이에 즉위했기 때문에 뭔가 동병상련 같은 걸 느끼지 않았을까요?

그날　그렇죠. 단종이 열두 살에 즉위했고 숙종이 열네 살에 즉위했으니까요. 비슷한 또래니까 뭔가 이심전심하는 게 있었겠네요. 그럼 정답 보겠습니다. "숙종은 단종을 복권했다."

노대환　숙종을 재평가할 수 있는 여러 가지 업적 가운데 하나로 역사 바로 세우기 사업을 들 수 있습니다. 그리고 그중에서도 대표적인 게 단종을 복권한 겁니다. 잘 아시겠지만, 단종은 폐위된 이후에 상당 기간을 대군도 아니고 일반 왕자를 가리키는 노산군이라는 이름으로 남아 있었거든요. 숙종이 이 사실을 알고는 묘호를 내려 줍니다. 즉 우리가 지금 아는 단종이라는 묘호는 숙종 때 만들어졌죠.

그날 그건 진짜 몰랐네요.

노대환 242년 만에 받은 묘호입니다.

이윤석 그럼 "숙종은 단종이라는 묘호를 작명했다"네요.

최태성 그뿐만이 아닙니다. 지금 단종을 얘기했는데, 우리가 최근에 다뤘던 소현세자의 아내 강빈도 숙종이 복권하거든요. 신원[1]해 줍니다. 강빈의 복권은 할아버지 효종의 정통성과 관련되어 있어 아주 민감한 부분인데, 숙종이 "강빈만 생각하면 너무나 측은한 마음이 든다."라면서 과감한 결단을 내립니다.

신병주 전대 왕이 한 일을 되돌리기가 쉽지는 않은데, 상당히 강단이 있지요.

그날 네, 결단력도 있고 강단도 있네요. 그럼 다음 키워드 보겠습니다. "숙종은 조선의 여섯 번째 ○○○ 출신이다."

류근 저 문제의 답은 제가 알아요. "숙종은 조선의 여섯 번째 적장자 출신 왕이다."

그날 예, 정답입니다.

신병주 조선의 왕 중에 의외로 적장자 출신 왕이 많지가 않아요. 총 일곱 명인데, 차례대로 문종과 단종, 연산군, 인종, 현종, 숙종, 순종입니다. 대부분 왕으로서 뭔가 아쉬움이 있죠. 문종은 재위 기간이 짧았고, 단종은 삼촌에게 희생당하고, 연산군은 문제가 너무 많고, 인종은 1년도 재위를 못 했고요. 적장자 중에 왕다운 왕 역할을 한 인물은 숙종밖에 없죠. 아버지 현종도 적장자이지만

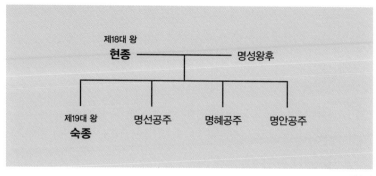

현종 가계도

출생지 문제에서 취약합니다. 심양에서 태어났죠. 근데 숙종은 그야말로 정통입니다. 요즘으로 치면 전형적인 '엄친아'죠. 정통성을 지니고 태어난 왕이죠.

그날   결국 강빈을 신원한 것도 숙종 본인이 적장자였기 때문에 할 수 있었던 거네요. 자신감이 있었던 거예요. 긁어 부스럼 만들 소지가 충분했는데도 말이에요. 숙종은 명분상 약점도 없고 콤플렉스도 없는 거예요.

최태성   그런 복권 작업을 통해서 자신의 왕권도 강화했다는 생각이 드네요.

그날   마지막 키워드 볼게요. "숙종은 ○○○○을 받지 않았다." 이건 좀 어렵네요. 힌트가 너무 없어요.

신병주   힌트를 드리면, 19세기 대비들이 많이 하는 겁니다.

류근   그럼 금방 알죠. 그건 수렴청정이죠.

그날   궁금한 게, 수렴청정과 대리청정, 섭정, 이런 것이 항상 헷갈려요. 누가 뭘 어떻게 했다는 차이인 건지 말이죠. 좀 알려주세요.

신병주   수렴청정은 여성이 하는 겁니다. 여성은 정치를 직접 못 하니까 대비들이 어린 왕을 대신해서 정치해 줄 때 발을 치고 정치한다

© kim byung rae

숭릉의 정자각 숭릉은 현종과 명성왕후의 쌍릉으로, 능 아래의 정자각은 현재 유일하게 남은 팔작지붕 정자각이다.

고 해서 수렴청정인 거죠. 대리청정은 왕이 병이 들거나 나이가 들어 정사를 살피는 것이 어려울 때 왕세자가 왕을 대신해 정치하는 것을 가리킵니다. 그리고 대원군 같은 사람이 왕을 대신해서 정치하면 섭정이라고 하죠.

그날 딱 떨어지는 설명이네요. 숙종이 열네 살에 즉위했으면 누군가가 좀 도울 필요가 있었을 것 같은데 어째서 수렴청정을 안 받았어요?

노대환 어린 임금이 즉위하면 수렴청정을 받는 것이 일반적입니다. 그런데도 숙종이 열네 살에 즉위하면서 수렴청정을 받지 않았다는 것은, 군이 수렴청정을 받지 않아도 왕권을 행사할 수 있는 능력이 숙종에게 있었다고 봐야 하지 않을까요?

그날 능력이 뛰어나서 그런 걸까요? 아니면 혹시 어머니가 "나는 그냥 안 할게." 하고 나온 걸까요?

御製 王剛朋

帝東甫員聖言用悔宜備遺之蠹魚之伍
崇禎紀元後辛卯　左翁自警于華陽書屋

節兼十銖高平生義歎重絮
祖基履崇古林執采檜
積堅皆理理期象理
學宗承畫經渝
貴子唉叔季
進浴仲稇
屋在遺
像青沽
高於佩盈
進會英宜昊一醒
崇禎紀元後再戊戌三月
追製拾萬機之暇

송시열 초상 국립중앙박물관 소장.

신병주   숙종의 어머니가 만만치 않아요. 현종의 비인 명성왕후는 대단한 왕비예요. 보통은 왕비가 되려면 일단 세자빈이 되어야 하잖아요. 그러다가 선왕이 돌아가시고 남편인 세자가 왕이 되면 자신도 왕비가 되는 거고요. 그다음에 자기가 낳은 아들이 왕이 되면 왕대비가 됩니다. 이 세 가지 단계를 모두 거치면 삼관왕을 달성했다고 할 수도 있을 것 같은데, 삼관왕이 된 왕비가 몇 명쯤 될 것 같아요? 그런 왕비가 딱 한 명 있습니다. 바로 현종의 왕비 명성왕후이죠.

그날   유일한 존재군요.

신병주   그만큼 힘이 세요. 현종은 후궁도 없다고 했잖아요. 이런 센 어머니가 수렴청정을 포기했다는 것은 그만큼 더 숙종이 왕으로서 정통성이 강했다는 걸 보여 주죠.

최태성   실제로 숙종이 왕위에 오른 지 얼마 안 돼서 정말 결정적인 능력을 보여 줍니다. 이윤석 씨, 당시 정계에 거물이 있거든요. 조선 후기 정계의 거물 말이죠.

그날   이거 모르면 패널 자격이 없는 거죠.

이윤석   조선 후기라고 하면 다 송시열을 떠올리잖아요.

최태성   송시열이 정말 대단한 정치인 아닙니까? 그런데 이 송시열이 숙종과 한 번 맞붙는 사건이 벌어지거든요. 숙종이 열네 살 때인데, 요즘으로 치면 중학교 2학년일 때입니다. 엄청난 일이 벌어지는데, 그 상황을 한번 살펴봐야 할 것 같아요.

그날   소년 왕 숙종과 송시열 사이에 어떤 일이 있었을까요?

현종 행장 수정 사건

열네 살의 나이에 왕위에 오른 숙종.

즉위 한 달 후 숙종은
아버지 현종의 업적을 기리기 위해
현종의 행장을 짓게 한다.
하지만 완성된 행장을 본 숙종은 불같이 화를 낸다.

문제가 된 부분은
당시의 정치적 거물인 송시열에 관한 것.
숙종은 집요하게 송시열의 잘못을 지적한다.

열네 살 숙종과 예순여덟 살 송시열의 기 싸움.
숙종이 말한 송시열의 잘못은 무엇이었을까?

열네 살 숙종 vs 예순여덟 살 송시열

그날 저는 갑자기 제가 열네 살 때 뭘 하고 있었는지 생각해 봤어요. 보통 배짱이 아니네요.

이윤석 당시 숙종의 나이가 요즘으로 치면 중학교 2학년의 나이라고 하셨잖아요. 중학교 2학년과 예순여덟 살이라면, 중학생이 명예교수나 석좌교수와 붙은 거예요. 그런데 사실 요즘도 중학교 2학년이 제일 무섭다고 말하거든요. 그러니까 어린데 대단하다고 할 수 있지만, 어리니까 대단할 수 있다고도 볼 수 있죠.

그날 정말 중학교 2학년이 제일 무섭다니까요.

최태성 근데 당시 숙종의 기세가 얼마나 대단한지,『당의통략』[2]의 기록을 보면 "이때 숙종의 나이가 열네 살이었는데, 온 조정에서 두려워 떨지 않는 사람이 없었다."라고 되어 있습니다. 어떻게 이럴 수 있었을까요?

류근 저희 집안에도 열네 살짜리가 있거든요. 온 집안이 떨지 않을 수 없어요. 열네 살은 가장 무서운 나이에요.

신병주 초상화만 봐도 송시열의 고집이 대단할 것 같잖아요. 웬만해선 고집을 꺾지 않을 것 같고요. 이때 송시열의 나이가 예순여덟입니다. 숙종의 증조부인 인조에서 시작해 효종과 현종까지 3대에 걸쳐 정계와 사상계의 중심에 있었던 정계 원로고요. 정치적·학문적 거물이었죠.

최태성 게다가 숙종의 할아버지인 효종과 숙종의 아버지인 현종의 스승이기도 합니다. 공자와 맹자처럼 이름에 자 자를 붙여 '송자'라고 부를 정도로 엄청난 영향력이 있는 인물이었거든요.『실록』에서 송시열에 관해 찾아보면 관련 기사가 약 3000건 정도 나옵니다.

신병주 약 3000건이 나오기 때문에 대부분 연구자가 송시열에 관한 논

송자대전판 송시열의 문집과 연보 등을 모아 만든 『송자대전』의 목판. 대전광역시 유형문화재 제1호.

문을 쓰는 걸 포기해요. 너무 할 게 많으니까요.

그날   그런데 열네 살은 포기하지 않은 거네요. 대단한 열네 살이에요. 왕이라고 해도 열네 살에, 그것도 갓 즉위한 왕이 산전수전 다 겪은 노회한 정치인을 상대로 이렇게 강수를 두는 걸 보면 '숙종이 뭔가 믿는 구석이 있지 않았나?' 하고 생각하게 돼요.

노대환   역시 가장 중요한 건 정통성 문제가 아닐까 싶습니다. 본인이 아무리 능력이 있어도 정통성이 흔들린다면 어려움이 있거든요. 대표적인 임금이 영조고요. 영조는 능력으로 따지면 둘째가라면 서러워할 임금인데, 본인의 출신 한계 때문에 매우 어려움을 겪지 않습니까? 반란도 일어나고요. 마찬가지로 정조도 아버지 사도세자 때문에 어려움을 아주 많이 겪죠.

그날   적장자 프리미엄 같은 게 있었던 거죠. 그게 없는 사람들은 오랜 기간 아버지를 추존하고 어머니를 신원하고 복권하는 데 시간을 낭비하는데, 숙종은 그럴 필요가 전혀 없었던 거죠.

최태성   지금 말씀 잘하셨는데, 숙종에게는 분명히 정통성이라는 힘은 있었지만, 따지고 보면 단종도 정통성은 분명히 있었잖아요. 연배도 비슷하고요. 그러니 정통성으로만 따지기는 좀 그런 것 같습니다. 저는 숙종이 분명히 나름대로 능력이 있었다고 보고 싶네요.

그날 그래도 새파랗게 어린 왕한테 나이가 지긋한 어르신이 면박을 당했단 말이에요. 송시열이 가만히 안 있었을 것 같은데요.

정치 거물 송시열의 잘못

신병주 여기서 가장 큰 논점이 됐던 게 뭐냐면 기해예송입니다. 1659년에 효종이 승하했을 때인데, 인조의 계비인 자의대비(장렬왕후)가 상복을 3년을 입을 것인지 1년을 입을 것인지로 논쟁이 일어나죠. 그때 남인은 주로 3년을 입는 것이 맞는다고 주장합니다. 왕으로서 효종의 정통성을 인정하는 쪽이었기 때문입니다. 그런데 서인, 그중에서도 송시열 같은 사람은 인조의 계비인 자의대비가 소현세자가 죽었을 때 상복을 이미 3년 입었으므로 효종의 상에는 차남의 상에 해당하는 1년복을 입어야 한다고 주장합니다. 그리고 이 기해예송 때는 서인이 정계의 모든 것을 주도했기 때문에 그냥 넘어갔어요. 문제는 바로 1674년에 효종의 부인인 인선왕후라는 분이 돌아가셨을 때입니다. 이때도 기해예송 때의 논리를 그대로 적용해요. 그런데 효종이 여전히 차남임을 강조하는 논리는 위험성이 상당히 있거든요. 이 부분을 현종이 파악한 거예요. 현종이 "송시열이 잘못하지 않았느냐."라고 지적하면서 서인이 실각합니다.

최태성 상복 때문에 정권이 바뀐 거죠. 이 논쟁은 왕권과 신권의 대립이었다고 봐야 하는데, 예송 논쟁을 보면 효종의 정통성을 문제 삼아서 신권을 강화하고자 하는 의도가 송시열을 중심으로 한 서인 세력에게 있었다고 봐야 할 것 같아요.

이윤석 그나저나 자의대비는 처지가 조금 곤란했을 것 같아요. 아들 때도 그렇고 며느리 때도 그렇고 자신 때문에 자꾸 문제가 생기니까요. 옛날 어르신들이 이런 얘기를 하셨거든요. "내가 너무 오

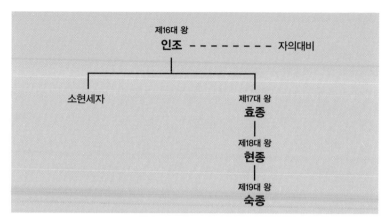

두 차례의 예송논쟁에 휩쓸린 자의대비

래 살아서 이런 꼴을 본다." 그런 느낌이 아니었을까 싶어요.

노대환 　자의대비는 법적으로는 효종의 어머니지만, 나이로는 효종보다 다섯 살이 어립니다. 그래서 효종이 세상을 떠났을 때 서른여섯 살밖에 안 됐어요. 그러고 나서 며느리의 상복까지 입게 되죠. 본인이 원한 것은 아니지만, 그래도 매우 난감하지 않았을까 합니다.

그날 　논란의 중심에 항상 있었지만, 자의가 아니었잖아요. 타의에 의한 거죠. 근데 현종이 이미 송시열 문제를 다 정리한 마당에 숙종이 왜 이 문제를 다시 들고 나왔나요?

노대환 　문제가 된 게 현종의 행장입니다. 조선 시대에는 어떤 사람이 사망하면 그 사람의 일대기를 행장으로 쓰는데, 국왕도 마찬가지입니다. 그래서 현종의 행장을 쓰는데, 당연히 빠질 수 없는 부분이 송시열의 예송논쟁 부분이죠. 그런데 묘하게도 행장을 맡은 사람이 송시열의 제자인 이단하[3]입니다. 이단하가 스승인 송시열에 관해서 안 좋은 얘기를 쓰지 않으려고 하니까 숙종이 몇 차례나 강압적으로 밀어붙여서 결국은 송시열이 예를 잘못 적용했다는 내용을 공식적으로 쓰게 하죠. 나중에 이단하가 스승을 그렇게 욕한 게 께름칙하니까 "숙종의 요구 때문에 할 수 없이 내가 이렇게 썼다."라고 얘기합니다. 그러니까 숙종이 정색하고 "넌 스승만 알고 임금은 모르느냐."라고 준엄하게 꾸짖죠.†

그날 카리스마가 대단하네요. 배짱이나 강단을 보면 태종이 다시 살아 돌아온 느낌이에요. 근데 할아버지의 정통성을 부정한 것 외에도 뭔가 좀 잘못 보인 게 있어서 끝까지 물고 늘어지는 거라는 생각이 들거든요.

신병주 숙종의 즉위 초기에 주변에서는 숙종에게 송시열을 불러들이라고 권합니다. 송시열이 워낙 거물이니까요. 그런데 송시열은 오히려 부담된다면서 숙종의 부름을 거절하고 사직한 다음에 내려가 버려요. 그러니까 숙종으로서도 송시열이 할아버지의 왕통을 깎아내린 조처들을 경계하던 터에 더욱 안 좋게 보았겠죠. 이러한 숙종과 송시열의 대립은 오랜만에 나타난 강력한 왕권을 지닌 왕과 수십 년간 신권의 대표 주자로 활약했던 신하가 외나무다리에서 만난 형국이라고도 볼 수 있죠.

그날 이런 것까지 기록해 뒀다는 게 참 치사해 보이는데, 『현종실록』에 따르면 숙종이 탄생했을 때 송시열이 별로 기뻐하지 않았다고 합니다. 두 사람은 첫 단추부터 잘못 끼워진 사이 같아요.

신병주 『현종실록』을 보시면 "원자의 탄생을 모두 들어와 축하드리고 있는데 시열이 홀로 축하하고 있지 않으니 실로 알 수 없다."라고 나옵니다. 근데 또 주목되는 건 『현종개수실록』에 나오는 내용이거든요. "원자가 태어난 경사가 있었을 때 신 시열은 때마침 대죄할 일이 있어서"라며 송시열이 자신의 태도를 변명하는 거예요. "여러 신하처럼 작은 정성이나마 나타내지 못하였으니," 『현종실록』만 보면 송시열이 무조건 잘못한 것처럼 보이는데, 『현종개수실록』을 보면 '어? 송시열이 타당한 이유가 있어서 그랬구나.'라는 생각이 듭니다. 내용에 상당히 차이가 보인다는 것이 주목되죠.

> † "이조참판 이단하가 감히 이미 정해진 의례를 가지고 소장 가득히 장황하게 늘어놓은 것이 교묘하게 꾸미지 않은 것이 없고, 엄명에 핍박되어 오(誤) 자 한 글자를 그 이름 아래에 써 넣었다고 말한 데에 이르러서는 한갓 사표(師表)만을 알고 군명(君命)이 있음은 알지 못한 것이니, 인신(人臣)으로서 임금을 섬기는 도리가 어찌 이와 같아서야 되겠느냐? 진실로 심히 해괴하다. 우선 파직시키고 서용(敍用)하지 말게 하라."
> ── 『숙종실록』 즉위년(1674) 12월 18일

당쟁의 상징, 수정실록

그날　『현종개수실록』이라는 게 따로 있군요.

신병주　『현종개수실록』의 존재는 조선 후기에 치열하게 전개된 당쟁사를 압축적으로 보여 주는 대표적인 대목입니다. 『현종실록』은 숙종 초기에 남인이 권력을 잡았을 때 남인의 시각에서 쓴 『실록』이에요. 그러다 보니까 송시열을 상당히 비판하죠. 그런데 『현종개수실록』은 서인이 정권을 다시 잡았을 때 쓴 것이니까 서인에 관해 아주 우호적으로 썼고요.

최태성　『실록』을 다시 만든다는 것은 당시의 집권 세력에게 약점이 있다는 거죠. 어떻게든 다시 만들고 고쳐서라도 자신들이 재평가를 받아야겠다는 의지와 모습이 반영된 게 아닌가 싶네요.

그날　그래도 그나마 상대편이 만든 기록을 없애지는 않네요. 그래서 우리 후손들이 비교해 볼 수 있고요. 이건 정말 다행입니다.

최태성　이전의 기록을 폐기하거나 조작하는 수준까지 갔다면 조선이 500년이라는 세월을 버티기 어려웠을 것 같다는 생각이 들어요. 저는 조선이 기본적으로 품격이 있고 염치가 있는 나라였다고 생각합니다. 염치없는 나라는 망하는 거죠.

어부지리, 남인의 득세

그날 　매번 정권이 바뀔 때마다 역사를 새로 쓸 정도라면 대립이 만만 치 않았다는 얘기인데, 송시열 문제는 어떻게 됐어요?

노대환 　이 기회를 남인이 놓칠 리가 없습니다. 계속해서 송시열을 파직 하라고 요구하죠. 숙종은 요즘 말로 하면 아주 '쿨하게' 인정해 버리고 송시열을 파직합니다. 결국에 송시열은 함경도 덕원으로 유배를 갑니다.

최태성 　어쨌든 남인은 한 50년 만에 완벽하게 정권을 잡은 거죠. 물론 스스로 쟁취한 게 아니라 왕의 힘으로 주어졌다는 한계가 있지 만 말이죠.

이윤석 　1년 차 왕이 50년 정권을 뒤집은 거잖아요. 참 조선판 다윗과 골 리앗을 보는 듯하네요.

류근 　남인은 그냥 구경하다가 얼떨결에 권력을 얻은 거예요. '이건 뭐 지?' 하고 생각하면서 말이죠. 이런 말이 있잖아요. "산불 구경 을 하다가 멧돼지 고기 얻는다." 그렇지만 조금 어리둥절했을 것 같아요. 정국이 하루아침에 뒤바뀔 줄 누가 알았겠어요. 더구나 열네 살 왕이 이 정도로 강단이 있을 거라고 누가 짐작이나 했겠 습니까?

인현왕후, 왕비가 되다

1680년 10월 26일,
숙종의 정비 인경왕후가 숨을 거둔다.
사인은 천연두.

다음 해 5월, 새로운 왕비가 간택된다.
서인의 핵심 인물인 병조판서 민유중의 딸이다.

철저히 서인의 주도 아래 이뤄진 국혼.
정치적 계산으로 성립한 국혼은
불안한 정국을 예고한다.

서인의 무실국혼

그날   우리에게 익숙한 인현왕후가 등장했습니다. 숙종의 정비 인경왕
후도 서인 쪽이고, 숙종의 모친도 서인 쪽이네요. 서인 쪽에 미
인이 많아서 그랬던 건지 모르겠지만, 언제부터 서인에서 계속
왕비가 나온 거죠?

신병주   1623년 인조반정에 성공한 서인이 요즘으로 치면 강령으로 내세
우는 것 중 하나가 무실국혼(無失國婚)입니다. "국혼을 잃지 말
자." 즉 왕비는 무조건 서인 집안에서 배출해야 한다는 뜻이죠.
그래서 그런 전통이 계속 이어지면서 숙종은 물론이고 이후 경
종이나 영조나 모두 왕비는 서인 집안의 규수들을 맞이했습니
다. 딱 한 명 예외가 바로 장희빈이었고요. 장희빈이 남인의 지
원을 받아서 왕비가 된 여인이었는데, 결국은 왕비 자리에서 쫓
겨나죠.

그날   예외적인 경우였군요. 서인으로서는 "국혼을 잃지 말자."라는
강령을 잘 이행한 거네요. 정치를 제대로 하려면 '혼테크'에 집
중하자는 거였고요. 근데 남인이 정권을 잡았으면 서인과 똑같
은 생각을 할 수 있었을 텐데, 왜 남인 쪽에서는 장희빈 외에 왕
비가 안 나왔을까요?

신병주   운이 없었던 거죠. 남인이 집권한 시기가 1674년에서 1680년까
지입니다. 그런데 이때는 불운하게도 혼사가 없었어요. 혼사가
있었으면 추진했을 수도 있었겠죠.

최태성   남인이 정권을 잡았을 때 계속 버티면서 갔어야 했는데, 6년 만
에 다시 정권을 내주거든요. 아까도 말씀하셨지만 정권이 확확
바뀌잖아요. 이게 환국이거든요. 만약에 남인이 계속 집권했더
라면 왕비도 남인 집안에서 계속 나왔을 것 같다는 생각이 드는
데, 그 기회를 놓친 거죠.

그날　환국이라는 말이 등장할 때마다 저는 사화라는 말과 헷갈려요.

신병주　사화는 보통 16세기의 사림파들이 훈구파와 정치적으로 대립하는 과정에서 화를 입은 것을 가리킵니다. 사림파들이 화를 당했다 해서 사화인 거죠. 반면에 환국은 상당히 중립적인 표현이에요. 정치적 국면이 바뀌었다는 뜻입니다. 그래서 경신환국 같은 경우는 경신대출척이라고도 합니다. 경신년에 남인을 대출척, 즉 크게 쫓아냈다는 뜻으로, 서인의 관점에서 쓰는 말이죠.

최태성　교과서에서는 사림 대 훈구의 권력 투쟁이 사화, 사림 대 사림의 권력 투쟁이 환국이라고 차이를 두어 배웁니다.

남인의 몰락

그날　남인이 어렵게 권력을 잡았는데 고작 6년 만에 또 정권이 바뀌잖아요. 남인에게 결정적인 큰 실수가 있었나요?

노대환　표면적으로 결정적인 실수는 1680년에 일어납니다. 이때 남인의 실세인 영의정 허적이 축하 잔치를 여는데 이날 묘하게도 비가 왔습니다. 그러니까 숙종이 명하기를 "허적이 잔치하고 있으니까 천막을 가져다줘라."라고 하는데, 확인해 보니까 허적이 이미 왕실에서 쓰는 천막을 갖고 간 거죠. 그래서 주변에서 "이미 허적이 갖고 갔습니다."라고 하니까 숙종이 매우 화내면서 "이건 한명회도 하지 않았던 행동이다."라고 합니다.

최태성　한명회도 압구정에서 잔치를 벌이려고 했는데, 그때 성종에게 "왕실에서 쓰는 천막 좀 빌려주십시오."라고 했다가 역풍을 맞잖아요. 여섯 임금을 모신, 엄청난 권력을 가졌던 한명회도 빌리지 못했던 것을 허적이 마음대로 가지고 간 거예요.

이윤석　남인과 허적이 조금 방심한 것 같다는 생각이 들어요. 초등학생 끼리도 "나 네 지우개 좀 쓸게." 하고 써야지 싸움이 안 나거든요. 그런데 왕의 물건을 허락도 안 받고 마음대로 쓴다는 건 조금 문제가 있는 행동 아닐까요?

류근   요즘 웬만한 회사를 봐도 전결 규정이라는 게 있잖아요. 그런데 왕이 그깟 천막 하나까지 챙긴다는 건 이상하지 않습니까? 훔쳐 가진 않았을 거 아니에요?

그날   그래도 왕권에 대한 도전이라고 생각했으면 화낼 만하죠.

류근   허적에게만 화를 내고 허적에게만 벌을 주면 될 텐데, 정권까지 교체한다는 건 좀 과잉이지 않습니까?

신병주 숙종이 이미 남인의 동태를 파악하고 있었다는 얘기죠. 숙종으로서는 오래간만에 남인이 정권을 잡아서 신선하게 정치해 줄 걸로 생각했는데 보니까 전혀 아니었던 겁니다. 이때 남인은 권력을 잡고서는 자기들끼리 싸우면서 당파가 갈려요. 청남[4]이니 탁남[5]이니 하는 식으로요. 이때 허적이 벌인 잔치도 나중에 알고 보니까 단순한 잔치가 아니라 남인의 세력을 공고히 하기 위한 잔치였습니다. 요즘으로 치면 자기들끼리 결집해서 당세를 과시한 거죠.

그날   당 단합 대회 같은 거죠.

신병주 그러니까 그런 모습을 인식한 숙종이 남인에게 한번 본때를 보여 줘야겠다고 생각한 거죠.

노대환 천막 사건이 터지고 나서 허적이 "숙종 임금이 사실은 그 전부터 나를 좋지 않게 봤다."라고 이야기하거든요. 천막 사건과 상관없이 숙종이 이미 자신을 좋지 않게 본다는 걸 느꼈는데도 빌미를 제공했다는 것 자체가 문제가 있죠. 어떻게 보면 남인이 이미 자신들의 세력에 대해서 어느 정도 자신감 내지는 자만감 같은 걸 품었던 게 아닌가 싶습니다.

그날   방심한 것 같아요.

허목 초상 청남의 영수로, 탁남의 영수인 허적과는 십촌 간이다. 보물 제1509호, 국립중앙박물관 소장.

노대환 　그렇습니다. 그래서 결국 이 사건을 계기로 훈련대장을 교체하고 좌의정과 대간, 승지 등도 모두 교체하면서 완전히 서인으로 물갈이해 버리죠.

최태성 　그런 걸 보면 숙종에게는 패턴이, 일관성이 있어요. 아까 행장 사건에서는 송시열의 제자에게 송시열이 잘못했다고 쓰게 해서 건수를 잡은 다음에 집요하게 서인을 공격하죠. 그리고 이번에는 천막 사건을 계기로 해서 또 건수를 잡은 다음에 남인을 집요하게 공격하고요. '매우 정치적인 임금이 아닌가?' 하는 생각이 들어요.

그날 그러니까 어느 한쪽의 세력이 강화되고 키워지는 게 보이면 싹 뒤집는 거예요. 부침개 싹 뒤집듯이 말이죠. "너 많이 익었으니까." 하는 식으로 잘 뒤집어요.

최태성 집요하게 말이죠.

신병주 서인도 계속, 정말 오랫동안, 50년 동안 정권을 잡았다가 뺏기면 너무 찾고 싶잖아요. 지금도 보면 권력의 맛을 계속 보던 사람들이 조직적으로 그런 움직임을 보이고요. 당시에는 대표적으로 김석주[6]라는 인물이 등장하는데, 현종의 왕비인 명성왕후의 사촌 동생입니다. 초상화의 모습은 좀 특이하지만, 제가 파악하기로는 조선 후기 공작 정치의 상당한 달인입니다. 이 김석주가 이때부터 정보망을 가동합니다. 그래서 남인 권력의 핵심을 계속 매수하고, 이른바 공작원들을 파견해서 동태를 살펴요. 거기에 딱 포착된 게 "허적의 서자 허견이라는 인물이 인평대군[7]의 아들 복선군과 결탁해서 역모를 꾸미고 있다."라는 진술이고요. 왕조 체제에서 역모는 최고의 범죄죠.

이윤석 김석주라는 인물이 첩자를 심잖아요. 요즘 말로 하면 일종의 몰래카메라 기법을 쓴 건데, 본인이 시나리오를 쓰고 나서 연기 지도까지 하더라고요. 그래서 아주 두뇌가 좋은, 정치극의 뛰어난 연출가 같은 사람이었다는 생각이 듭니다.

그날 그런데 저 초상화는 그때 그린 초상화인가요?

신병주 저 초상화는 당대의 초상화가 맞죠.

류근 상상화가 아니에요? 저거 쉽지 않은 얼굴인데 말이죠. 저런 얼굴이 실제로 존재했을까 싶을 정도인데요.

신병주 저러니까 공작 정치를 하기는 좋죠. 상대가 방심할 가능성이 크니까요.

이윤석 대신에 전면에 나서지는 않잖아요. 너무 티가 나니까요. 뒤에서

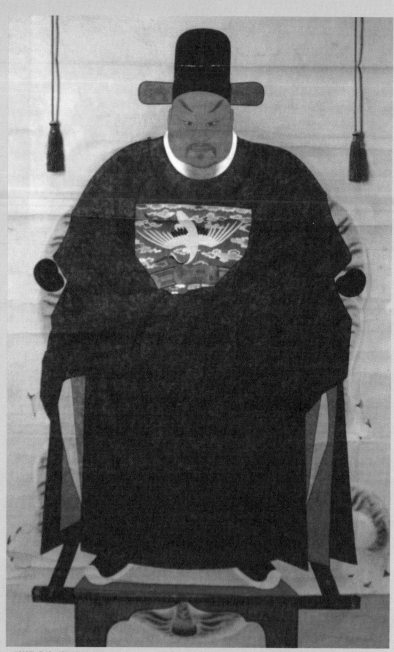

김석주 초상 실학박물관 소장.

조종하는 거 같은데 말이죠.

그날 숙종은 어떤 태도를 보였어요?

노대환 숙종은 기본적으로 왕권을 강화한다는 것이 본인의 지상 과제입니다. 그래서 왕권을 강화하기 위해서는 남인과 손을 잡든 서인과 손을 잡든, 아니면 자신의 외척과 손을 잡든 문제가 아닙니다. 숙종은 상대방을 견제할 수 있다면 어느 세력과도 손을 잡을 수 있죠. 그런데 남인이 결정적으로 발목을 잡힌 이유는 "우리 이제 북벌하자. 북벌하려면 새로운 군사 기구가 필요하지 않겠냐."라며 도체찰사부라는 것을 만들자고 주장합니다. 그런데 이게 괘씸하게 보인 거죠. '이 녀석들이 병권까지 도전하는구나.' 이건 숙종에게 못마땅한 것이니 어떻게 보면 남인 스스로 발목을 잡힌 거죠.

남인의 병권 장악

그날 여러 차례의 환국을 이해하는 데 병권 문제가 대단히 중요하잖아요. 그래서 저희가 조선 시대 군사 분야의 전문가인 박금수 박사님을 모셨습니다. 박사님, 남인이 설치하려고 했던 도체찰사부는 어떤 곳인가요?

박금수 도체찰사부는 전시 또는 준전시 체제에 전군의 총사령관 역할을 했던 도체찰사의 직속 예하 부대로 이해하시면 됩니다. 당시에는 이 도체찰사를 영의정이 겸하는 게 관례였거든요. 그래서 남인의 주장은 영의정의 군권을 대폭적으로 강화해 주는 결과를 낳는다고 볼 수가 있습니다.

그날 병자호란 이후에 백성들은 물론이고 조정에서도 재정적으로 상당히 어려웠을 텐데, 당시 상황에서 군영을 늘린다는 것이 현실적으로 있을 수 있는 일이었습니까?

박금수 매우 어려운 일이었죠. 특히 당시에는 군사 전원이 한양 도성에 상주하는 훈련도감을 유지하는 데 큰 비용이 들어 국가 재정에 부담을 준다는 점이 가장 큰 문제 중 하나였습니다. 그래서 남인 측이 "돈이 많이 드는 훈련도감의 군사를 줄이고 교대로 근무하는 훈련별대를 새로 만들자."라고 주장하면서 훈련별대가 새로 만들어졌어요. 하지만 결과적으로는 훈련도감의 군사 수는 전혀 감축되지 않고 훈련별대만 새로이 만든 셈이 되었죠. 백성들의 부담을 줄이기 위해서 군영을 줄이자는 게 명분이었지만, 오히려 덩치가 더 커진 셈입니다.

그날 도체찰사부는 남인의 주장대로 설치되는 건가요?

박금수 예, 그렇습니다. 남인의 천하였기 때문에 도체찰사부 설치는 관철되고요, 남인에게 유리한 방향으로 도체찰사부의 인사가 이루어집니다. 그리고 도체찰사부의 본진으로서 개성에 대흥산성을 축조한 다음, 대흥산성의 군사훈련을 매우 강화합니다. 무예 훈련을 매일 하고 진법 훈련을 열흘에 한 번씩 하는 식으로 매우 강도가 높은 훈련이 이어지죠. 그런데 이러한 것들이 나중에 허견의 옥사 때 남인 세력이 대흥산성의 병력을 이용하여 역모를 꾀하려 했다는 구실이 되기도 합니다. 결국 도체찰사부는 남인의 실각과 함께 곧바로 혁파되었습니다.

그날 그러면 남인도 서인도 실질적인 병권을 가지지 못하게 되는 건가요?

박금수 당시에 숙종은 병권을 외척이자 병조판서인 김석주에게 모두 맡깁니다. 김석주는 그 이전부터 숙종이 꽂아 놓은 인물이죠. 숙종은 외척인 김석주를 통해서, 자신이 중앙 군영을 직접 통제할 수 있는 체제를 확립합니다.

을병대기근

1695년, 최악의 가뭄이 조선을 덮친다.
때아닌 추운 기후가 계속되었던 소빙기.

느닷없는 이상기후로 농작물 수확이 어려워지면서
조선에는 대기근이 발생한다.

가뭄, 우박과 같은 자연재해가 잇따르자
흉년은 몇 년이나 이어졌다.

오랜 굶주림에 지쳐 쓰러지는 백성들.
설상가상으로 전염병까지 돌아
민심은 더욱 흉흉해진다.

카리스마 숙종

그날   안 그래도 백성들은 힘든데 하늘까지 이렇게 외면했어요.

최태성   기술이 아무리 발달했어도 지금도 자연재해가 발생하면 힘들다고 합니다. 그런데 기술이 크게 발달하지 못한 당시에 몇 년 동안 저런 기근이 오면 백성들은 정말 살기 어려웠겠다는 생각이 드네요.

그날   숙종은 이때 어떤 자세를 취하나요?

노대환   '청에서 쌀을 좀 수입체 오자. 청에서 쌀을 수입해서 굶주린 백성들에게 나눠 주면 백성들이 좀 먹고살 수 있지 않을까?'라고 생각하는데 이게 그렇게 쉬운 일이 아닙니다. "철천지원수 청나라 놈들의 쌀을 먹을 수는 없다."라며 특히 서인을 중심으로 많은 신하가 쌀 수입에 반대하는데, 그래도 결국은 숙종이 자신의 주장을 관철합니다. "나도 즐기는 것은 아니지만, 굶주린 백성들을 위해서 이것은 불가피한 일이니까 청에 대한 명분과 백성들의 굶주림을 연결하지 마라." 이렇게 매우 단호한 숙종의 의지로 결국 쌀이 수입되죠.

그날   그때 반대했던 신하들은 그 쌀을 받았나요?

노대환   이때 수입된 쌀을 그냥 쌀이 아니라 호미(胡米)로 부릅니다. 즉 오랑캐 쌀이라고 표현하는 건데, 반대했던 신하들이 이 쌀을 먹을 리는 없죠. 쌀을 받아먹어야 하는 처지도 아니었고요. 그런데 원래 이 쌀은 기근이 심했던 북쪽에, 특히 평안도 지방 주민들을 위해서 수입해 온 건데 막상 쌀이 들어오니까 대신들이 이 쌀을 서울에 먼저 풀자고 주장합니다.

그날   그건 무슨 뜻이죠?

노대환   서울이 자신들의 근거지이고 서울 지역의 민심이 자신들의 정치적 기반이기도 하니까 서울의 굶주린 백성들을 위해서 쌀을 풀

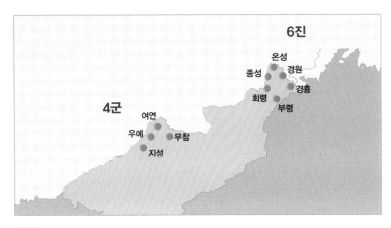

4군 6진

자는 거죠.

이윤석 요즘 말로 하면 표 되는 사람들만 먹이자는 거잖아요.

류근 요즘으로 치면 국회에서 예산을 심의할 때 의원들이 자기 지역
구 예산 끌어내느라고 애쓰잖아요. 비슷한 사례인 것 같아요.

최태성 숙종은 외교적인 측면에서도 매우 강력한 모습을 보입니다. 세
종 때 4군 6진을 개척해서 압록강과 두만강으로 영토를 확장했
잖아요. 그런데 그 지역이 매우 춥고 척박하다 보니 시간이 지나
면서 많은 사람이 그곳을 떠납니다. 그리고 조선 사람들이 떠난
지역에 누가 들어오느냐면 오랑캐들이 들어옵니다. 청나라도 그
때 백두산에 관심이 있었고요. 그래서 이때 숙종이 이렇게 얘기
합니다. "처음부터 준엄하게 막지 않을 수 없다."† 그러면서 청
과 협상하게 해서 백두산정계비를 통해 국경선 문제를 해결하는
매우 단호한 모습을 보여 줍니다.

그날 어떻게 보면 숙종의 이런 멋진 모습이 많이 가려져 있었던 것 같
아요. 청나라에서 쌀을 빌릴 때는 빌리지만, 국경은 넘어오지 못
하게 막잖아요. 현명하고 결단력이 있네요. 정말 뜻밖이에요. 백

「요계관방지도」 1706년(숙종 32)에 제작한 군사적 목적의 지도. 보물 제1542호, 서울대학교 규장각한국학연구원 소장.

두산이 우리 영토로 확정된 것이 숙종 때였다는 것, 다시 한 번 기억해야 할 것 같네요.

최태성 독도가 우리 땅이라는 결정적인 근거를 제공했던 유명한 인물 있잖아요. 누구였는지 혹시 아시나요?

이윤석 독도라면 안용복이죠.

최태성 그렇죠. 공교롭게도 이 안용복도 숙종 때 인물이거든요.

류근 이렇게 말하면 좀 거창한 것 같지만, 세종이 조선의 기틀을 만든 국왕이라고 한다면 숙종은 전란으로 무너진 그 기틀을 다시 세운 왕이라고 평가해도 무방할 것 같아요. 병자호란 이후에 효종과 현종 때는 안팎으로 무언가를 신경 쓰기에는 여력이 없었던 시절이었다는 생각이 드는데 숙종 때는 달랐단 말이죠.

노대환 17세기 후반과 18세기 초반의 숙종 시대는 경제적인 변화가 급격하게 일어나는 시기, 즉 농업 사회에서 상공업 사회로 막 발전하기 시작하는 시기입니다. 숙종은 그야말로 농업 사회에서 상공업 사회로 나갈 수 있게끔 체제를 만든 왕이라고 할 수가 있고, 대표적인 게 대동법이죠. 대동법은 그 이전부터 추진해 왔던 것이지만, 전국적인 대동법 체제를 최종적으로 완성한 왕이 바로 이 숙종이고요. 그동안에는 공납 문제가 백성들의 가장 힘든 고역 가운데 하나였는데, 숙종이 공인(貢人)이라는 집단을 통해서 돈을 주고 물건을 왕실에 갖다 바치게 하면서 문제를 해결해 화폐 유통경제가 나타날 수 있는 배경이 만들어지죠. 거기에 상평통보[8]까지 다시 주조하니까 화폐가 자연스럽게 유통되는 사회로 진전되었고요. 그리고 양전도 굉장히 중요한 사업인데, 조선에서 전국적인 양전 사업을 사실상 마지막으로 시행한 임금이 숙종입니다. 그다음 양전 사업은 대한제국 때 이루어지죠. 어떻게 보면 경제 체제를 새로 구축하고 완성한 역할을 숙종이 했다고 볼 수 있죠.

신병주 숙종 때 확실하게 나타나는 지표는 당쟁이 치열하게 전개되었다는 것입니다. 그만큼 정파 간의 대립과 경쟁이 심해지는 상황 속에서 국왕이 나름대로 조정자 역할을 했다는 거죠. 그래서 정치적으로나 경제적으로, 특히 국방 부분에서 숙종이 성과를 상당히 많이 내요.

그날 몇 차례의 환국을 통해서 정권을 바꾸었잖아요. 그렇다면 백성들 처지에서 실감할 수 있는 정책적 변별성 같은 게 있었을까요?

신병주 그들 나름대로는 하려고 하죠. 그 당시에 사대부라는 것은 기본적으로는 백성을 위한 정치에 기반을 두고 있었으니까요. 그래서 숙종 무렵에 호패법[9]과 호포법,[10] 주전론(鑄錢論), 화폐유통론 등 정파마다 나름대로 정책은 많이 내놓아요. 그러나 숙종이라는 왕은 이 정책들이 전부 미진하고 결과적으로는 당파적인 입장을 우선시하는 정책이라며 비판적으로 봤습니다. 그러므로 '저런 당파에만 맡겨 놓으니 차라리 내가 나서겠다. 당리당략(黨利黨略)에만 너무 매몰되어서 자기들끼리 이합집산하는 것을 끊고 나는 왕권을 강화하겠다.'라고 생각한 거죠. 결과적으로 이러한 생각이 숙종 후반의 탕평 정치로 이어졌고, 탕평 정치를 완성한 왕이 영조가 되는 것이고요.

노대환 신하들에 대해 품은 숙종의 생각을 잘 보여 주는 일화가 있습니다. 숙종이 「주수도」라는 그림을 그리게 합니다. 그런데 보통은 이 그림의 배를 임금에 비유하고 물을 백성들에 비유해서 "백성들의 민심이 돌아서면 배가 뒤집혀서 임금도 뒤집힐 수 있다."라고 설명합니다. 그런데 숙종은 그게 아니라 물을 신하들에 비유합니다. 그래서 "신하들이 잘못하면 임금이 잘못될 수 있다."라고 설명합니다.‡ '내가 문제되는 것은 너희의 책임이다. 너희가 밑에서 잘 받쳐 주지 않으면 내가 어떻게 할 수 없다.'라는 표현인데, 그만큼 숙종은 신권을 견제하고 왕권 밑에 복속하기 위해서 아주 많은 노력을 기울였던 임금이라고 볼 수가 있을 것 같습니다.

이윤석 그 말씀에서 숙종의 스타일이 약간 엿보이네요. 신하를 물로 봤잖아요. 그게 무슨 말이냐면 백성이 물이라면 백성을 갈아치울 수는 없는데, 신하라는 집단은 물갈이할 수 있다는 거죠.

그날 좀 놀랍지 않으셨어요? 여자들에게 휘둘렸던 왕의 이미지가 깨끗하고 말끔하게 씻겨 나갔어요. 그것도 열네 살에 등극해서 말이죠. 우리는 주로 숙종이 늙거나 앉아 있을 때만 봤잖아요. 그런데 보니까 숙종은 남녀노소를 불문하고 강력한 카리스마를 보인 왕이에요.

최태성 저는 숙종에게서 정말 다른 면모를 봤습니다. 절대왕정을 구축하고 유럽을 풍미했던 루이 14세[11]가 떠올랐어요. "짐은 곧 태양이다." 마찬가지로 숙종도 태양이 아니었을까요? 태양왕 숙종이라는 이미지는 어떨까요?

루이 14세

이윤석 "숙종은 휘둘린 왕이 아닌 휘두른 왕이었다."

노대환 학생들이 조선 후기를 굉장히 어려워합니다. 예송도 어렵고 환국도 어려우니 매우 어려운 거죠. 그런데 숙종이라는 인물을 통해 조선 후기를 보면 아주 어린 임금이 즉위해서 왕권을 강화하기 위해 신권과 갈등을 벌이면서 왕권을 주도한 이미지가 있고, 수많은 여인과의 관계라는 아주 흥미진진한 요소도 있으니, 이 인물에게 빠지지 않을 수가 없습니다. 그래서 저는 "숙종은 정말 매혹적인, 매력적인 왕이다."라고 말하고 싶습니다.

최태성 「숙종」이라는 드라마가 나와도 될 것 같아요. 장희빈 같은 주변 인물들을 빼고 숙종이 중심이 된 드라마를 만들면 굉장히 멋진 드라마가 나올 것 같아요.

그날 오늘 숙종이라는 인물, 치마폭에 가려졌던 한 왕을 재평가하는 시간이었는데, 그렇다면 "그 재미있는 숙종의 여인들 이야기는 왜 하나도 안 해요?"라고 하시면서 매우 아쉬워하실 분들이 계실 것 같아요. 다음에는 장희빈에 관해서 저희가 얘기를 나누겠습니다.

---

† 여러 신하가 모두 말하기를, "지금 만약 백두산이 곧 너의 땅이라면 어째서 반드시 우리 땅을 빌어서 들어가려고 하는가?'라고 하고는, 이 말로써 막아서 허락하지 않으면, 저들은 반드시 우리와 틈을 만들고자 하지는 않을 것이니, 마땅히 평안감사로 하여금 말을 준엄하게 하여 이를 막게 하소서." 하니, 임금이 말하기를, "처음부터 준엄하게 막지 않을 수가 없다." 하였다.
—「숙종실록」 6년(1680) 3월 5일

‡ 일찍이 공인(工人)에게 명하여 주수도(舟水圖)를 제작하게 했는데, 친히 글을 짓고 그 위에 써서 좌석 옆에 걸어 놓고 스스로 경계하였다. 어느 날 보필하는 신하들에게 내보이며 말하기를, "임금은 배와 같고 신하는 물과 같다. 물이 고요한 뒤에 배가 편안하고, 신하가 현명한 뒤에 임금이 편안하니, 경(卿) 등은 마땅히 이 그림의 의미를 체득하여 보필의 책임을 다하는 것이 옳을 것이다." 하였다.
—「숙종실록」 숙종 대왕 행장

6

장희빈,
아들을 낳다

지금까지 사극에는 여러 여자 주인공이 등장했지만, 그중에서도 선명하게 기억에 남는 인물을 꼽으라면 단연 장희빈이다. 장희빈의 이야기는 여러 차례에 걸쳐 사극의 소재가 되었으며, 장희빈이 표독스럽게 인현왕후를 저주하는 장면이나 사약 앞에서 몸부림치던 처절한 모습은 언제나 인상 깊은 장면으로 기억된다.

이처럼 인현왕후와 장희빈의 이야기는 지금도 흥미를 끌지만, 당대인들에게도 큰 관심의 대상이었다. 장희빈은 간사한 요녀로 인식되었고 인현왕후에 대한 연민도 컸다. 인현왕후와 장희빈의 갈등이 가장 첨예하게 나타난 작품이 궁중 소설인 『인현왕후전』이다. 이 책은 인현왕후를 측근에서 모시던 궁녀가 궁중 암투를 소재로 삼아 전후 사건을 소상하게 묘사한 작품으로 소설적 구성이지만 당시의 첨예한 갈등을 증언해 준다. 그런데 인현왕후와 장희빈의 갈등은 절대 단순하지 않았다. 숙명의 라이벌처럼 보였던 두 여인 뒤에는 서인과 남인의 대결이라는 조선 후기 붕당정치의 치열함이 숨어 있었다.

숙종은 첫 왕비인 인경왕후가 스무 살의 젊은 나이로 후사 없이 죽자, 자신이 스물두 살 때인 1681년에 열다섯 살의 인현왕후를 계비로 맞아들였다. 인현왕후는 서인 정치가인 민유중의 딸로 명문가 출신이었다. 그러나 6년이 지나도록 태기가 없자 숙종은 나인인 장옥정에게 마음을 빼앗겼다. 장옥정은 오빠 장희재와 역관으로 큰 재산을 모은 오촌 당숙 장현의 후원 속에 궁중에 들어왔다가 숙종의 총애를 받게 되었다.

1688년, 장옥정은 마침내 왕자를 출산했다. 열네 살에 왕위에 오른 후 무려 14년 만에 아들을 얻은 숙종은 신하들이 반대하는데도 장옥정이 낳은 아들을 원자로 책봉하고 장옥정을 희빈으로 삼았다. 장옥정은 아들을 낳은 공으로 단번에 후궁 최고의 지위에 오른 것이다. 이제 남은 일은 장희빈을 정식 왕비로 세우는 일뿐이었다. 1689년 숙종은 인현왕후를 폐위해 안국동 본가로 보내고 인현왕후를 지지하던 조정 대신들도 유배 보내거나 처형했다.

그러나 세월이 흘러가면서 장희빈의 독선과 투기를 깨달은 숙종은 1694년, 장희빈을 폐위하고 인현왕후를 복위시켰다. 인현왕후가 복위한 후 장희빈은 분을 이기지 못해 세자가 골병이 들 정도로 수시로 구타하는 등 갖은 행패를 부렸다고 하며, 인현왕후를 저주하기 위해 창경궁의 취선당에 신당을 차려 놓고 무녀와 술사를 고용하였다. 그리고 인현왕후의 인형을 만들어 세운 후 궁녀에게 화살을 주어 쏘게 하였으며 인형이 찢어지면 비단으로 염습하여 연못가에 묻고, 또 다른 인형을 만들기를 3년 동안 계속했다. 그 효험 때문인지 인현왕후는 이유 없는 병마에 시달리다가 1701년 8월 창경궁 경춘전에서 사망하였다.

인현왕후의 사망으로 찾아온 장희빈의 기쁨도 잠시, 장희빈의 생일을 맞아 장희빈의 처소를 방문한 숙종의 눈에 그림 하나가 들어왔다. 틀림없는 인현왕후의 모습이었고, 수많은 화살 자국이 나 있었다. 그간의 사태를 짐작한 숙종은 장희빈에게 사약을 내릴 것을 명했다. 소론의 최석정 등이 세자를 보호하기 위해 사약만은 안 된다고 건의했지만, 이미 마음이 돌아선 숙종의 뜻은 완강하였다. 이후 숙종은 후궁이 왕비의 자리에 오를 수 없게 하라고 명할 만큼 후궁의 투기에 치를 떨었다. 숙종의 호통 속에 장희빈은 연이어 세 그릇의 사약을 받고 섬돌 아래 고꾸라져 유혈을 토하면서 생을 마감하였다. 1701년 10월, 인현왕후가 사망한 지 불과 두 달 만의 일이었다. 일개 궁녀에서 왕비의 지위에까지 오른 신데렐라였지만, 최후는 이처럼 비참하였다.

장희빈, 아들을 낳다

1688년 10월, 바닥에 짚자리가 깔렸다.

그 위로 백문석, 기름종이, 다시 고운 짚자리 등
여섯 겹의 이부자리가 덮이고
사슴 가죽으로 만든 고삐를 거는 것으로
모든 준비는 끝이 났다.

출산이 임박한 숙종의 후궁 장옥정을 위해
궐내 호산청이 마련된 것이다.

며칠 뒤인 10월 27일,
왕이 된 지 14년 만에야 첫아들을 본 숙종.

그러나 오랫동안 기다려 온 왕실의 경사를
기뻐할 수만은 없었던 사람.
숙종의 왕비 인현왕후였다.

왕자를 낳은 옥정은 빈에 책봉되고 장희빈으로 불리게 됐다.
왕자의 탄생은 곧 인현왕후와 장희빈,
두 여인 사이에 펼쳐질 모진 운명의 서막이었다.

서인과 남인, 두 정치 세력의 대리자가 되어
숙종의 사랑을 놓고 첨예한 대립을 펼쳐야 했기 때문이다.

숙종, 14년 만의 득남

최원정   조선 시대에서도 당쟁이 가장 치열했던 시기에 흔들림 없는 왕권을 구가했던 왕이 숙종입니다. 그런데 그 이면에는 당쟁의 후폭풍을 온몸으로 견뎌내야 했던 여인들이 있었습니다. 숙종과 숙종을 둘러싼 여인들에 관한 이야기를 나눠 보겠는데요, 숙종이 왕위에 오르고 나서 한참 뒤에 왕자를 본 거잖아요. 나라의 경사네요.

류근   그것도 아주 총애하는 여인이 아들을 안겨 준 거예요. 그러니 그 기쁨이 오죽했겠습니까? 이 정도 되면 하늘의 별이라도 따다 줄 판이잖아요. 그런데 그동안 산실청은 많이 들어 봤는데, 호산청은 도대체 뭔가요?

신병주   왕실에서 출산하게 되면, 임시 관청이 설치됩니다. 왕비가 출산할 때는 산실청이라고 하고, 후궁이 출산할 때는 호산청이라고 하는 거죠. 원래 후궁은 궁 밖에서 해산하는 것이 원칙입니다. 그런데 선조 때의 후궁이었던 공빈 김씨가 광해군을 낳고 나서 출산 후유증을 앓다가 사망하고 뒤를 이어서 숙의 정씨가 사망하는 일이 벌어지자 불안하다는 이유로 선조 이후부터는 후궁도 궁 안에서 출산하게 했던 거죠.

그날   후궁도 왕실의 극진한 보호 속에서 출산할 수 있게 배려해 준 거네요. 이때 장희빈이 낳은 아들이 나중에 경종이 되는 거죠?

노대환   예, 희빈 장씨가 경종을 낳았을 때인 1688년은 인현왕후가 궁에 들어온 지 7년이 지난 시점입니다. 인현왕후가 열다섯 살 때 궁에 들어오거든요. 그러니 이때는 정확히 스물두 살로 그야말로 한창 때인데 인현왕후에게는 후사가 없었고 희빈 장씨에게 아이가 태어난 거죠.

신병주   숙종은 정말 기뻤을 것 같아요. 장희빈이 결국 아들을 낳으니까

'아, 나에게는 큰 문제가 없구나.'라고 생각했을 가능성이 많죠.

그날 '나의 문제는 아니었구나.' 하고 그동안의 걱정거리를 해소해 준 게 장희빈이니까 더욱더 총애할 수밖에 없었겠네요. 여러 가지 상황에서 장희빈과 궁합이 잘 맞네요.

장희빈에 관한 편견

그날 그런데 장희빈은 사극에서 악녀나 요부의 이미지가 워낙 강하잖 아요. 이것도 좀 편견이 아닐까 싶기는 해요.

이다지 제가 학생들에게 물어보면 장희빈은 팜파탈 같은 이미지가 너무 강하다고 하는 거예요. '이런 이미지가 어디에서 왔을까?' 하고 생각해 보니까 『인현왕후전』[1]에서 장희빈을 너무나 사악하게 묘 사했어요. 그런 게 이제 드라마를 통해서 극대화되면서 장희빈 관련 드라마에 출연하는 여자 출연자들도 누가 더 악랄하게 표 현하는지가 초점이 되어 있었잖아요.

노대환 사실 『인현왕후전』을 소설로 보기도 하지만, 대부분 내용은 역 사적 사실에 바탕을 둔 실제 이야기에 가까운데, 일방적으로 서 인 중심으로 쓰다 보니까 희빈 장씨는 완벽한 악녀, 인현왕후는 너무나 착한 여자, 이렇게 선악 이분법적인 구도로 완전히 자리 를 잡게 된 거죠.

역사의 라이벌, 장희빈 vs 인현왕후

그날 역사의 라이벌이라고 하면 많은 사람이 생각나시겠지만, 아주 대표적인 게 인현왕후와 장희빈이 아닐까 싶은데요. 두 사람의 약력을 보면서 얘기를 나눠 볼까요? 장희빈이 1659년생, 인현왕 후가 1667년생이에요. 약간 의외인데요.

노대환 많은 사람이 숙종이 장희빈보다 당연히 나이가 많았을 것으로

숙종(1661~1720)		
장희빈	vs	인현왕후
1659~1701	생몰년	1667~1701
중인	신분	양인
장남(제20대 왕 경종), 차남(사망)	자녀	없음
"자못 얼굴이 아름다웠다."	외모	기록 없음
간사하고 악독하다.	성격	온순하고 착하다.

장희빈과 인현왕후의 약력

생각하는데, 실제로는 장희빈이 2년 연상이죠.

그날 　그러네요. 심지어 연상이네요.

신병주 　무엇보다 인현왕후를 누를 수 없었던 건 바로 출신 문제였죠. 그 당시에 인현왕후의 아버지인 민유중이라는 인물이 당대 최고의 인물인 송시열과 가장 절친한 사이였고, 민유중의 부인은 서인의 영수였던 송준길의 딸이에요. 요즘으로 치면 최상의 집안 출신이죠.

장희빈의 외모

그날 　정말 대단한 집안이네요. 저 상황만 놓고 보면 장희빈이 유리할 게 하나도 없잖아요. 그런데 장희빈의 얼굴이 자못 아름다웠다고 되어 있네요. "자못 얼굴이 아름다웠다."로 모든 약점을 덮은 것이 아닐까요?

이다지 　그런데 이 부분을 그냥 가볍게 넘길 수 있는 게 아니라고 생각이 드는 게, 『조선왕조실록』은 물론이고 조선왕조와 관련된 다른 책들을 봐도 여성의 외모에 관해서 저렇게 표현한 글이 없어요.

류근 　그거 참 놀랍네요. 정사가 보증하는 공인 미모인 거예요.

노대환 　얼마나 예뻤는지 본 사람마다 다 미색에 관해서 얘기합니다. 대표적으로 사간원 정언인 한성우[2]라는 사람이 있는데 한마디로 정리합니다. "숙종 임금은 희빈 장씨의 미색에 빠져서 모든 게 다 이렇게 이루어지고 있다."[†] 또한 김창협[3]이라는 사람도 숙종이 미색에 빠져 있다고 얘기하고,[‡] 그 외에도 보는 사람마다 본인이 느끼기에도 빠질 만한 미색이라고 다 인정하고 얘기하죠.

이다지 이 시대에는 아들을 낳는 게 가장 중요하잖아요. 열흘 만에 사망하기는 하지만, 장희빈은 경종을 낳고 2년 만에 또 아들을 낳습니다.

그날 성격은 간사하고 악독하다고 되어 있네요.

이다지 그런데 그건 너무 주관적인 내용이죠.

> [†] "신이 삼가 깊이 우려하는 것은, 장씨의 일은 전하께서 그 미색 때문이며, 전하가 장씨를 봉한 것은 그를 총애하기 때문이니, 오늘날 신민들의 근심이 이보다 더 큰 것이 어디에 있겠습니까?"
> ―『숙종실록』 12년(1686) 12월 14일
>
> [‡] "신의 생각으로서는 후궁으로서 가까이 사랑할 사람이 간혹 있을 수도 있겠으나 진실로 관어(貫魚)를 순서대로 할 수 있게 하여 종사(螽斯)의 경사가 있게 하고 미색에 마음이 현혹될 근심과 치우치게 사랑에 빠져 은총을 열어 준다는 비난을 없게 한다면, 이것이 성덕에 무슨 결점이 되겠기에 반드시 그 일을 숨겨야 하겠습니까?"
> ―『숙종실록』 12년(1686) 9월 13일

장희빈의 출궁

신병주 "간사하고 악독하다."라고 쿡 찍어서 말한 사람은 숙종의 어머니인 명성왕후입니다. 명성왕후가 장희빈을 보고는 "쟤는 간사하고 악독하다."라고 하면서 결국 쫓아 보내거든요.[†]

그날 아, 소박을 맞아요?

신병주 그렇죠. 소박을 맞죠.

그날 마음도 예쁘고 외모도 예쁘기는 참 어려운가 봐요. 장희빈이 경국지색[4]이라고 했잖아요. 숙종의 어머니는 아들이 미색에 너무 빠져서 나랏일을 그르칠까 봐 경고하는 의미에서 저렇게 얘기한 것 같다는 생각도 들어요.

신병주 이때는 당파적인 입장도 대단히 중요한데, 명성왕후도 서인의 핵심 가문 출신이거든요. 그러니까 인현왕후는 자신과 같은 당파의 괜찮은 규수인데 장희빈은 요즘 식으로 표현하면 근본도 없는 규수라는 점이 못마땅했던 거죠.

이윤석 요즘 연속극을 보면 이미 집안에서 맺어 놨는데 남자가 이상한 여자 데리고 들어올 때 남자의 어머니가 "어디서 근본도 없는 것이!"라고 얘기하잖아요. 그런 느낌인데요.

> † 명성왕후가 말하기를, "내전이 그 사람을 아직 보지 못하였기 때문이오. 그 사람이 매우 간사하고 악독하고, 주상이 평일에도 희로의 감정이 느닷없이 일어나시는데, 만약 꾐을 받게 되면 국가의 화가 됨은 말로 다할 수 없을 것이니, 내전은 후일에도 마땅히 나의 말을 생각해야 할 것이오." 하였다.
> ─『숙종실록』 12년(1686) 12월 10일

장희빈의 배경

그날 장희빈의 집안 사정은 어땠어요?

노대환 어떤 책에는 장희빈이 마치 종의 딸인 것처럼 묘사되기도 하는데, 실제로는 장희빈의 아버지와 할아버지 모두 유명한 역관입니다. 역관이라고 하면 대표적으로 떠오르는 인물이 변승업인데, 친척 관계로 연결되어 있고요. 당대에 매우 유명한 역관 가문의 딸이죠.

신병주 그중에서도 오촌 당숙인 장현이라는 인물이 장희빈의 후견인 역할을 했어요. 역관이라고 하면 통역이 물론 주 임무지만, 실제로는 무역 활동도 해서 자금도 상당히 많이 챙겼습니다.

노대환 기록을 보면 "역관 장현은 국중 거부라."라고 되어 있습니다.†

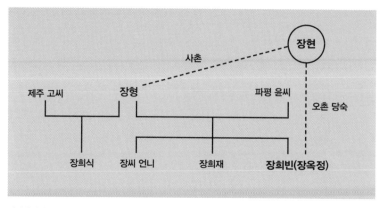

장희빈 가계도

나라의 대단히 큰 부자라는 얘기인데, 지금으로 따지면 수백억 원 이상을 가진 자산가였을 거라고 짐작됩니다.

이다지 재벌집 조카딸 같은 느낌이죠.

이윤석 갑자기 매력이 확 느껴지는데요. 장희빈이 괜찮은 여자네요.

그날 집에 돈도 많고요.

> † 역관 장현은 국중(國中)의 거부로서 복창군(福昌君) 이정과 복선군(福善君) 이남의 심복이 되었다가 경신년의 옥사에 형을 받고 멀리 유배되었는데, 장씨는 곧 장현의 종질녀이다. 나인으로 뽑혀 궁중에 들어왔는데 자못 얼굴이 아름다웠다.
> ─『숙종실록』 12년(1686) 12월 10일

조선 시대 갑부, 역관

그날 장희빈이 이렇게 역사서에 기록이 남을 만큼 든든한 재력가의 집안을 뒷배로 두었다는 건데, 역관이라는 사람들이 어떤 일을 해서 그렇게 재산을 막대하게 모았는지 궁금하네요. 지금이라도 세무조사 한번 들어가 볼까요? 정승혜 교수님께 여쭈어 보겠습니다.

정승혜   당시에 역관이 어떻게 그 많은 돈을 벌 수 있었는지 한번 알아보 겠습니다. 통신사 행렬에는 수행원이 많이 보이는데요, 이 가운 데에서 훈도와 통사라는 사람들이 바로 역관입니다. 사대부들 이 외국어를 잘 못하니까 조선 후기가 되면 역관들이 외교 활동 에서 매우 중요한 임무를 맡습니다. 특히 사행단에 참여할 때는 국가에서 몇 달 걸리는 국제 여행의 경비를 직접 지급하는 대신 인삼을 무역할 수 있는 권리를 줍니다. 그리고 그 무역을 주관한 사람이 바로 역관이었습니다. 그래서 수행원들도 일정한 양의 인삼을 가지고 가는데, 혹시 팔포 무역이라고 들어 보셨습니까?

그날   팔포 무역이요?

정승혜   예. 한 사람에게 허용된 무역량이 팔포[5]입니다. 즉 80근이 되죠. 쌀 2000석 정도를 살 수 있는 큰돈이었습니다.

그날   그러니까 역관들에게 사무역권이 주어지면서 무역 거상들이 비 로소 생겨나기 시작한 건가요?

정승혜   중국으로 가는 역관들은 우리나라 특산물을 가져다 팔고, 그렇 게 얻은 이득으로 중국에서 비단이라든가 문방구, 가죽 등을 구 입해 왔는데, 대부분을 일본과의 무역 창구였던 왜관에 넘겼습 니다. 당시 청나라는 일본과 모든 교류를 단절하고 있었기 때문 에 그런 외교 상황 속에서 역관들이 중계무역을 하면서 많은 이 익을 챙겼던 것 같습니다.

이윤석   역관이 큰돈을 벌 수 있다는 것을 알게 되면 많이들 역관이 되고 싶어 했을 것 같거든요. 어떻게 해야 역관이 될 수 있나요?

정승혜   역관이 되려면 역관을 양성하는 기관인 사역원에 입학해야 했습 니다. 대체로 10대나 그 이하의 연령으로 나이를 제한했고요. 사역 원에 들어간다고 전부 역관이 되는 건 아니었습니다. 국가고시라 고 할 수 있는 역과를 거치거나 아니면 취재를 통해서 정식 역관

에도 성으로 들어가는 조선 통신사

역관들이 중계무역으로 얻은 차익

으로 임명되었습니다. 역관 자리에는 부와 명예가 따랐으므로 역관 집안에서는 세습을 원했던 것 같습니다. 그래서 명문 역관 집안에서는 자손들에게 어릴 때부터 외국어 교육을 받게 했습니다.

그날 외국어 조기 교육 열풍이 옛날에도 있었군요. 그런데 이윤석 씨, 좀 아쉽게 되었어요. 10대 이하라네요. 나이 제한에 걸리잖아요. 이거 참 안타깝네요. 그럼 장현이라는 사람은 막대한 재산을 이런 식으로 모았던 거군요.

궁녀가 된 장옥정

그날 장현의 재산이 재벌급이라고 했잖아요. 장희빈은 재벌급 당숙이었던 장현의 보살핌으로 먹고사는 데 전혀 지장이 없었을 것 같은데, 궁녀의 길을 굳이 택한 이유가 뭘까요? 다들 아시다시피 궁녀가 행복하리라는 보장이 없잖아요.

노대환 재미있는 건 장현의 딸도 효종 때 궁녀로 들어갔다는 거죠. 자신의 딸도 모자라 조카딸까지 궁녀로 들여보낸 것을 보면 분명히 어떤 의도가 있을 텐데, 과연 그 의도가 무엇일까요? 당시에 장 현은 남인과 정치적으로 굉장히 깊은 연관을 맺고 있던 사람입 니다. 1680년에 남인의 실세였던 영의정 허적의 서자인 허견이 반란을 도모한 게 문제되어서 남인 세력이 완전히 쑥대밭이 되 는데, 그때 장현의 집안도 당연히 같이 문제가 되어서 굉장히 큰 어려움을 겪죠.

그날 그러니까 돈은 있는데 세력 다툼에서 밀려났다는 거네요. 거기 서 정경 유착의 음모가 생기는 거고요. 미인계네요. 장희빈은 남 인이 세력을 얻기 위해서 심어 둔 어떤 끈 같다는 느낌이 나네 요. 그러면 숙종과 장희빈은 언제 처음 만난 거예요?

노대환 숙종과 장희빈이 정확히 언제 만났는지를 보여 주는 기록은 없 습니다. 첫 번째 왕비였던 인경왕후는 성격이 굉장히 엄격했다 고 해요. 그래서 인경왕후 때는 숙종이 감히 여자들에게 접근을 잘 못했다고 하죠. 그런데 인경왕후가 1680년에 세상을 일찍 떠 나고 다음 왕비인 인현왕후가 들어오기까지는 약간 공백이 있습 니다. 아마 그사이에 만났던 게 아닐까 생각합니다.

그날 그런데 저는 대비인 명성왕후가 장희빈을 한 번 쫓아냈다는 건 새롭게 알았어요. 궁이라는 데가 쉽게 들어갔다 나갔다 하기가 어려운 곳일 텐데, 어떻게 쫓겨났다가 다시 들어오죠?

이다지 명성왕후가 사망한 뒤에 다시 들어오게 됩니다. 그런데 이게 좀 극적인 게, 숙종이 장희빈을 너무 잊지 못하니까 인현왕후가 장 희빈을 들여왔다고 해요.

그날 인현왕후가 직접요? 이건 또 무슨 드라마예요? 왜 그런 짓을 했 을까요?

신병주 성품이 어질고 착하다고 그랬잖아요.

그날 생이별한 후에 다시 만났으니까 얼마나 돈독하고 애틋했겠어요.

숙종의 총애를 받은 장희빈

그날　숙종이 중궁전에는 안 가고 취선당만 찾아다녔다는 얘기가 있잖아요.

노대환　그래서 당시 서인도 희빈 장씨에 관해서 이야기할 때 매우 민감하게 받아들이죠. '남인이 준동해서 자신들 서인이 어떻게 될지 모른다.'라거나 '정국에 어떤 풍파가 불지도 모른다.' 같은 우려를 하고 있었던 거죠. 이징명이라는 사람이 숙종에게 상소를 올려서 이야기할 때 여색에 빠지지 마시라고 충고하면서 "희빈 장씨는 복선군에게 빌붙었던 자의 친척으로 가까이 두면 사태를 헤아릴 수 없다."라고 말합니다.†

이다지　그런데 일개 궁녀가 총애를 받는다고 해서 이렇게 사람들이 들고 일어나고 상소하는 것도 아주 황당한 일 같거든요. 이런 논란이 장희빈뿐이잖아요. 그러니까 애초에 서인이 장희빈을 숙종의 후궁이 아니라 남인의 대표 주자로, 즉 선봉으로 보았던 거죠.

신병주　장옥정, 즉 장희빈을 쫓아낼 것을 강하게 상소한 이징명을 숙종이 파직해요. 이것은 숙종의 마음이 그만큼 장희빈에게 기울었음을 보여 주는 대목이죠. 1686년에는 장희빈을 종4품 숙원에 봉하고 노비 100구까지 하사하면서 자신이 장희빈을 확실하게 후원한다는 것을 보입니다.

그날　그럼 서인으로서는 매우 긴장했겠네요.

신병주　그렇죠. 그리고 이 과정에서 장희빈이 한발짝 앞서 나가게 된 계기가 바로 경종의 출산이죠. 딸의 출산 소식을 들으면 어머니로서는 당연히 가 보고 싶잖아요. 그래서 장희빈의 어머니 윤씨가 장희빈을 찾아가는데 문제는 옥교6라는, 사방에 칸막이가 있고 지붕이 있는 가마를 타고 가요. 그런데 이 옥교는 정3품 이상의 여인들만 탈 수 있는 것이라 사헌부 관리들이 지적합니다. 그러니까 숙종이 "그거 너무 심하게 한다. 왜, 딸이 출산해서 워낙 기쁘다 보면 그 정도 타고 올 수도 있는 거지."라는 식으로 오히려 사헌부 관리들에게 벌을 주면서 얼마나 혹독하게 다뤘는지 사헌부 관리들이 죽어 버려요. 장희빈의 어머니가 법을 어기는 것은 전혀 문제없다는 식으로 대처한 것을 보면 그 당시에 숙종이 장희빈의 출산을 얼마나 기쁘게 생각했는지 알 수 있죠.

그날   자기 마누라가 예쁘면 처갓집 말뚝에 절한다고, 숙종 이 사람 곧 있으면 처갓집 말뚝에 절할 것 같은데요.

류근   이미 절하고 있는 거예요. 그런데 저는 '당한 신하들은 너무 억울하지 않나?' 하는 생각이 드네요. 법대로 한 거잖아요.

노대환 그 뒤에 나올 사태에 비하면 그야말로 새 발의 피라고 할 수 있습니다. 숙종이 신하들을 다 소집합니다. 그리고 대뜸 하는 얘기가 낳은 지 두 달밖에 안 된 경종을 원자로 삼겠다고 얘기합니다. 원자로 정한다는 것은 적장자로 만든다는 거죠.

신병주 그래서 이때 서인 쪽에서 인현왕후가 아직 스물두 살밖에 안 되었으니까 춘추가 한창이라서 시기상조라는 논리로 반대하는데, 이를 반박하는 숙종의 논리는 "내가 7년 살아 봐서 안다."라는 거예요.

그날   아니, 그렇게 뜸하게 갔으니까 그런 것일 텐데 말이죠.

신병주 "인현왕후는 회임할 가능성이 없다. 그렇기 때문에 경종을 원자로 확실히 삼아야 한다."라며 숙종이 강하게 밀어붙이니까 신하들도 상당히 힘들어하죠.

그날   숙종이 무슨 일을 할 때마다 나름대로 근거는 항상 대거든요. 이번에는 어떤 근거를 댔습니까?

노대환 "빨리 원자가 정해져야 국가가 안정된다."라는, 그야말로 하나의 명분에 지나지 않는 이야기를 하면서 강하게 밀어붙여서 결국은 경종을 원자로 만듭니다. 그리고 얼마 있다가 경종을 세자로 바로 책봉하고 희빈 장씨는 최고 품계인 정1품에 올리죠.

이다지 추진력 하나만큼은 대단하네요.

이윤석 조선 불도저네요. 정1품이면 굉장히 높은 거 아닙니까?

신병주 그렇죠. 영의정급이죠.

그날 장희빈이 후궁으로서는 최고의 자리까지 갔고, 사랑하는 희빈의 소생을 원자로 정했으니 숙종은 결국 자기 뜻대로 한 거네요.

노대환 이렇게 되니까 서인이 가만히 있을 턱이 없죠. 서인의 맹장인 인물이 있잖아요.

그날 송시열이군요.

신병주 송시열도 진짜 성격 강하죠.

노대환 송시열이 상소를 올리는데, 중국 송나라 때 신종[7]이라는 황제가 아들인 철종이 태어나고 나서 한 10년 정도 있다가 후사로 삼았던 고사를 대면서 너무 성급하다고 하니까 숙종이 격노합니다.[‡] "나 보고 10년을 기다리라는 얘기냐. 나 보고 죽을 때 유언으로나 원자를 정하라는 말이냐." 그러면서 송시열의 관직을 삭탈하고 가까이 있는 것도 싫었던 건지 제주도까지 유배를 보냅니다.

그날 이 정도 되면 서인을 내치겠다는 의지가 있는 거예요.

신병주 이때 숙종도 나름대로 대단히 논리적이에요. "명나라 때는 넉 달만에 책봉한 예도 있다."라고 하거든요. 결국 송시열의 처벌을 기회로 삼아서 김익훈과 홍치상 등 서인 핵심 세력들을 대거 유배하는데, 상당수는 나중에 처형을 당합니다. 결국 삭탈관직[8]과 파직 등을 포함하면 거의 100여 명의 서인이 일망타진을 당합니다. 이 사건이 경종이 태어난 다음 해인 1689년 기사년에 일어났다고 해서 기사환국으로 부르고요. 서인 정권에서 남인 정권으로 교체된 거죠.

그날　숙종으로서는 '서인을 어떻게 견제할까?' 하고 딱 겨누고 있었
　　　는데 이때 바로 송시열의 상소가 들어오니까 참 좋은 기회가 되
　　　었던 것 같아요.

이윤석　결국은 숙종이 원하는 대로 모든 일은 해결되었습니다. 왕권에
　　　대항했던 서인도 견제했고 아들도 위치를 확고히 했고 또 사랑
　　　하는 희빈도 영의정급으로 승진시켰어요. 이렇게 되면 인현왕후
　　　는 이제 어떻게 되는 건지요?

그날　숙종이 한 구을 단행하면서 쐐기를 아주 박는, 파격적인 주치를
　　　취합니다.

> † "외간에 전해진 말을 들으니, 궁인으로서 은총을 받는 자가 많은데, 그중의
> 한 사람이 역관 장현의 근족(近族)이라고 합니다. 만일 외간의 말이 다 거짓이
> 라면 다행이겠습니다마는 만약 비슷한 것이 있다면, 신은 종묘사직의 존망이
> 여기에 매여 있지 않으리라고 기필하지 못하겠습니다. 대개 상처를 받는 길이
> 많아지고 나면 병을 조심하려는 뜻이 늦추어지기 쉽고, 말을 받아들이는 계제
> 가 바르지 않으면 참소의 길이 쉽게 열리는 법입니다. 이것이 어찌 성명(聖明)께
> 서 절실히 경계하고 두려워하셔야 할 바가 아니겠습니까? 더구나 장현의 부자
> 는 일찍이 정·이남에게 빌붙은 자이겠습니까? 그의 마음가짐이나 하는 일들이
> 국인(國人)에게 의심을 받아온 지가 오랩니다. 이제 만약 그들의 근족을 가까이
> 하여 좌우에 둔다면 앞으로의 걱정은 이루 말할 수 없게 될 것입니다. 예로부터
> 국가의 화란이 다 여총(女寵)으로 말미암고, 여총의 화근은 대개 이러한 사람에
> 게서 나왔습니다. 전하의 명성(明聖)으로 어찌 알지 못할 바가 있겠습니까마는,
> 신은 바라건대, 성상께서 장녀(張女)를 내쫓아서 맑고 밝은 정치에 누를 끼치지
> 말게 하소서."
> ―『숙종실록』12년(1686) 7월 6일

> ‡ "철종은 열 살인데도, 번왕의 지위에 있다가 신종이 병이 들자 비로소 책봉하
> 여 태자로 삼았습니다. 당시에는 가왕(嘉王)·기왕(岐王) 두 왕의 혐핍(嫌逼)이
> 있었는데도 이와 같이 천천히 한 것은, 제왕의 큰 거조(擧措)는 항상 여유 있게
> 천천히 하는 것을 귀하게 여기기 때문입니다. 하물며 지금은 혐핍의 염려가 있
> 지도 않음이겠습니까?"
> ―『숙종실록』15년(1689) 2월 1일

인현왕후가 폐출되고 희빈 장씨가 중전이 되다

숙종을 두고 갈등해야 했던 두 여인,
인현왕후와 장희빈.

장희빈을 선택한 숙종,

"중궁 인현왕후는 투기가 심하여
반드시 종사에 화를 미칠 것이다.
하루도 국모 노릇을 할 수 없겠으므로
폐출하라고 명하는 바이다."

"희빈 장씨는 인효공검하여
덕이 후궁에 드러나
일국의 모의가 될 만하니
왕비로 삼도록 명한다."

두 여인의 운명이 일순간에 바뀌었다.

창덕궁 대조전

장옥정, 중전이 되다

그날 마침내 장희빈이 숙종의 세 번째 왕비가 됩니다.

신병주 조선 후기에 들어 숙종은 창덕궁에 거처했는데 왕의 침전이 대
      조전입니다. 이 대조전의 주인공이 인현왕후에서 장희빈으로 바
      뀌는 순간이죠. 장희빈은 궁녀 출신으로는 거의 유일하게 대조
      전의 주인공이 된 사례를 만들었습니다.

그날 저런 시대에 중전 교체라니, 조선 시대를 통틀어서도 대단히 드
      물었던 일 아닙니까?

이다지 후궁을 아무리 총애한다고 하더라도 중전을 내치는 일은 없었거
      든요.

그날 근데 인현왕후를 내치는 이유 중 하나가 꿈을 핑계 삼아 투기했
      다는 겁니다. 인현왕후가 꿈에서 선왕을 봤는데, 선왕이 말하길
      "장희빈은 아들도 없고 복도 없으니 궁에 두면 해가 될 거다."라
      는 얘기를 했다고 합니다.†

류근 아니, 부부끼리 자다가 잠꼬대도 하고 꿈 얘기도 하고 사는 건

데, 그걸 기억하고 있다가 그걸 핑계 삼아서 본부인을 내치는 건
좀 곤란하지 않아요?

노대환 사실 이 꿈 얘기 말고는 인현왕후를 내칠 명분이 아무것도 없거
든요. 인현왕후가 잘못한 게 하나도 없으니까요. 그런데 묘하게
도 경종이 태어나니까 "봐라. 아들이 없을 거라고 했는데 아들이
태어나지 않았느냐. 이건 일종의 저주고 음모다."라는 명분을 통
해 인현왕후를 폐출하는 단서를 마련한 거죠.

이다지 어떻게 보면 엄청난 무리수를 둔 것 같아요.

그날 남인도 중전 폐출에 선뜻 동의하기는 어려웠을 것 같아요. 명분
이 참 치졸하니까요.

신병주 그렇죠. 남인도 대 놓고 동조할 수도 없는 처지였고, 서인 내에
서는 젊은 세력들, 소론이라고 하는데 이 소론의 상당수가 강력
히 저항합니다. 박태보와 오두인 같은 사람들이 주도해서 여든
여섯 명이 연명으로 상소를 올려서 요즘 표현으로 하면 "조강지
처를 폐출할 순 없다."라고 주장합니다. 특히 "숙종의 어머니 명
성왕후가 인현왕후를 예뻐했고, 인현왕후는 명성왕후가 돌아가
셨을 때 삼년상을 지낸 사람이다. 이런 왕비를 쫓아내는 건 절대
안 된다."라는 식으로 상소해서 인현왕후의 공을 상기하게 하니
까 숙종이 화냅니다. "내가 죄 없는 사람을 쫓아내는 거라면 내
가 죄가 있는 거네? 그럼 날 폐위해라."‡ 이런 식으로 대응하는
겁니다.

이윤석 제일 할 말이 없을 때 하는 거거든요. "그럼 이거 내가 나쁜 놈이
네." 숙종이 워낙 다혈질이라 반대하는 상소를 읽다가 찢어 버리
기도 하고, 나중에는 국청[9]을 열어서라도 중전 폐출을 밀어붙이
겠다는 식으로까지 한 거죠.

노대환 숙종이 박태보와 오두인을 직접 불러서 얼마나 모질게 고문을

감고당 폐위된 인현왕후가 머물렀던 곳으로, 안국동에 있던 것을 경기도 여주로 옮겨 복원했다.

가하느냐면 압슬[10]이라고 해서 무릎이 으스러질 정도로 누르는 형벌을 가한 다음에 거꾸로 매달고 불로 지지거든요. 온몸을 지져서 더는 지질 곳이 없을 정도가 됐다고 하는데, 유배를 가다가 두 사람 다 사망합니다. 이 정도까지 심하게 고문하는 걸 보면 그만큼 본인의 왕권을 과시하고 싶은 의도가 대단히 강했을 것 같고요.

그날 근데 인현왕후는 이런 걸 보면서 그 심정이 어땠을까요?

이다지 진짜 가혹한 게 폐출을 하겠다고 한 날이 인현왕후의 생일이었거든요. 인현왕후를 위해서 만들어 놓은 음식을 모두 뜰에다 버리라 하고 신하들 불러서 일방적으로 폐출을 공포해 버린 거예요. 너무 비참하고 참담했겠죠. 그런 상황에서 인현왕후는 자신의 사가인 안국동의 친정집으로 거처를 옮깁니다.

그날 연산군의 어머니인 폐비 윤씨도 생일 바로 다음 날에 쫓겨나지 않았나요? 하필이면 왜 생일을 골라서 이러는지 알 수 없네요.

인현왕후와 장희빈 두 사람의 운명이 극과 극으로 바뀌었는데, 이렇게 되면 장씨 집안도 이후엔 굉장히 승승장구했겠네요?

노대환 당연합니다. 3대를 증직[11]하는데, 아버지는 영의정, 증조할아버지는 좌의정, 할아버지는 우의정, 이렇게 3대를 영의정, 좌의정, 우의정으로 증직한 건 유례를 찾아볼 수 없죠. 오빠인 장희재까지 오군영[12] 가운데 하나인 총융청[13]의 장으로 만들고요. 어디 내놔도 손색없는 최고 가문으로 올라갔다고 볼 수 있습니다.

---

† "투기하는 것 외에도 별도로 간특한 계획을 꾸며, 스스로 선왕·선후의 하교를 지어내어서 공공연히 나에게 큰소리로 떠들기를, '숙원은 전생에 짐승의 몸이었는데, 주상께서 쏘아 죽이셨으므로, 묵은 원한을 갚고자 하여 이 세상에 태어났습니다. 그래서 경신년 역옥(逆獄) 후에 불령(不逞)한 무리와 서로 결탁하였던 것이며, 화는 장차 헤아리지 못할 것입니다. 또 팔자에 본디 아들이 없으니, 주상이 하셔도 노고하셔도 공이 없을 것이며, 내전에는 자손이 많을 것이니, 장차 선묘(宣廟) 때와 다름이 없을 것입니다.'라고 하였으니, 이는 비록 삼척동자라도 반드시 듣고 믿지 아니할 것이다."
— 『숙종실록』 15년(1689) 5월 2일

‡ "비망기의 내용은 전혀 살펴 유념하지 않고서, 기필코 부인을 위하여 절의를 세우기 위해 도리어 내가 참언을 들어주어 무죄한 사람을 폐출하려 한다고 하니, 과연 이럴 수가 있는가? 차라리 나를 폐위하는 것이 낫지 않겠는가?"
— 『숙종실록』 15년(1689) 4월 25일

장희빈의 투기와 방자한 행동

중전이 된 희빈 장씨는
체통에 걸맞지 않게 투기를 부렸다.

그러던 어느 날 숙종은
우연히 무수리 최씨를 눈여겨보고
이 사실을 안 희빈은 최씨를 불러다 매질한다.

그날 이후 숙종의 승은을 입고 후궁이 된 최씨.
투기에 눈먼 희빈은 최씨를 독살하려 한다.

모든 사실을 안 숙종의 마음은
희빈에게서 돌아서기 시작한다.

숙종의 변심

그날   장희빈이라고 하면 간사하고 악독한 이미지를 떠올리잖아요. 국
　　　 모의 모습으로는 아주 불충하네요.

노대환   서인의 기록이 대부분이기 때문에 과장된 측면은 있을 것 같은
　　　 데, 중요한 건 숙종의 마음이 움직였다는 거죠. 인현왕후의 오빠
　　　 인 민진원이 쓴 『단암만록』[14]이라는 글에 보면 숙종이 인현왕후
　　　 를 내친 것을 후회하는 장면이 나옵니다. "주상은 자못 후회하면
　　　 서 매번 한가하게 혼자 앉아 있을 때면 문득 길게 한숨을 쉬면서
　　　 탄식하거나 우두커니 서서 서쪽 인현왕후가 있는 안국동을 바라
　　　 보면서 흐느꼈다."

이다지   정확히 안국동이군요.

노대환   네. 안국동을 보면서 흐느꼈죠.

그날   이런 식으로 마음이 확 변하는 걸 보면 숙종의 마음도 참 대단하
　　　 네요. 인현왕후는 사가에서 몇 년을 머문 거예요?

신병주   1689년 기사환국이 일어난 후에 폐출되고, 1694년 갑술환국 다
　　　 음에 복위하니까 5년을 보낸 거죠.

그날   굉장히 속앓이했을 것 같아요. 성종 때 폐비 윤씨는 결국 사약을
　　　 받잖아요. 선례가 있으므로 폐비가 된 다음에 몹시 불안했을 것
　　　 같아요. 목숨 자체를 잃을 수도 있겠다고 생각했을 것 같고요.

이윤석   물론 그럴 수도 있었겠지만, 어떻게 보면 '숙종을 겪어 봐서 알
　　　 지 않았을까?' 하는 생각도 들어요. '예전에 장희빈도 쫓겨 갔다
　　　 돌아왔고, 남인도 쫓겨 갔다 돌아왔고, 서인도 쫓겨 갔다 돌아왔
　　　 으니까 나도 한번 기다려 볼까?' 이런 생각도 하지 않았을까요?

신병주   부정론보다는 그게 더 좋겠네요. 5년 정도 만에 정국이 바뀌니까
　　　 '나도 희망이 있다.'라고 생각하는 쪽으로 말이죠. 역시 긍정론
　　　 으로 나가는 게 좋을 것 같아요.

청암사 보광전 청암사는 폐위된 인현왕후가 3년간 머물렀다고 전해지며, 보광전은 인현왕후의 복위를 기원하며 지어진 것으로 전해진다. 경상북도 김천시 소재.

그날   숙종의 성격을 아니까요. 그래서 그랬는지 모르겠지만, 인현왕 후가 사가로 폐출된 다음에 백성들 사이에서 이런 노래가 유행 했다고 해요. "미나리는 사철이요, 장다리는 한철일세." 다들 짐 작하시겠지만, 여기서 말하는 미나리는 인현왕후 민씨고 장다리 는 희빈 장씨 아닙니까? 당시의 민심이 이렇기도 했겠지만, '서 인이 염원을 담아서 일부러 유포한 게 아닌가?' 하는 생각이 들 기도 합니다.

숙종의 새로운 여인, 숙빈 최씨

그날   장희빈이 독살하려고 했던 숙빈 최씨가 영조의 생모 맞죠?

신병주   그렇죠. 숙종 시대라고 하면 항상 여인 천하 이미지를 떠올리는 이유 중 하나가 인현왕후와 장희빈 외에도 제3의 여인이 등장해 서입니다. 바로 숙빈 최씨인데, 숙빈 최씨는 장희빈이나 인현왕

연도	약력
1670	출생
1674	부모님 사망
1676	궁녀로 입궁
1693	종4품 숙원(첫아들 영수 출산)
1694	종2품 숙의(영조 출산)
1695	종1품 귀인
1699	정1품 숙빈

숙빈 최씨의 약력

후에 비해서 기록이 별로 없고 최근에 와서 「동이」라는 드라마를 통해 좀 더 알려지기 시작했죠.

노대환 숙빈 최씨도 희빈 장씨보다는 극적이지는 않지만, 일곱 살에 궁에 들어가서 궁에서 17년을 지내다가 숙종을 만나고, 나중에 영조가 되는 아이를 낳아서 후궁에까지 오르는, 대단히 입지전적인 인물이라고 볼 수 있습니다.

이다지 숙종이 숙빈 최씨를 엄청나게 사랑했던 걸 알 수 있는 게, 숙빈 최씨가 1693년 10월에 아들을 낳았는데 그 이듬해에 아들을 또 낳아요. 정말 가까이 두고 사랑한 거죠. 그런데 장희빈은 이제 나이가 들기도 하고, 정말 속이 끓었을 것 같아요.

그날 숙종이 다른 기록도 많지만, 자신과 관련된 세 명의 여인을 모두 드라마 주인공으로 등극시킨 기록을 세운 겁니다.

신병주 인현왕후와 장희빈, 숙빈 최씨까지 세 명이죠.

그날 숙종과 숙빈 최씨는 실제로 어떻게 만나게 돼요?

이다지   야사에 따르면, 숙종이 촛불이 켜진 무수리방에 들어가 봤는데, 갓 스물이 넘은 무수리가 폐위된 인현왕후를 위해서 기원을 드리는 걸 보고 반했다고 기록되어 있어요.

이윤석   제 생각에는 '뭔가 의도가 있는 접근이 아니었나?' 하는 생각이 들어요. 드라마 같은 것을 보면 너무 자주 만나거든요. 그러고 나서 꼭 왕이 "고개를 들라." 해서 쓱 들면 "헉." 할 정도로 정말 예쁜 거죠. 도대체 궁녀라는 자리가 뭐길래 임금의 눈에 띄려면 협잡이나 술수를 써야만 하나요? 음모를 꾸미거나 안달하는 이미지가 너무 많아요.

조선 시대 전문직 여성, 궁녀

그날   저희가 궁녀의 모습을 잘못 아는 것도 있을 텐데, 왕과 왕비의 손발이 돼서 움직였던 궁녀들의 진짜 모습을 만나보겠습니다. 김종성 선생님, 먼저 궁녀라는 명칭에 관해서 여쭤볼게요. 궁녀라는 말도 있고 나인이라는 말도 있고, 다양하게 부르는데 어떻게 다른 거죠?

김종성   네, 법전상의 명칭은 궁녀입니다. 궁인은 말 그대로 궁에 사는 사람이라는 뜻인데, 궁녀를 가리킬 때 쓰는 표현이었죠. 그다음에 나인은 한자로는 내인으로 썼습니다. 내명부에 속한 여인들을 가리키는 표현이었죠. 그리고 항아라고 부르기도 하는데, 항아는 달에 사는 선녀거든요. 즉 항아라는 표현은 다분히 궁녀가 궁녀라는 직업에 긍지를 품게 하는 호칭이었습니다. 왜냐하면 궁녀라는 직업이 힘들거든요. 평생을 노동해야 하고 결혼은 금지여서 이성을 사귀면 기본이 참수형이기 때문입니다. 그 외에 홍수라는 표현은 붉을 홍(紅) 자와 소매 수(袖) 자를 써서 붉은 소매라는 뜻인데, 고대에는 미인을 가리키는 표현으로 쓰였습니다. 역시 궁녀 직업에 긍지를 품게 하기 위한 좋은 의미의 호칭이었죠.

이다지 근데 궁녀가 되면 장희빈이나 숙빈 최씨처럼 후궁이 될 기회라고 생각해서 입궁한 사람들은 없었나요?

김종성 궁녀는 왕을 거의 만날 수 없었습니다. 궁궐 안에서는 궁녀의 행동반경이 자기 처소라든지 근무지 내 정도로 제한되어 있거든요. 평생 가도 왕을 못 보는 궁녀도 많았다고 하고요. 왕이 궁녀의 눈길을 받으면 그 궁녀는 그다음 날 사라지는 경우도 많았다는 게 옛날 기록에 보이고요.

그날 드라마에 나오는 숙빈 최씨처럼 비 오는데 처마 밑에 우두커니 서 있다가 지나가던 왕이랑 마주치는 건 상당히 어려운 거죠?

김종성 네, 거의 불가능하죠.

그날 지금 보면 다들 어린 나이에 입궐한 걸로 되어 있거든요. 궁녀를 뽑을 때 나이 제한 같은 게 따로 정해져 있었던 건가요?

김종성 보통 네 살에서 열 살 내외에 입궁했습니다. 평균 나이로는 일고여덟 살 정도에 입궁했고요. 배치되는 부서로는 지밀, 수방, 침방, 소주방 등이 있습니다. 지밀에는 왕족의 시녀들이 있고요, 수방은 수놓는 방, 침방은 바느질하는 방, 소주방은 술이 아니라 식사를 준비하는 방이고. 주로 이런 곳에 근무했는데, 궁 안을 보면 궁녀 외에도 궁녀와 직무는 비슷한데 궁녀가 아닌 사람들이 있었습니다. 비자는 궁에서 심부름하는 사람들인데, 그중에서 가장 대표적인 게 글월 비자라고 해서 까만 옷을 입고 궁 밖으로 서신을 전달하는, 지금의 우편집배원 역할을 하는 비자가 있었고요. 그다음에 궁중의 병원인 내의원에 속해서 주로 내의원의 의원을 보좌하거나 궁에 있는 왕실 여인 환자들을 치료할 때 동원된 의녀들이 있었죠.

그날 　아무래도 왕실에서 일하는 사람을 뽑는 일이다 보니까, 선발할 때 좀 더 신중했을 것 같아요.

김종성 　네, 그렇죠. 몇 가지 기준이 있는데, 그중 하나가 처녀여야만 궁녀가 될 수 있다는 것이었습니다. 그래서 어떻게 심사했느냐면 앵무새의 피를 뽑아서 궁녀 후보자의 팔목에 놓습니다. 놓은 다음에 그 피가 가만히 있으면 처녀로 인정하고, 흘러내리면 처녀가 아닌 걸로 인정했다고 합니다.

그날 　과학적인 근거가 있는 거예요?

류근 　지성 피부면 정말 불리했겠어요.

그날 　그렇지요. 유분이 많은 피부는 핏방울이 또르르 흘러내렸을 거고, 건조하면 쏙 스며들었을 테니까요. 그때의 법이었다니까 할 말은 없지만 말이죠.

이다지 　제가 조선 시대 여자로 태어난다면 아무리 혜택이 있어도 궁에 들어갈 것 같진 않아요. 왕의 눈에 한번 들지 못하면 정말 외롭게 한평생을 사는 거잖아요.

그날 　일단 가면 밥은 먹고살잖아요.

이다지 　그러네요. 굶기는 싫어요.

당의 대리자였던 왕의 여인들

그날 　남인이 장희빈을 끌어들인 것처럼 서인 역시 새로운 대안으로 숙빈 최씨를 끌어들인 것 같다는 생각이 들어요. 숙빈 최씨나 장희빈을 어떤 꼭두각시처럼 내세우고 뒤에서는 정치 세력들이 배후에서 조종하는 느낌인데요.

신병주 　그래서 1689년에 기사환국으로 권력을 잡은 남인이 자신들의 정권을 확고하게 다지고자 궁리하던 차에 정말 엄청난 고변 사건이 포착됩니다. 서인의 명문가 자제들이 인현왕후의 복위를 도모한다는 정보를 입수한 거죠. 그래서 남인은 이것을 기회로 서인을 완전히 일망타진해 버리겠다고 계획합니다. 그런데 역고변이 올라오면서 문제가 생기죠. 이때 중심인물이 바로 숙빈 최씨입니다. "장희빈의 오빠인 장희재가 중심이 돼서 숙빈 최씨를 독살하려 한다."라는 내용이었고요. 이렇게 두 개의 고변이 들어오니까 숙종이 어떤 선택을 하느냐가 아주 중요하게 된 거죠.

그날 이거 진짜 각본 없는 드라마가 아니고 누군가 작정하고 쓰지 않으면 안 되는 치밀한 드라마입니다. 그럼 이때 숙종의 선택은 무엇인가요?

노대환 숙종이 여자를 선택하면 그 여자만 선택하는 것으로 끝나는 게 아닙니다. 그 여자와 함께하는 당을 선택하는 셈인데, 이때는 숙빈 최씨의 손을 들어 주거든요. 다시 말해 당을 또 바꾼 겁니다. 그래서 이것을 계기로 결국은 남인이 밀려나고 다시 서인이 들어오죠.

그날 그래서 인현왕후를 불러들이잖아요.

복위된 인현왕후

신병주 다시 남인을 치고 서인을 복귀시킨 건데, 인현왕후는 서인의 대표 주자니까 맞물려 돌아가는 거죠.

노대환 숙종이 별궁을 지으라고 지시하고 인현왕후를 다시 불러들입니다. 그런데 인현왕후를 폐위했을 때는 "인현왕후를 폐위하는 것에 관해서 문제를 제기하는 자는 내가 가만히 두지 않겠다."라고 엄포를 놓은 적이 있는데, 이번에는 거꾸로 "인현왕후를 데려오는 것에 관해서 문제를 제기하는 자는 내가 가만두지 않겠다."라고 합니다.

이다지 말하면서 약간 창피할 것 같아요

그날 진짜요. 낮이 있다면 창피해하겠죠. 그럼 또 인현왕후는 오란다고 그냥 오나요?

이윤석 그때 두 사람 사이에 오간 편지를 제가 한번 준비해 봤거든요.

그날 이윤석 씨가 숙종 역할이신 건가요?

이윤석 예, 이 안에 숙종 있습니다. 이다지 선생님이 인현왕후고요.

신병주 조선 왕 중에 최초로 안경을 낀 왕이 숙종이에요. 마침 이윤석 씨도 안경을 쓰셨네요.

이윤석 "중전 보시오, 처음에는 권간[15]에게 조롱당해 잘못 처벌하였으나 곧 깨달아서 그대의 억울한 마음을 알 것 같으오. 때론 꿈에 만나면 그대가 내 옷을 잡고 비 오듯 눈물을 흘리오."

류근 가증스러운데요.

이윤석 "왕이 얘기하는데 무엄하다!"

이다지 "첩의 죄는 죽어 마땅한데 목숨을 보전한 것은 성은에서 나왔사옵니다. 천만뜻밖의 옥찰이 내려지니 감격의 눈물만 흘릴 뿐 다시 무슨 말씀을 하오리까."

이윤석 "내가 답찰을 보니 기쁘고 위로되는 것이 후련하여 열 번이나 펴 보고 절로 눈물이 흐르는 것을 막지 못하였소." 추신, "몇 글자로 회답해 주오."

이다지 "옥교, 의대,[16] 의장[17]이 분수에 넘치옵니다."

이윤석 "어허! 다시 번거롭게 하는구려. 반드시 사양하지 말고, 오늘 들어오시오."

그날 거의 숙종에 빙의하셨어요.

이윤석 숙종 편지를 보면 아시겠지만, 사랑할 때는 정말 또 화끈하게 하네요.

그날 화끈하네요. 저는 거기서 좀 웃음이 터졌어요. "빨리 몇 글자로 회답해 주오." 그러면 결국 옥교를 타고 금의환궁하는 건가요?

신병주 이때는 숙종이 인현왕후가 의대를 입지 않고 옥교를 타지 않으
면 상궁들을 벌주겠다고 나옵니다. 연대 책임을 묻겠다고 나오
니까 인현왕후도 옥교를 타고 의장을 갖추고 그야말로 금의환궁
하죠.

그날 숙종이 뜨겁게 반겨 줬어요?

노대환 달려 나가서 가마의 문을 열고 반겨 주죠.†

이다지 가마의 문을 열고 말이죠.

그날 의전상 어려운 일인데 말이죠. 이쯤 되면 장희빈도 인현왕후의
심정을 좀 이해하겠죠.

노대환 결국 인현왕후가 다시 들어오면서 희빈 장씨는 별당으로 쫓겨납
니다. 심지어 숙종은 장희빈의 옥새를 부수게 합니다. 그다음에
장희빈의 부모에게 내려 주었던 교지는 불태워 버리니 그야말로
하루아침에 비참한 처지로 빠지고 만 거죠.

그날 남의 눈에 피눈물 나게 하면 그대로 받는 거예요. 그게 인생의
진리예요.

이다지 평범한 집안에서도 정실부인을 들이거나 내치는 일이 정말 쉽지
가 않은 일인데, 한 나라의 국모를 폐위하고 복위하게 하는 일이
너무 무상하게 진행되네요.

그날 별당으로 쫓겨난 장희빈이 절치부심하고 독을 품지 않습니까?

† 임금이 먼저 경복당에 이르러 기다리니, 옥교가 이르렀다. 임금이 옥교 앞에
서서 궁인에게 명하여 발을 걷게 하니, 비가 옥교에서 나와 땅에 엎드려 사죄하
려 하였는데, 임금이 붙들어 일으키고 이어서 앞서 가서 경복당에 들어가니, 의
물(儀物)과 제구(諸具)가 다 상례와 같았다. 임금이 비에게 자리에 오르도록 청
하니, 비가 자리를 피하여 죄를 빌었다.
—『숙종실록』 20년(1694) 4월 12일

장희빈의 다양한 저주

별당으로 쫓겨난 장희빈은
중전으로 복위하겠다는 의지를 불태우며
중전인 인현왕후를 저주했다.

몰래 신당을 차려
인현왕후가 죽기를 바라는 치성을 드렸고,
저주가 통하기라도 하듯
인현왕후는 이유 없는 병마에 시달린다.

희빈의 저주는 날이 갈수록 더 포악해졌다.

죽음의 그림자가 인현왕후에게 점점 드리워지고
숙종의 사랑과 중전의 자리를 되찾으려는
장희빈의 질투와 원망은 끝이 없었다.

창경궁 경춘전 인현왕후는 1701년 8월에 이곳에서 승하했다.

장희빈의 저주

그날 정말 괴기스럽기는 한데, 궁중 암투에서 저주가 빠지면 재미없 잖아요.

이윤석 물론 악독한 모습이지만, 한편으로는 조금 안쓰럽네요. 남자들 은 정치적으로, 권력적으로 부딪치면 되는데, 여자들은 할 수 있 는 일이 아예 없으니까요. 할 수 있는 게 저주 정도밖에는 없죠. 근데 이 저주라는 게 효험이 있는지 의문도 들고요.

신병주 장희빈의 저주는 효험이 있었다고 봐야죠. 왜냐하면 인현왕후가 장희빈 저주 사건에 즈음해서 상당히 오랫동안 투병 생활을 해 요. 한 17개월 정도 투병 생활을 하고 마지막에 사망할 때는 허 리와 다리의 피부가 온전한 곳이 없었다고 합니다. 종기 같은 걸 로 온몸이 상처투성이였던 거죠.

그날 장희빈의 저주와 인현왕후의 투병이 공교롭게 같은 시간대에 일어나긴 했지만, 관계가 있다고 할 수 있을까요?

신병주 사람들은 그렇게 믿었다는 게 중요합니다.

그날 인현왕후의 죽음으로 또 한 번 조정이 술렁거렸겠어요. 남인은 '장희빈이 다시 중궁으로 복귀할 수 있지 않을까?' 하고 생각했을 것 같은데요

이다지 그런 기대에 찬물을 끼얹는 사람이 숙빈 최씨입니다. 숙빈 최씨가 희빈의 행동들이 인현왕후의 죽음과 관련이 있다는 것을 숙종에게 모두 일러바치죠.†

신병주 또 이때 마침 희빈의 생일이어서 숙종이 장희빈의 처소를 찾았다가 저주와 관련된 물건들이 있으니까 직접 그것을 확인했다는 기록이 있습니다.

그날 아, 봤군요. 딱 걸린 거네요. 현행범이 되었네요.

이윤석 생일을 조심해야 합니다.

그날 생일에 모든 역사가 이루어지네요.

노대환 여기에 더해 숙종도 인현왕후가 아픈데 희빈 장씨가 문안하지 않았다든지, 인현왕후를 왕후로 칭하지 않고 민씨로 칭했다든지 하는 죄목까지 걸어서 희빈 장씨가 빠져나올 수 없는 궁지로 밀어 넣죠.

그날 진짜 기고만장하기는 했나 봐요. 민씨로 부른 건 대단한데요.

---

† "숙빈 최씨가 평상시에 왕비가 베푼 은혜를 추모하여, 통곡하는 마음을 이기지 못하고 임금에게 몰래 고하였다."
— 『숙종실록』 27년(1701) 9월 23일

장희빈 사사

숙종은 끝내 장희빈을 사사하라는 어명을 내렸다.
장희빈은 혼자서는 죽지 않겠다며 사약을 거부한다.

분노한 숙종은 직접 취선당으로 향하고,
죄를 뉘우치지 않는 장희빈에게 실망하며
자신이 보는 앞에서 강제로 사약을 마시게 한다.

일개 궁녀에서
한때 왕비의 지위에까지 올랐던 장희빈.

43년의 파란만장했던 삶을
아들의 품에서 마감하고야 만다.

장희빈의 죽음

그날   장희빈이 사약을 마시는 드라마의 장면을 떠올리는 것만으로도 가슴이 턱 막힙니다.

이윤석   장희빈이 나오는 드라마에서 사약을 마시는 장면은 점점 더 세지는 것 같아요. 아마도 더 세게, 더 자극적으로 보여 주어야 하는 방송사 사정 때문인 것 같고요. 이전 드라마에서는 맨 처음에는 숟가락으로 억지로 입을 벌려서 먹이는 정도였고, 그걸 보고 나서 다른 방송국 드라마에서는 "어, 이것 봐라? 그러면 우리는 세 사발 먹여야지."라고 해서 사약을 세 번 먹게 하고 끝까지 갔으니까 더는 보여 줄 게 없잖아요. 그래서 최근 드라마에서는 문틀을 뜯어내서 가슴을 누르면서 양옆의 지렛대로 입을 벌리게 한 거죠.

그날   여기까지만 하고 더는 하면 안 될 것 같아요. 이런 장면들이 역사 기록에는 없는 것 아닐까요?

신병주   그렇죠. 사약을 내린 부분도 약간은 애매하게 처리되어 있어요. 숙종이 처음에는 자진할 것을 명합니다. 그런데 장희빈 쪽에서는 계속 순순히 자진하려고 하지 않았고, 신하들도 특히 반대합니다. "세자인, 앞으로 왕이 될 경종의 어머니인데 죽게 하면 안 됩니다." 이러니까 숙종이 "자진을 안 하면 사약을 내리는 수밖에 없다."라고 하고요. 결국은 "자진케 하였다."라는 정도로 마무리를 지어서 구체적으로 어떤 방식으로 최후를 맞이했는지는 공식 기록인 『실록』이나 『승정원일기』에는 나오지 않아요.† 그리고 숙종이 장희빈에게 느끼는 분노가 얼마나 컸던지 "앞으로는 후궁 출신은 절대로 왕비에 오르지 못하게 하라."라고 해서 아예 후궁 출신은 왕비가 될 수 없게 됩니다.

그날   요즘으로 치면 장희빈법이 만들어진 거네요. 근데 세자의 어머니잖아요. 굳이 죽였어야 했나요?

이윤석 물론 인현왕후가 저주를 받아서 죽은 건 아니겠지만, 저주한 것은 사실이라고 하니 살인미수 정도로 봐야 하는 건 아닌가요?

류근 장희빈이라면 정말 억울했을 것 같은 게, 장희빈만 다른 사람을 저주한 게 아니에요. 궁궐 안에서 종종 있었던 이야기거든요.

그날 제가 저주라는 단어로 『실록』을 검색해 봤더니 세 명의 사례가 나오더라고요. 인조의 후궁이었던 귀인 조씨, 성종의 후궁이자 연산군의 어머니였던 폐비 윤씨, 그리고 마지막 한 명이 중종의 후궁이었던 경빈 박씨입니다.

이다지 경빈 박씨만 폐서인이 되고 나머지 두 명은 저주에 관해서는 처벌을 받지 않았다고 합니다.

신병주 류근 시인의 논리가 어느 정도는 맞네요.

그날 한때 총애했던 여인이고 세자의 어머니이기도 한데 '사약까지 먹었어야 했나?' 하는 아쉬움이 있어요.

노대환 정치적인 의도가 있다고 봐야 하겠죠. 실제로 인현왕후가 사망했을 때부터 남인 사이에서는 희빈 장씨를 복위시키려는 시도가 나타나거든요. 그런데 숙종은 여러 차례 환국을 통해서 이제 환국 정치를 하기가 더는 쉽지 않다는 생각을 했던 것 같습니다. 게다가 왕권은 이미 어느 정도 안정되어 있으니, 장희빈이 살아 있으면 언제든지 당쟁의 씨앗이 될 수 있기 때문에 과감하게 장희빈을 쳐냈다고 볼 수 있을 것 같습니다

신병주 조선 후기에 치열하게 전개된 당쟁의 시대에 남인의 대표 주자로 활동하다가 사약을 받은 거라고 볼 수 있죠.

† 임금이 하교하기를, "장씨가 이미 자진하였으니, 해조(該曹)로 하여금 상장(喪葬)의 제수(祭需)를 참작하여 거행하도록 하라." 하였다.
— 『숙종실록』 27년(1701) 10월 10일

환국 정치의 의의

그날 근데 환국 정치란 걸 어떻게 봐야 할까요? 당시 상황으로서는 어쩔 수 없었던 걸까요?

신병주 서인은 남인에게 잠시 뺏긴 권력을 되찾기 위해 절치부심하고, 남인 역시 서인에게 뺏긴 권력을 되찾으려고 하는 과정에서 당파 이익을 위해 인현왕후든 장희빈이든 숙빈 최씨든 이용하고 이용당하는 거죠. 환국 정치라는 것 자체가 이런 상황에서 초래됐기 때문에 가장 중요한 점, 즉 정권이 교체되었을 때 일반 백성들이 얼마나 혜택을 받았는지, 나라에는 얼마나 도움이 되었는지를 기준으로 본다면 숙종 때 환국 정치는 오히려 부정적인 면이 많다고 볼 수 있습니다.

노대환 환국으로 이익을 보는 사람이 누군지 생각하면 수혜자는 숙종밖에 없죠. 권력도 얻고 여자도 얻고 아들도 얻고, 얻을 수 있는 모든 것을 얻었으니까요. 반면에 신하들은 주기적으로 일망타진되고, 숙종의 여인들은 불행해지는 걸 보면 환국의 핵심은 왕권을 강화하려는 숙종의 의지였습니다. 숙종 자신만 원하는 걸 얻은 거죠.

그날 단순히 어떤 여인들 간의 갈등이나 남녀 간의 사랑 같은 게 아니었어요. 숙종은 정치적 난맥을 타개하기 위해서 환국 정치를 했고, 그러한 상황 속에서 두 여인은 당쟁의 희생양이 된 거예요. 결말이 씁쓸하네요. 다음에는 숙종의 뒤를 잇는 장희빈의 아들 경종의 이야기를 나누어 보겠습니다.

장희빈의 아들
경종,
왕이 되다

조선의 제20대 왕 경종에게는 연상되는 이미지가 별로 없다. 그러나 경종이 장희빈의 아들이라고 하면 사약을 받은 장희빈의 아들이 어떻게 왕이 되었는지 궁금해하면서 관심을 보인다. 그만큼 경종은 '장희빈의 아들'이라는 굴레 속에서 살았던 왕이다. 특히 왕으로 즉위하는 과정에서 경종은 어머니의 그늘 때문에 많은 우여곡절을 겪었고, 즉위한 후에는 노론과 소론의 격심한 당쟁이라는 파도를 헤쳐 나가야 했다.

장희빈이 경종을 낳았을 당시 정계는 서인에서 갈라진 노론과 소론이 주도하고 있었다. 숙종은 양 당파의 대립을 예의 주시하면서 어느 당파의 일방적인 정치적 우위를 용납하지 않았다. 이미 세 차례 환국을 통해 서인과 남인의 권력 다툼을 적절히 활용한 바 있는 숙종은 자신의 치세 후반기에는 당파 간의 정치적 보복과 희생이 더는 없어야겠다는 마음을 굳혔다. 따라서 세자인 경종의 입지도 무난해 보였다.

그런데 인현왕후가 복위되고, 장희빈이 폐출되면서 숙종의 태도에 변화가 왔다. 장희빈에 대한 증오심이 세자에 대한 불신으로 이어진 것이다. 여기에 더하여 장희빈이 인현왕후를 저주한 사건을 계기로 사약을 받자 경종의 입지는 불안해졌다. 장희빈을 축출한 노론 세력은 경종을 대신할 새로운 카드로 숙종의 후궁인 숙빈 최씨 소생의 왕자 연잉군(영조)을 지지했다. 그러나 소론 또한 만만치 않았다. 이들은 세자의 보호를 강력히 주장했고 경종의 왕위 계승에 힘을 실어 주었다. 노론과 소론의 정치적 대립 속에서 숙종 사후인 1720년 6월, 경종은 어렵게 왕위에 오를 수 있었다. 1690년, 세 살의 나이로 세자의 자리에 오른 이래 30년 가까이 힘겨운 세자 생활을 하면서 '최장기 세자'의 기록을 세운 상황에서였다.

어렵게 왕위에 오른 경종에게 노론은 반드시 넘어야 할 벽이었다. 노론은 연잉군이 왕세제로 책봉되자 연잉군의 대리청정까지 요구하고 나섰다. 경종을 조기에 퇴진시키고 자신들이 지지하는 왕세제를 확고한 왕으로 만들기 위한 시도였다. 경종은 소론이 반대하는데도 왕세제의 대리청정을 허락하였지만, 연잉군도 이것만은 받아들일 수 없었다. 연잉군은 거듭 사양하였고, 불과 10여 일 사이에 대리청정의 명령은 수차례 번복되었다. 그만큼 후계자 문제를 둘러싼 노론과 소론의 힘겨루기는 치열했다.

한편 정치적 열세에 몰렸던 소론 세력도 서서히 반격의 고삐를 쥐기 시작했다. 소론 강경파의 선두에 선 인물은 김일경이었다. 김일경은 세제의 대리청정을 제기한 노론의 핵심 사대신의 불경과 불충의 죄를 부각하면서 공격했다. 1722년 3월에는 김일경의 사주를 받은 목호룡이 사대신과 노론의 명문자제들이 경종을 제거하려 했다는 고변서를 올렸고, 노론은 완전히 세력을 잃었다. 경종의 재위 기간인 신축년(1721년)과 임인년(1722년)에 노론의 핵심 인물이 대거 처형당한 이 사건을 신임옥사라 하는데, 신임옥사는 경종이 결코 허약한 왕이 아니었음을 보여 준다.

1724년 8월, 경종은 창경궁 환취정에서 서른일곱 살의 나이로 자식 하나 두지 못하고 사망하였다. 노론과 소론의 치열한 당쟁 속에 젊은 나이로 사망한 까닭에 경종의 죽음에도 독살 의혹이 제기되었다. 특히 연잉군이 보낸 게장과 생감을 먹고 경종의 상태가 급격히 나빠진 점, 연잉군이 어의의 말을 무시한 채 인삼과 부자를 처방한 점 등을 독살설과 연관시키기도 한다. 그러나 경종은 세자 시절부터 지병을 달고 살았고, 숙종의 시탕(侍湯)을 4~5년간 든 것도 몸을 쇠약하게 했다. 왕이 된 후 당쟁의 소용돌이 속에서 정신적·육체적으로 편안한 시간을 갖지 못한 점도 건강을 악화시킨 것으로 보인다.

장희빈의 아들 경종, 왕이 되다

1720년, 숙종이 죽고 아들 경종이 왕위에 오른다.

친어머니인 장희빈의 죽음을
열네 살의 나이에 지켜봐야 했던 경종.

인현왕후를 저주했다는 이유로
어머니는 죄인이 됐다.

어머니를 살려 달라고 애원했지만,
아버지 숙종은 끝내 어머니에게 사약을 내렸다.

어머니가 없는 세상에서
불행한 날들을 보냈던 경종.

죄인 장희빈의 아들,
경종이 드디어 왕위에 오른 것이다.

경종 태실 충청북도 유형문화재 제6호.

경종을 아시나요?

최원정 　숙종의 뒤를 이어서 경종이 조선의 제20대 왕이 되었는데, 솔직히 경종이라고 하면 조금 존재감이 없지 않나요?

최태성 　그렇죠. 학교에서도 경종에 관해 가르칠 기회가 거의 없어요. 숙종 다음에 영조와 정조를 설명하기에도 바쁘니까 바로 통과해 버리는, 존재감이 거의 없는 왕이죠.

류근 　제가 어릴 때 시골 살지 않았습니까? 그런데 친구들과 늘 놀러 다니고, 소풍 가고 했던 데가 경종의 태를 묻었던 태실이었어요. 거기가 어디냐면 충청북도 충주시 엄정면 괴동리 마을 뒷산입니다. 어려서 그렇게 놀아서 그런지 모르겠지만, 경종이라고 하면 왠지 고향 어르신 같고 고향 형님 같아요. 정서적 연대감이랄까, 유대감이랄까, 그런 게 좀 있습니다.

이윤석   저도 경종이라고 하면 뭔가 동질감 같은 게 좀 있어요. 예능 프
         로그램에서 제가 약간 경종 느낌이 나는 캐릭터로 나오거든요.

그날   존재감이 없는 캐릭터군요.

이윤석   항상 그냥 쓱 지나가요. "저 사람이 분명히 나왔는데 뭘 했지?"
         그런데 경종도 역사책에서 보면 분명히 나오는데 뭘 했는지 모
         르겠어요.

그날   그렇게 자학하는 말은 하지 마세요. 안타까워지잖아요. 오늘 좀
         슬픈데요. 이윤석 씨 얘기 듣고 나서 마음이 대단히 무거워졌습
         니다. 경종의 어머니가 장희빈이잖아요. 사약을 마시고 죽은 일
         종의 죄인인데, 조선이라고 하면 정통성과 윤리를 많이 따지는
         국가잖아요. 그런데 죄인의 아들이 왕이 될 수 있는 건가요?

김문식   숙종에게는 왕비가 세 사람이 있는데 후손이 전혀 없죠. 그리고
         왕비까지 올라간 적이 있는 희빈 장씨가 경종을 낳았습니다. 또
         한 숙빈 최씨가 낳은 연잉군, 그다음에 명빈 박씨가 낳은 연령군
         이라는 동생이 있어요. 그래서 아들이 총 세 명이거든요. 그런데
         경종은 장희빈이 사망하는 시점에 이미 인현왕후의 아들로 되어
         있었습니다. 그러니까 왕위 계승에는 문제가 없었죠.

그날   이런 예가 전혀 없었던 것도 아닌 게, 연산군도 어머니가 폐비
         윤씨 아닙니까?

신병주   그런데 폐비 윤씨는 연산군이 여덟 살 때 죽어서 연산군은 그 상
         황을 알지도 못했어요. 나중에 왕이 되고 나서 알았다는 것이 정
         설입니다. 반면에 경종은 어머니가 사약을 마시고 몸부림치면서
         죽는 현장에 있었는데, 그때 나이가 감수성이 가장 예민한 열네
         살이었죠.

최태성   실제로 『승정원일기』를 보면 숙종이 장희빈에게 자진(自盡)하라
         는 명령을 내린 뒤부터 경종이 잠도 못 자고 구르고 괴로워하는

모습이 기록되어 있는데, 며칠이 지나서 증상이 좀 완화되는 모습이 나와요. 그 이유가 뭐냐면, 어머니 장희빈이 죽지 않았고, 신하들도 자기편을 들어 주는 것 같으니까 어머니가 살 수 있을 것이라는 기대가 있었던 것 같아요. 그러나 어머니가 결국 죽게 되자 홍반이라는, 몸에 열꽃이 나는 증상이 나타나기도 합니다.

그날 마음이 참 아파요. 어머니가 질환이나 사고로 죽은 게 아니라 아버지에 의해서 죽은 거잖아요. 그러니 아버지를 향한 분노도 있을 테고 엄마 잃은 슬픔도 겹쳐져서 힘들었을 것 같아요.

최태성 이런 상황 속에서 경종이 과연 어떻게 성장했을지 걱정됩니다.

그날 왕세자 시절의 경종을 향한 조정의 시선도 그렇게 곱지는 않았다면서요?

김문식 그렇죠. 앞서 갑술환국이 일어나면서 남인은 정계에서 완전히 제외됩니다. 그리고 정권을 장악한 서인은 노론과 소론으로 나뉜 상황인데, 실제로는 대부분이 노론 계통이고 미약한 소론 쪽이 그나마 세자를 지지하는 상황이었어요. 그러니까 당시로써는 세자가 정치적으로도 어떻게 할 수 있는 상황이 전혀 아니죠.

조선 붕당 강의

그날 노론과 소론 얘기가 자꾸 나오는데, 이 부분이 중요해요. 꼭 알고 넘어가야 이 시대를 이해하기 쉬울 텐데, 그 실체를 해부해 보겠습니다.

최태성 조선이 건국되고 난 뒤인 15세기를 이끌었던 세력이 훈구파였죠. 이 훈구파가 16세기에 사림에 의해서 물러납니다. 그리고 사림은 인사권을 놓고 동인과 서인으로 분당되는데, 이후 정여립 모반 사건과 정철의 건저의[1] 같은 사건이 일어나면서 동인이 정권을 잡습니다. 그런데 동인도 서인을 어떻게 처리할 것이냐를

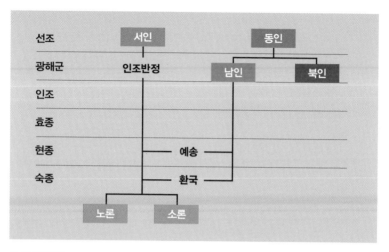

조선의 붕당 계보

놓고 강경파인 북인과 온건파인 남인으로 나뉩니다. 여러분도 잘 아시겠지만, 북인이 광해군과 연결되었잖아요. 그래서 광해군이 인조반정으로 실각하면서 북인도 몰락합니다. 이제 남은 건 남인과 서인이죠. 현종 때의 예송 논쟁과 숙종 때의 환국 정치를 거치면서 이 두 세력이 충돌하는데, 최종적인 승자는 바로 서인이었습니다. 마찬가지로 서인도 남인을 어떻게 처리할 것이냐에 따라서 강경파인 노론과 온건파인 소론으로 나뉘는데, 노론을 이끌던 대표적 인물이 바로 송시열이었고, 소론을 이끌던 인물이 윤증²이었습니다. 이후 이들은 왕위 계승과 관련해서 또다시 부딪히는데, 노론은 영조를 지지하고, 소론은 경종을 지지합니다.

경종의 세자 시절

내가 태어났을 때 아버지께서는
세상 그 누구보다 나의 탄생을 기뻐하셨다.

태어난 지 석 달 만에 나를 원자로 삼으시고
세 살 때 왕세자로 책봉할 만큼
아낌없는 사랑을 주셨다.

하지만 행복은 길지 않았다.

어머니는 죄인이 되어 죽음을 맞았고
난 그때 양자로서 인현왕후의 빈소를 지켜야 했다.

어머니께서 돌아가신 후
대신들은 내가 실수하기만을 바라고
내 입지는 점점 좁아졌다.

아버지조차 나보다는 동생들에게 애정을 쏟았다.
그렇게 난 혼자가 됐다.

경종이 여덟 살 때 쓴 글 민진원에게 하사한 것이다.

경종, 천덕꾸러기 되다

그날 　 짠하죠. 축복을 받는 몸에서 갑자기 천덕꾸러기 신세가 되었습
　　　 니다.

최태성 　 아시겠지만, 숙종이 세자를 얼마나 예뻐했어요? 태어나자마자
　　　 원자로 책봉했죠, 세 살이 되자 세자로 책봉했죠. 굉장히 파격적
　　　 인 거거든요.

김문식 　 『실록』을 보면 경종의 어린 시절이 굉장히 밝게 나와요. 여덟 살
　　　 때 쓴 글씨가 어린아이 솜씨로는 매우 좋아서 신하들이 서로 가
　　　 지고 가려고 다퉜다는 기록이 있을 정도고요.[†]

신병주 　 그렇죠. 아주 어릴 때 쓴 글자인데도 반듯반듯하죠. 경종이라고

하면 존재감이 없는 왕으로 생각하는데 경종에 관해 알고 나면 많은 사람이 놀랍니다. 당시에 경종이 양어머니인 인현왕후에 대해서도 효성스러웠다는 기록은 여러 자료에서 보입니다. 특히 『단암만록』이라는 기록은 노론 측 기록인데도 "세자는 천성이 지극히 효성스러워서 조석으로 내 곁을 떠나지 않았다."라고 하면서 "인현왕후 자신을 공경함이 사친, 즉 장희빈에게 하는 것보다도 더하였다."라는 표현까지 쓰거든요.

최태성　심성이 굉장히 고왔네요.

그날　그렇지요. 품성도 좋아요. 자기 엄마가 극도로 싫어하는 사람에게 어린아이가 잘하기 어렵잖아요. 그런데 숙종은 아무리 장희빈에 대한 분노가 심하다고 해도 그렇게 예뻐하던 자식인데, 갑자기 미워하거나 정을 뗄 수가 있는 겁니까?

류근　부모도 사람이다 보니까 자식이라고 해도 저게 원수인지 악마인지 모를 때가 있어요.

그날　그래요? 두 아드님이 미웠던 적이 있어요?

류근　애들이 빨리 컸으면 좋겠어요.

---

† "8세에 입학례를 행하였는데 주선(周旋)함이 절도에 맞았으며 강(講)하는 음성이 크고 맑아서 교문(橋門)을 에워싸고 듣는 인사들이 서로 경하하지 않는 이가 없었다. 이 해에 관례를 행하고 인하여 태묘를 배알하였으며, 두루 『효경』·『소학』·『삼강행실』 등의 여러 책을 강하였는데, 강관(講官)과 사부가 심화(心畫) 보기를 청하자 크게 '효제충신(孝悌忠信)·예의염치(禮義廉恥)·경이직내(敬以直內)·의이방외(義以方外)'의 열여섯 글자를 써서 보이니 필세(筆勢)가 뛰어나게 아름다워서 신료들이 서로 돌려가며 완상(翫賞)하였고, 이로부터 학문이 날로 더욱 진보되었으며, 서연에 나아가 의란(疑難)의 질문은 사람들의 뜻밖의 것이 많았다."
— 『경종실록』 경종 대왕 행장

엄마 없는 하늘 아래, 세자 경종

이윤석　숙종의 성격 탓도 좀 있는 것 같아요. 인현왕후를 내쳤다가 다시 들였다가, 장희빈에게 사랑을 듬뿍 줬다가 죽였다가, 그러다 나중에는 또 제3자인 숙빈 최씨에게 모든 걸 주는 식이잖아요.

그날　아, 변덕쟁이네요. 변덕이 정말 심해요. 세자의 행동이 자기의 뜻에 좀 어긋나거나 하면 숙종이 이렇게 말했대요. "봐라, 누구의 자식인데 그렇지 않겠냐?" 그런데 피는 못 속인다는 말은 참 그러네요.

이윤석　"거 봐, 장희빈 닮아서 그런 거 아니냐?"라는 건데 솔직히 그게 숙종 닮아서 그런 것일 수도 있는데 말이죠. 제가 장이 좀 약하거든요. 그래서 제 장이 매우 좋지 않으면 아버지께서 어머니께 뭐라고 하시는 거예요. "당신 닮아서 애가 장이 안 좋지 않으냐?" 그런데 아버지께서 설사를 많이 하시거든요. 그러니까 분명히 아버지를 닮은 건데 어머니 핑계를 자꾸 대시더라고요.

최태성　부정적인 말을 자꾸 학생들에게, 아이들에게 하면 학생과 아이들은 위축되거든요. 그런데 숙종이 경종에게 네가 네 엄마를 닮아서 그렇다는 얘기를 자꾸 하면 경종은 아주 위축될 수밖에 없습니다.

그날　정말 그게 얼마나 큰 콤플렉스겠어요? 아이에게는 낙인인 거잖아요. 너는 어떤 아이라고 계속 꾸짖는 건 말이죠.

신병주　아무래도 숙종으로서는 경종을 보면 폐위된 장희빈의 아들이라는 생각이 떠올랐을 겁니다. 그런데 숙종에게는 숙빈 최씨와의 사이에서 낳은 아들 연잉군, 그리고 명빈 박씨와의 사이에서 낳은 아들 연령군이 있어요. 그 당시로 보더라도 상당히 늦둥이거든요. 그러면 훨씬 더 귀엽잖아요. 그래서 숙종이 밑의 아들들에게 마음이 좀 더 갔겠죠.

그날	조금 큰 아들 같으면 "우리 아빠는 원래 저래." 하고 말겠지만, 그때 경종은 어렸잖아요. 경종은 아버지를 바라보는 마음이 어땠을까요?
류근	그냥 아버지가 아니고 자기 어머니를 죽게 한 아버지예요. 그런데 그런 아버지에게 끊임없이 복종해야 하고 더군다나 애정까지 갈구해야 하는 대단히 모순된 상황 아닙니까? 프로이트[3] 같은 사람이 이러한 상황을 알았다면 아마 '경종 콤플렉스'라는 심리학적·정신분석학적 용어를 만들어 냈을 것 같다는 생각마저 들어요.
최태성	경종이 정말 잘 클 수 있었을까요?
김문식	저는 매우 우울했을 것 같아요. 절대 카리스마인 아버지의 의사를 따라야 하고, 어머니가 돌아가신 게 슬프지만 대 놓고 표현할 수도 없죠. 그리고 거기에 호응해 주는 세력도 아주 미약한 상황이고요. 그러니까 자기 안으로 들어가지 않았을까 싶어요. '자기 의사를 잘 드러내지 않는 상태이지 않았을까?' 하고 생각되죠.
류근	이런 사람들이 원래 문학을 하는 건데 말이죠.
그날	그야말로 상처가 많은 사람이네요.
류근	그렇죠. 문학을 하는 사람들은 상처가 체질이 되는 거예요.
그날	시인 같은 거 하셨으면 잘하셨을 것 같아요. 그런데 경종 편이 너무 없는 것 같아요. 인현왕후가 그나마 예뻐했는데 돌아가신 것 같고, 그 뒤로 인원왕후가 왔잖아요. 인원왕후가 경종의 편을 들어주었으면 좀 나았을 것 같은데 말이죠.
신병주	그런데 인원왕후는 경주 김씨 출신으로 열여섯 살 때 마흔두 살인 숙종의 계비로 들어왔거든요. 그러다 보니까 이 어린 계비는 욕심을 낼 수도 있어요. 인원왕후가 아들을 출산하면 최고의 정통성을 지닌 대군이 태어나는 셈이니까 인원왕후가 들어옴으로

써 경종은 더 불안해지죠.

최태성 또 불안함이 추가되네요.

그날 이게 또 선례가 있거든요. 선조 때 나이 어린 인목왕후가 영창대군을 낳으니까 광해군의 세자 지위가 얼마나 흔들렸어요. 더군다나 선조가 영창대군만 또 그렇게 예뻐했잖아요. 지금 경종의 상황을 보면 고립무원이라는 생각이 들어요. 친어머니는 아버지가 죽였죠, 자신을 예뻐하던 양어머니는 돌아가셨죠, 또 새로 들어온 어머니는 내 편이 아니죠, 너무 혼자네요. 경종은 너무 혼자예요.

최태성 정말 어떻게 살았을까요?

그날 감정 이입이 되네요. 이 상황에서 도망가고 싶었을 것 같아요. 정말 만만치 않았을 텐데, 경종의 세자 생활이 꽤 길었죠?

신병주 세자 생활만 따지면 최장 기록입니다. 세 살 때 세자로 책봉되어서 30년 이상을 세자로 생활한 사람이 경종이에요. "나보다 세자 생활 길게 한 사람 있으면 나와 봐."라고 말할 수 있죠.

그날 없어요? 제일 오래 한 거예요?

류근 문종이 세자 생활을 29년 했잖아요.

그날 아, 문종보다 1년 더 많이 했군요.

신병주 그리고 또 중요한 것 중 하나가 어머니 장희빈이 죽었을 때가 1701년이라는 점입니다. 그때부터 치더라도 19년을 세자로 생활했으니 스트레스가 아주 많이 쌓였을 겁니다.

그날 엄마 없는 하늘 아래서 19년이나 버텼군요. 인고의 세월이었을 거예요. 자신의 어머니인 장희빈을 모두가 악녀라고 이야기하니까요.

최태성 저 같았으면 "저 그만하고 나갈래요." 하고 말했을 거예요.

그날 그렇지요. 저 같으면 손 털고 나갔을 텐데 말이죠.

최태성 예, 저는 도저히 못 하겠어요.

류근 지금 경종의 처지를 보면 밖에는 고양이가 돌아다니는데, 금붕어가 횟집 수족관 안에 들어가 있는 형국이에요. 안에 있어도 잡아먹힐 것 같고, 밖에 있어도 잡아먹힐 것 같은, 진짜 외로운 처지입니다.

신병주 경종이 아무리 존재감이 없다고 해도 너무 무엄하게 표현한 거 아닌가요?

류근 그래서 그냥 붕어라고 안 하고 '금' 자를 붙였잖아요.

최태성 경종이 정말 조심조심 살얼음판 위를 걷듯이 살았던 것 같아요. 말이 그렇게 없었대요.

그날 약간 실어증도 있었다고 들었는데 말이죠.

김문식 이런 표현이 있어요. 경종 행장에 보면 "평상시에 말씀과 웃음이 적어 사람들이 그 마음을 측량하지 못하였다."라고 나와 있어요. 왕이 된 이후의 모습인데, 세자 생활 30년 동안 워낙 단련되었으니 그렇겠죠. 그래서 자기 의사를 명확하게 표현하지 않는 거죠. 표현했다가 문제가 되면 자기가 손해를 볼 수가 있으니까요.

신병주 세자로서 약점을 잡히지 않으려고 처신하지 않았나 합니다.

대리청정, 위기냐? 기회냐?

그날 살얼음판 위를 걷는 기분이었을 텐데, 경종에게 또 한 번 대단히 큰 시련이 다가오잖아요.

김문식 정유독대를 얘기해야 할 것 같네요. 1717년 7월 19일입니다. 시간은 오후 2시에서 4시 사이고요. 이때 숙종이 노론의 대신인 이이명이라는 사람과 독대합니다. 독대라는 것은 왕과 신하가 일대일로 만나는 것이죠.

그날 그게 원래는 안 되는 거죠. 그 주변에 사관도 없었습니까?

김문식 예, 승지나 사관이 전혀 없었어요. 그러니까 독대해서 한 이야기
는 두 사람만 아는 거죠. 그러고 나서 숙종이 세자에게 대리청정
을 명한다고 발표합니다.

그날 참 이상하네요. 대리청정이라는 것은 워낙 무거운 사안이어서
원래는 공론화해 대신들과 논의해야 하지 않나요?

신병주 숙종이 경종을 별로 신임하지 않았는데, 갑자기 노론의 핵심 대
신을 만나고 나서는 대리청정을 시키니까 소론 쪽에서는 "이거
분명히 함정이 있을 거다."라는 태도로 나옵니다. 소론은 경종을
지지하니까 대리청정을 환영해야 하는데도 오히려 "왜 숙종이
이런 일을 하지?" 하면서 그 저의를 의심하기 시작한 거죠.

김문식 좋게 보면 대리청정이 국왕의 책무를 실습하는 거지만, 잘못하
면 세자가 바뀔 수 있는 위험한 상황을 불러올 수도 있거든요.

이윤석 노론은 그럴 수도 있어요. 마치 준비가 덜 된 곡예사에게 장대도
없이 외줄 타기를 하라고 시키는 형국이거든요. 밑에 안전그물
은 없고 더 밑에는 노론이라는 악어 떼가 쳐다보면서 떨어지면
잡아먹겠다고 하고 있고요. 그런데 노론에게는 그런 의도가 있
는 것 같지만, 그래도 숙종은 안 그랬을 거 같아요. '자기 아들인
데 설마 그런 걸 시험하려고 했을까?'라는 의구심이 좀 들어요.

류근 제가 「역사저널 그날」을 하면서 느끼는 건데, 왕은 말이죠, 아버
지가 아닌 것 같아요. 왕은 아버지이기 이전에 정치인입니다. 자
식보다는 권력과 피를 나눈 사람 같고요. 그래서 저는 '특히 숙
종이라면, 아니 숙종이니까 그럴 수 있지 않을까?'라고 생각합
니다.

김문식 사실 숙종은 대리청정을 시키는 이유가 있었어요. 그때 숙종의
눈병이 굉장히 심해서 글을 볼 수가 없는 상황이었거든요. 그래
서 그전부터 세자에게 대필시키는 사례가 자주 나타났는데, 이

제는 자신의 건강 때문에 대리청정을 시켜야겠다고 주장한 거죠. 그런데 노론은 그 외에 다른 이야기가 더 있었다고 주장합니다. 숙종이 당시 집권 세력인 노론에게 연잉군과 연령군을 잘 보살펴 달라고 부탁했고, 경종의 후사를 연잉군이 잇게 하라고 했다는 것인데, '경종의 후계자 이야기까지 나왔을까?'라는 의심은 들어요. 노론의 일방적인 주장만 있으니까요.

그날   무슨 녹취록이 있었던 것도 아니잖아요.

신병주   이런 비유도 할 수 있을 것 같은데, 지금도 보면 여야 영수가 회담하는데 서로 딴생각을 하면서 합의하잖아요. 이때 숙종이 상당히 고령이죠. 실제로도 3년 뒤에 사망하거든요. 그런 상황 속에서 세자에게 빨리 다음 왕으로서 수업을 받게 해야 하는데, 노론이 반대하는 걸 아니까 독대를 통해서 공식화하는 거죠. "그때 독대를 통해서 너희도 찬성하지 않았느냐?"라는 쪽으로 몰아가는 겁니다. 반대로 이이명은 독대를 마치고 나가서 '아, 이제 왕이 동의해 줬으니까 우리가 흔들기를 하면 되겠다.'라고 딴생각을 하는 겁니다. 그래서 어떤 측면에서 보면 영수 회담을 하기는 했는데 돌아서면서 다른 생각을 하는 상황인 거죠.

그날   동상이몽이 아니고 동대이몽이네요. 그렇다면 경종이 대리청정을 하면서도 얼마나 마음이 조마조마했겠어요. '떨어지면 안 된다, 떨어지면 안 된다.' 하면서 말이죠. 그런데 대리청정 성적은 어땠나요?

김문식   성적이 좋았죠. 경종의 일생을 기록한 행장 같은 걸 보면 경종이 대리청정할 때의 여러 가지 업적이 열거됩니다. 백성들을 위하고 세금을 감면해 주는 조치가 줄줄이 나오지요. 그러니까 정사를 매우 잘 처리했다는 것이고, 또 하나 중요한 것은 아버지인 숙종의 의사를 항상 고려하면서 정치했다는 겁니다.[†] 이런 것들이 숙종의 마음에 들었다고 보이고요.

그날 다시 말해 숙종 말년에 이루어진 숙종의 업적은 어찌 보면 경종의 업적일 수도 있는 거네요.

신병주 그런 측면을 보면 대리청정의 최종 승자는 아까 이윤석 씨의 비유에 따르면 무사히 외줄 타기에 성공한 경종이 되는 거죠.

> † 일을 당하면 모두 위에 품한 뒤에 행하시어 감히 마음대로 독단하지 않음을 보였다.
> ─ 『경종실록』 경종 대왕 행장

불행 끝, 행복 시작?

그날 경종이 기나긴 세자 시절을 잘 이겨내고 드디어 왕위에 오릅니다. 여러분이 만약에 이렇게 어려운 세자 시절을 겪고 나서 왕이 되었다면 제일 먼저 어떤 일을 하시겠어요? "나 이제 왕이야." 하는 마음으로 말이죠.

류근 저는 말이죠, 일단 밥을 많이 먹을 것 같아요.

그날 든든하게 말이죠.

류근 그게 아니고요. 그동안 눈칫밥을 먹었잖아요. 이제야말로 그냥 밥 한번 마음껏 먹고 싶을 것 같아요.

이윤석 저 같으면 말이죠, 지금 장대도 없이 줄을 다 탄 거잖아요? "아, 나는 이렇게 왕 훈련까지 시켜 준 너희 노론이 고맙다."라고 한 다음에 장대를 들고 "자, 이제 엎드려뻗쳐." 하고 왕권을 좀 휘두르는 거죠.

그날 이윤석 씨가 왕이 되면 피바람이 불 것으로 예상됩니다.

최태성 그런데 일반인들 시각에서 가장 상식적으로 봤을 때는 '자기 어머니의 명예를 회복하는 일을 제일 우선해야 하지 않을까?'라고 생각할 것 같습니다.

옥산부대빈묘 1722년(경종 2) 장희빈은 옥산부대빈으로 추존되었다.

그날　내 어머니가 그렇게 죽었는데 말이죠.

신병주　그렇죠. 마침 조중우라는 유생이 폐위된 희빈 장씨의 명호를 바로 회복해야 한다는 주장을 담은 상소문을 올려요. 그런데 오히려 "지금 숙종께서 돌아가신 지 한 달밖에 안 되었는데 이런 상소를 올리는 것은 문제가 아주 많다."라고 하면서 사헌부에서 문제를 제기해요. 그 당시에 사헌부가 다 노론이었거든요. 그러니까 경종이 "사헌부의 지적이 옳다. 조중우가 무리한 요구를 했다."라고 해서 결과적으로 조중우는 형장에서 맞아 죽습니다.

그날　마음은 그렇지 않았을 텐데 어쩔 수 없이 그랬겠네요.

이윤석　그러니까 "우리 엄마 욕한 사람 다 나와." 하고 때릴 줄 알았는데, "우리 엄마 편든 사람 나와." 하고 때리는 격이네요.

김문식　그 반대되는 사례가 있습니다. 그 사건이 있고 나서 얼마 후에 성균관의 장의인 윤지술이 상소를 올립니다. 장의는 요즘으로 치면 학생 대표인데, "숙종이 사망했을 때 숙종의 지문[4]을 지은 이이명이 지문에 장희빈의 잘못을 제대로 기록하지 않았으니까 고쳐야 한다."라는 내용의 상소를 올리죠.[†] 경종으로서는 엄청 나게 열 받을 일이었고요. 그래서 일단 경종이 윤지술을 유배 보 냅니다. 그러니까 사헌부에서 반대하는 상소가 올라오고 그다음 에 성균관 유생들이 권당[5]이라고 해서 수업을 거부합니다. 사부 학당[6] 유생들도 거부하죠. 이렇게 되니까 힘에 밀려서 결국에는 윤지술을 풀어 줍니다.

그날   경종이 마음에 반하는 일을 계속하네요. 숙종 같으면 환국이 일 어날 상황 아닙니까?

최태성   정말 가혹한 상황이네요.

김문식   그게 힘의 싸움이에요. 경종이 왕이 되었지만, 그 당시의 정치적 판세가 어떤지, 그러니까 왕이 자기의 생각대로 정국을 이끌고 갈 수 있는지가 문제인데, 경종 초년에는 그만큼 노론의 현실적 인 힘이 강했죠.

그날   그런데 저는 지금 감정이 너무 많이 이입되어서 그런지 참 답답 합니다. 일단 왕이 되었잖아요. 왕이 되었으면 노론을 몰아내고 정권을 교체해 버리면 되는 거 아닙니까?

김문식   오늘날의 생각으로는 그럴 수 있을 것 같은데, 조선 시대에는 그 게 쉽지가 않아요. 우선은 자기 세력을 확보해야 합니다. 그렇게 확 쓸어버리더라도, 적어도 그에 따른 반발로 본인이 쫓겨나지 않을 만큼의 힘은 있어야 하는 거죠. 그러니까 경종도 아마 때를 기다렸을 거예요. 자기 의사를 마음껏 펼칠 수 있는 때를 말이죠.

---

† "판부사(判府事) 이이명이 지어 올린 묘지명을 보니, 신사년의 일에 대해서는 빼버리고 쓰지 않았고 병신년의 일에 대해선 약간 그 말을 부드럽게 하여 시비 로 서로 혼동되게 하였습니다. 신은 놀랍고 슬픈 마음을 견딜 수가 없습니다." — 『경종수정실록』 즉위년(1720) 9월 7일

연잉군의 세제 책봉과 대리청정

1721년, 왕의 후사 문제로 조정이 시끄러워진다.

노론 측에서는 숙빈 최씨의 아들이자
경종의 이복동생인 연잉군을 후계자로 내세웠다.

당시 경종은 서른 중반의 나이인데도
보위를 이을 아들이 없던 상황.

결국 경종은 연잉군을 왕세제로 책봉한다.
하지만 그게 끝이 아니었다.

노론은 여세를 몰아
세제의 대리청정까지 요구하고 나선다.

이 모든 게 즉위 1년 만에 일어난 일.

노론의 대리청정 요구에
경종은 과연 어떤 결정을 내렸을까?

경종, 동생을 세제로 삼다

그날 왕이 즉위한 지 고작 1년밖에 지나지 않았는데 왕세제를 책봉하자는 이야기가 나왔어요. 노론이 미는 게 연잉군이고요.

최태성 연잉군은 숙빈 최씨의 아들로 훗날 제21대 임금이 되는 영조입니다. 노론의 주장을 보면 후계자가 없다고 하잖아요. 경종이 후사가 없다는 건데, 고개를 갸우뚱하게 하는 게 당시 경종의 나이가 서른넷이거든요. 그리고 경종의 왕비인 선의왕후가 열일곱 살이었습니다. 아이를 충분히 낳을 수 있는 나이라는 말이죠.

그날 일관성이 너무 없어 보이는 게, 경종을 원자로 책봉할 때는 반대하면서 인현왕후의 나이가 아직 스물두 살밖에 안 되었는데 너무 성급하다는 식으로 이야기했잖아요. 그런데 지금은 경종이 왕이 되고 나니까 왕비가 열일곱 살인데도 아이가 없다면서 후사가 급하다고 하네요. 조삼모사도 아니고, 열일곱 살이면 훨씬 더 어린 건데 말이죠.

김문식 왕세제로 책봉되면 청나라에 허락을 받는 절차가 있는데, 청나라 쪽에서도 이상하게 생각했어요. 30대 나이의 왕이 10대 후반 나이의 왕비가 있는데, 자식이 태어나기를 기다리지 않고 동생을 세제로 책봉한다니까 매우 의아해하죠. 그래서 허락해 주는데 조건을 답니다. "만약에 왕이 아들을 낳으면 다시 알려라."[†] 상황에 따라서는 바꿔 줄 수도 있다는 어감이 있는 말이죠.

류근 좀 민망한 얘기인데, 인터넷에 경종이라는 단어로 검색하면 연관 검색어로 '경종 고자'라는 게 떠요. 저는 이게 사자성어인 줄 알았거든요. 근데 이것에 얽힌 야사가 있습니다. 그래서 지금 보아하니 오랜만에 '카더라 통신' 한번 해야 할 것 같습니다. "류근의 '카더라 통신'입니다. 희빈 장씨가 사사될 때 왕가의 씨를 끊어야 한다며 자기 아들인 경종의 생식기를 잡아당겼습니다. 이

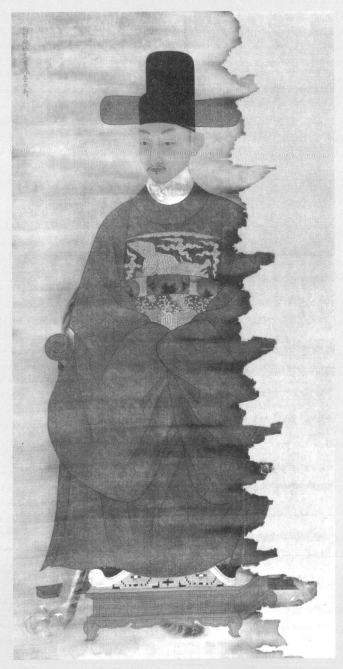

연잉군 초상 국립고궁박물관 소장.

로 말미암아 경종은 평생 생식 불능이 되었다는, 안타깝지만 믿거나 말거나 한 소식입니다. 이상 류근의 돌발 '카더라 통신'이었습니다."

그날   정말 돌발이에요. 누구도 시키지 않았는데 혼자 '카더라 통신'을 하고 계세요.

류근   근데 이게 어디에 기록된 얘기가 아닌데 정설처럼 굳어져 있잖아요.

신병주   그렇죠. 『실록』에서조차도 그런 부분은 자주 나와요. 이에 성색(聲色)이라든가 사냥, 화훼 같은 모든 것에서 보통의 왕들은 조금이라도 관심을 보였는데, 경종은 털끝만큼도 뜻을 빼앗긴 적이 없었다고 합니다.

그날   후사 문제는 왕실에서 굉장히 중요한 건데요.

김문식   중요하죠. 노론 측 기록이긴 합니다만, 경종의 왕비인 선의왕후가 종친의 아이 중에서 양자를 구하려고 했던 기록이 있어요. 그런데 경종에게 양자가 생기면 노론이 지지하는 연잉군에게 왕위가 이어질 기회가 없어지죠. 그래서 노론 쪽에서는 상당히 다급했던 것 같습니다.

신병주   소론에게 권력을 빼앗길 수도 있다는 위기감이 겹쳐지니까 본격적으로 인원왕후를 움직입니다.

> † "왕은 만일 상서로운 조짐이 있어 남아를 낳는 길몽을 얻거든 다시 주문(奏聞)하도록 하라."
> ─『경종수정실록』 2년(1722) 5월 7일

엄마 없는 경종의 설움

최태성   노론이 경종에게 가서 연잉군을 왕세제로 삼게 하고 인원왕후의 수결[9]까지 받아 오라고 압박하는 모습도 좀 짠해요. 경종이 좀 안됐다는 생각도 들고요. 어쨌든 결정적인 순간에 대비의 힘이 강하다는 생각이 들거든요. 우리가 예전에도 봤지만, 인조반정 때 반정군이 인목왕후에게 교서를 받기 위해서 허둥지둥하면서 움직이는 모습을 보이잖아요. 그때도 명분을 확보하기 위해서 그랬던 건데, 이때도 마찬가지로 인원왕후의 수결을 꼭 받아오라고 경종을 압박한 게 명분을 확보하기 위해서였다는 생각이 듭니다.

그날   그러니까 경종으로서는 새엄마와 모든 신하가 자신의 자리를 흔드는 셈이네요. 이 순간에는 죽은 어머니인 장희빈이 진짜 생각났을 것 같아요. 왕실에서 어머니는 그냥 어머니가 아니고 가장 강력한 정치적 후견인이자 후원자인 것 같아요.

최태성   정신적 지주인 거죠.

신병주   왕비일 때보다 오히려 대비일 때 훨씬 더 힘을 발휘한다는 게 조선 시대 왕비의 특징이에요.

이윤석   그래서 돌이킬 수 없지만, 장희빈을 죽이지 않고 유배 정도만 보냈으면, '엄마 없는 하늘 아래'가 아니고 '엄마 찾아 3만 리'가 됐으면, 경종에게는 조금 힘이 되지 않았을까요? 근데 죽여 버렸으니까 방법이 없는 거죠.

경종과 노론의 한판 승부, 대리청정

그날   후사를 정하는 문제는 대단히 민감한 문제잖아요. 정철은 광해군을 세자로 민다고 말 한마디 잘못 꺼냈다가 선조에게 숙청당했고요. 근데 노론은 왕세제 책봉에 이어서 대리청정까지 서슴지 않고 밀어붙이는 형국이잖아요. 경종을 얼마나 하찮고 우습게 봤으면 그랬을까요?

신병주   그렇죠. 훗날 영조도 사도세자에게 수시로 대리청정을 시키거든요. 그러면 신하들은 왕의 진심이 무엇인지 도대체 알 수가 없으니까 대단히 곤란해합니다. 그래서 대리청정은 어떤 측면에서는 거의 정치적 승부수를 걸어야 하는 민감한 문제입니다. 그런데 이때 노론이 연잉군의 대리청정을 강하게 주장한 것은 경종이 대리청정을 허락하고 싶지 않은 심정이더라도 자신들에게 경종을 누를 힘이 충분히 있다는 것을 철저하게 보여 주는 것이었죠.

그날 근데 조금 과한 느낌이 드는 게, 협박하는 느낌이 좀 들거든요. 왕을 무시하는 처사죠.

김문식 노론 측에서는 승부수를 던진 것으로 보이는데요, 이에 맞서 경종도 승부수를 던진 것 같아요. 노론 측에서 대리청정을 요구하니까 경종은 일단 대리 청정을 하라고 합니다. 근데 왕이 허락하더라도 형식상으로는 "대리청정은 아니 되옵니다."로 가는 게 정답이거든요. 그래서 노론도 일단은 왕이 아직 젊고 또 약을 드시면 얼마든지 나을 수 있는데 지금 무슨 대리청정이냐고 반대하지요. 그런 과정에서 경종이 상황을 보다가 신하들이 대리청정을 거세게 반대하고 나온 걸 보고 대리청정을 하라는 명령을 거둬들입니다. 상당히 긴장이 흐르죠.

경종, 불안한 모습의 군주

최태성 이 시기 노론 측의 기록을 보면, 왕에 관해서 "때때로 벽을 향하고 앉아 조그마한 소리로 중얼거려 다른 사람과 대화하는 것처럼 했으며"라는 묘사를 남겼어요.

그날 "약간 환자처럼 두발이 엉겨 붙어 먼지와 때로 꽉 차서 머리에 쓰는 관이 점점 커졌다." 도대체 왜 그런 걸까요?

최태성 이 정도면 거의 길거리 노숙자나 다름없는 모습을 보여 주는 건데, 노론 측에서는 "이러면 제정신이 아니다."라고 기록을 계속 남기거든요.

그날   이건 신빙성이 있는 기록인가요? 믿을 수 있는 기록인가요?

신병주   노론 측의 인사인 인현왕후의 오빠인 민진원이 쓴 『단암만록』의 기록을 보면 경종에 관해서 '정말 이 사람은 왕이 돼서는 안 된다.'라는 시각이 상당히 보입니다. 『단암만록』은 전형적인 노론 측 기록인데, 소론인 이건창[10]이 쓴 『당의통략』에도 "사관에게 '너 왜 자꾸 나를 쳐다봐?'라는 식으로 갑자기 화냈다."라는 표현이 있거든요. 경종과 같은 편인 소론 세력에서도 이런 표현을 한 것을 보면 심리적인 면에서 분명히 어느 정도는 문제가 있었다고 생각합니다.

류근   '경종 콤플렉스'라는 게 있다니까요.

그날   우리가 경종이라고 하면 골골대고 얼굴이 아주 퀭한 왕을 떠올리는데, 죄송하지만 이윤석 씨랑 약간 비슷할 것 같아요.

류근   그것도 그냥 이윤석 씨가 아니라 사흘 정도 굶은 이윤석 씨가 떠오르죠.

이윤석   제가 국민 약골이라는 별명이 있는데, 왠지 경종은 국왕 약골 같네요. 볼 때마다 굉장히 안쓰러워요.

신병주   『조선왕조실록』에는 외모에 관한 기록이 별로 나오는 것 같지 않아요. 그런데 『승정원일기』를 보면 오히려 "체격이 크고 건강했다."라는 식으로 표현하거든요. 우리의 예상을 좀 뛰어넘죠. 그리고 『승정원일기』에서 경종의 질병 관련 기록을 뽑아 놓은 자료 조사에 의하면 세자 시절에는 1년에 한 번 정도 큰 병이 있었는데, 왕이 되고 나서는 석 달에 한 번꼴로 병이 났다고 합니다. 이런 병력만 보더라도 왕이 된 이후에 스트레스가 엄청났음을 알 수 있죠.

| 그날 | 무엇 하나 자기 뜻대로 할 수 없고, 게다가 동생을 왕세제로 책봉하는 등 모진 압박에 시달려야 했던 경종인데, 이때 전국을 뒤흔드는, 목호룡이라는 사람의 상소가 경종의 손에 들어옵니다. 상소 내용을 보실까요? "전하, 전하를 시해하려는 역적 무리가 있사옵니다. 이들은 칼로 혹은 독약으로 전하를 해하려 하였고 심지어 전하의 퇴출을 모의하였습니다. 전하, 이 역적들을 토벌하여 정사를 안정시키소서." |

이윤석 "과인을 능멸하는 것이 도를 넘었구나!"

최태성 "고정하시옵소서."

이윤석 "놔라! 내가 잘못한 게 부모 잘못 만난 것 말고 뭐가 있다고! 도저히 참지를 못하겠구나!"

그날 흥분 가라앉히시고, 이건 역사적으로 고증이 잘못된 거죠? 경종이 이윤석 씨처럼 반응하지 않았죠? 이렇게 기운이 넘치나요?

김문식 이때가 경종이 제일 힘이 넘칠 때예요.

그날 경종이 이런 식으로 나옵니까? 좀 뜻밖인데요. 진짜 반전이네요.

이윤석 근데 정말 분노를 안 할 수가 없는 게, 경종이 특별히 잘못한 게 없거든요. 근데 독약에 칼로 퇴출을 도모한다고 하니까 너무 억울한 거예요.

김문식 숙종이 사망할 무렵에 노론 가문의 자제들이 경종을 죽이려고 하는 음모가 있었다는 거예요. 그게 삼급수(三急手)인데, 세 가지 방법이 있다는 거죠. 첫 번째는 대급수(大急手)라고 해서 숙종의 장례식 때 자객을 침투시켜서 경종을 직접 시해하는 방법, 두 번째는 소급수(小急手)라고 해서 상궁을 통해 음식에 독약을 타서 죽이는 방법, 세 번째가 평지수(平地手)라고 해서 숙종이 남긴 유명, 즉 일종의 유언을 조작해서 세자를 바꾸고 쫓아내는 방법입니다. 이런 세 가지 방식으로 노론이 음모를 꾸몄다는 거고요.

그날 그런데 실제로 은 2000냥으로 맹독을 구해서 독약의 성능까지 시험했다고 하잖아요.

신병주 그때는 진술도 나와요. 취조하는 과정에서 성이 김 씨인 궁인이 왕의 음식에 몰래 독약을 집어넣었다는 진술이 나옵니다. 그런데 경종이 그걸 또 받아들여서 "어? 나도 생각해 보니까 정말 누런 물 같은 거 토했는데 한 되나 되더라. 그거 지금 생각해 보니까 내가 그때 독약을 먹은 모양이다."라는 식으로 이야기도 하거든요.

그날 왕의 증언이 있으면 이건 뭐 빼도 박도 못하는 건인데 어떻게 되나요?

김문식 근데 이 부분이 제대로 밝혀지질 않아요. 진술이 서로 어긋나기도 하고요. 어쨌거나 이 사건으로 큰 정치적 변란이 일어납니다. 그래서 소론이 노론을 맹공격하고, 경종에게 대리청정을 수용하라고 요구했던 노론사대신, 즉 김창집, 이이명, 이건명, 조태채가 사사됩니다. 당시에 정승이거나 정승이었던 노론사대신을 죽일 정도니까 경종으로서는 제일 강수를 쓴 거죠.

신병주 목호룡 사건의 고변서가 올라오기 전에 소론 강경파인 김일경이라는 사람의 상소가 올라오거든요. 그래서 이때 경종이 자신에게도 우군이 있다는 것에 고무되었는데, 이런 분위기 속에서 목호룡의 상소문이 올라오니까 나도 외롭지가 않다며 정말 목소리가 우렁차게 된 거죠.

그날 처음 만난 내 편인 거네요.

김문식 자기 세력이 있다는 걸 상기한 거죠.

그날 이렇게 자신 있게 흥분할 만했네요.

신병주 이윤석 씨가 빙의를 아주 잘하셨어요.

김창집(왼쪽)과 이이명(오른쪽)

이윤석 내 편이 있으니까 한 번 외칠 수 있는 거죠. 만약 내 편이 없었으면 아까처럼 벽에 대고 "또 내가 뭘 잘못했다고."라는 식으로 할 수밖에 없는 상황이죠.

그날 "우리 경종이 달라졌어요."네요. 어떻게 사람이 한순간에 이렇게 바뀌죠?

신병주 경종이라는 인물이 세자 시절에 흠을 잡히지 말자는 마음으로 인고의 시간을 보냈는데, 왕이 된 다음에도 초반부에는 자신의 어머니를 복권하려는 시도마저도 전혀 자신의 의도대로 하지 못하다 보니까 울화가 쌓입니다. 게다가 상황을 보면 노론이 계속 무리한 요구를 하죠. 왕이 되자마자 세제 책봉을 요구받고, 또 얼마 되지 않아서 대리청정을 요구받으니 '이것들 봐라.' 하는 마음이었는데, 경종 주변에 이른바 소론 세력이 결집해서 후견인처럼 등장한 거죠.

류근 이런 상황을 정확하게 표현하면 어린 내가 막 얻어맞는데 형들이 뒤에서 딱 나타나는 거예요. 그래서 형들을 믿고 한번 해 보자는 형국이에요.

그날 처음부터 그런 생각이 들었어요. 경종이 쳐 놓은 덫에 노론이 걸려든 거라는 생각 말이죠. 경종이 생각보다 대단히 노회하고 치밀했던 것 같다는 생각이 드네요.

이윤석 그건 아버지를 닮은 거죠.

그날 정말 반전이에요.

신병주 아까 이야기했지만, 경종의 어머니가 누굽니까?

그날 장희빈이죠. 정말 피는 못 속인다니까요.

이윤석 그러네요. 숙종과 장희빈이 부모네요.

그날 또 이때만큼은 그렇게 골골하던 경종이 안 아팠다면서요?

김문식 『승정원일기』를 보면 경종이 늘 아팠다는 기록이 나왔다고 했잖아요. 목호룡의 고변이 1722년 3월에 있었거든요. 그런데 이때부터 11월까지는 병이 없이 건강한 기간이에요. 즉 아프지 않은 이 시기가 노론을 숙청하는 기간과 겹치는데, 이때 노론사대신을 비롯한 60여 명을 처형합니다. 대단히 많은 사람이 희생되고, 그 밖에 170여 명이 유배를 가거나 문초를 받았어요.

그날 거의 초토화된 거네요.

김문식 경종의 전혀 다른 모습이지요.

최태성 그러는 동안에 안 아팠던 거잖아요.

김문식 예, 안 아픕니다.

그날 모든 게 심인성이네요.

신병주 경종은 안 아픈데 딴 사람이 아픈 거죠.

그날 많이 아팠겠네요.

원수의 아들을 살려 주다

그날 경종을 죽이려는 음모의 배후로 연잉군이 지목되잖아요. 근데 연잉군은 살려 두지 않습니까? 이윤석 씨, 연잉군을 대체 왜 살려 둔 거예요? 경종 님, 말씀해 보시죠. 어찌 된 일이죠? 왜 그러신 거예요?

신병주 동생은 왜 살려 두셨죠?

이윤석 제가 경종이라면 아버지가 어머니를 죽였다는 것도 너무 슬픈데, 자신은 동생까지 죽인 사람이 되고 싶지 않았을 것 같아요.

그날 그럼 정치인이 아니죠. 정치인은 비정해야 합니다. 왜 그랬을까요? 어떻게 보면 연잉군이 경종의 최대 정적이잖아요?

신병주 경종은 노론과 연잉군을 분리해서 본 것 같아요. 노론 쪽에서는 어떻게든 연잉군을 추대해서 자신들과 연결하려고 하는데, 결국 경종이 볼 때 노론은 자신의 왕위를 계속 위협하는 존재이지만, 연잉군은 자신의 동생이에요. 게다가 핏줄로 보면 대안도 없고요. 경종을 제외하면 왕실에 남자가 연잉군밖에 없었거든요. 그런 부분이 이 살벌한 정치판에서도 형제간의 우애를 지킬 수 있게 했습니다.

김문식 앞서 연잉군을 왕세제로 책봉하고 나서 청나라에 사람을 보내 허락을 받았다고 했잖아요. 그러니까 청나라에서는 경종에게 아들이 태어나면 알리라고 했고요. 그런데 경종이 "아들이 태어나도 알리지 않겠다."라고 바로 답변합니다.† 그때 이미 경종은 자기 뜻을 정한 것 같아요. 경종 자신이 숙종 말년에 왕세자로서 어려운 처지를 겪어 봤잖아요. 이때가 연잉군에게는 최대 위기였는데, 어떻게 보면 그런 연잉군의 처지가 경종에게는 남의 일 같지 않았을 것 같기도 합니다.

최태성 착한 분이에요.

그날　근데 어떻게 보면 연잉군은 경종에게는 자기 어머니를 죽게 한
　　　원수의 아들이 아닙니까?

김문식　그렇죠. 인현왕후가 죽은 게 장희빈 때문이라고 연잉군의 생모
　　　인 숙빈 최씨가 알림으로써 결국 장희빈이 사사되거든요.

그날　한마디로 원수의 아들이네요.

김문식　그렇게 볼 수 있습니다.

---

† 왕세제의 책봉 칙서에 뒷날 국왕이 아들을 얻는 경사가 있으면, 다시 주달(奏達)하라는 말이 있었으므로, 다시 주문(奏文)을 지어 사행(使行)에 부쳐 보냈다. 주문에 대략 이르기를, "칙유(勅諭)의 말단에 있는 다시 주달하라는 성교(聖教)는 이것이 곡진하게 하는 지극한 뜻에서 나온 것이므로, 감격스럽고 황송하기 그지없습니다. 다만 생각건대 저사(儲嗣)는 국가의 근본이므로, 명호가 일단 정하여지면 묘사(廟社)와 신인의 부탁이 진실로 여기에 달려 있게 되는 것입니다. 가령 뒷날에 혹시 성의(聖意) 가운데 운운한 것과 같은 것이 있더라도 어찌 다시 진주(陳奏)할 수가 있겠습니까? 도리로 헤아려 보아도 다시 논할 것이 없습니다." 하였다.
— 『경종수정실록』 2년(1722) 10월 21일

경종의 죽음

1724년 여름, 경종이 병석에 누운 지 여러 날이 지났다.

음식물도 제대로 못 삼키던 왕은
왕세제 연잉군이 진상한 게장과 생감을 모처럼 잘 먹었다.

그러나 그날 이후로 병세는 더욱 악화하고
이에 연잉군은 어의의 충고를 무시하고
인삼과 부자를 처방하라 명한다.

잠시 콧등에 온기가 돌면서 차도를 보이는 경종.

하지만 그것도 잠시,
경종은 새벽을 넘기지 못하고
재위 4년 만에 숨을 거둔다.

의릉 경종의 무덤. 서울특별시 성북구 소재.

의혹을 남긴 채 사라지다

그날 　경종으로서는 이제부터가 시작인데 갑자기 숨을 거둔다는 게 안
　　　타깝네요. 사실 게장과 생감 때문에 독살 의혹이 자꾸 나오는 거
　　　잖아요.

신병주 　주로 소론 쪽에서 독살 의혹을 제기합니다. 경종이 죽은 후에 연
　　　잉군이 영조로 즉위해 다시 노론의 세상이 되니까, 나중에 소론
　　　세력들이 역모 사건을 일으키면 꼭 내세우는 논리가 경종은 분
　　　명히 독살되었다는 겁니다. 영조 때 역모로 잡혀 왔던 인물 중에
　　　신치운이라는 사람은 자신을 직접 심문하는 영조에게 "신은 갑
　　　진년부터 게장을 먹지 않습니다."라고 얘기해요. 갑진년은 경종
　　　이 사망한 해거든요. 그래서 영조가 분통을 터뜨리고 신치운은
　　　아마 더 모진 심문을 받았을 겁니다.† 그러나 객관적인 정황을
　　　보면 경종과 연잉군이 개인적으로는 그렇게 사이가 나쁘지 않았

고, 어차피 경종의 몸이 허약해진 상황에서 결국 대안이 연잉군 밖에 없는데, 연잉군이 굳이 무리수를 쓰면서 경종을 독살할 이유는 별로 없죠.

류근　『본초강목』[11]에 이미 "감과 게는 함께 쓰지 않는다."라고 명시되어 있거든요. 그런데 그걸 무리해서 가져다가 진상했다는 건 듣다 보면 이상하지 않습니까? 그리고 형제 관계가 아무리 좋다고 해도 권력 앞에서는 부자 관계도 끊을 판인데, 어차피 연잉군은 노론의 대표 격이 아닙니까? 무리수를 쓸 만하죠.

신병주　그렇게 무리수를 쓸 거라면 공개적으로 드리지는 않았겠죠. 물론 의가에서는 꺼린다고 하지만, 기록 같은 것을 보면 경종이 잘 드시기도 했고요. 잘 드시니까 그냥 드렸는데 결과가 나빴던 겁니다. 예를 들어 떡을 먹다가 체하면 "봐라, 그거 얹히는데 왜 떡을 줬냐?"라고 탓하는 말이 나중에 나오기도 하는 거죠.

그날　정말 어렵네요. 저희가 판단할 문제는 아니지만, 분명히 의견이 분분하고 논란의 여지가 남겨진 사건이긴 했어요.

이윤석　너무 강하게 나가다가 이렇게 사망하니까 허무해요.

김문식　기운이 빠져 보이네요.

이윤석　네, 기운이 빠지고 힘듭니다.

그날　이윤석 씨 얼굴이 갑자기 창백해졌어요.

---

† 신치운이 말하기를, "성상께서 이미 이처럼 의심하시니, 신은 자복을 청합니다. 신은 갑진년부터 게장을 먹지 않았으니 이것이 바로 신의 역심이며, 심정연의 흉서 역시 신이 한 것입니다." 하니, 임금이 분통하여 눈물을 흘리고, 시위하는 장사들도 모두 마음이 떨리고 통분해서 곧바로 손으로 그의 살을 짓이기고자 하였다.
— 『영조실록』 31년(1755) 5월 20일

경종은 역사에 무엇을 남겼나?

이윤석 　평생 휘둘리다가 한 번 휘두르고 내려와 버리니까 마음이 좀 허전하네요. 그래서 여쭤 보는데, 뭔가 좀 으쓱하게 할 만한 경종의 업적 같은 것들은 없나요?

류근 　제가 생각했을 때는 말이죠, 경종이 연잉군을 살려 두고 있었잖아요. 어찌 되었든 정적이거든요. 정적에게 정치 보복을 하지 않고, 그냥 살려 둔 것만으로도 대단히 훌륭한 정치적 선례를 남긴 것으로 저는 평가하고 싶습니다.

그날 　아, 동생을 남겨 둔 것이 업적이군요.

신병주 　아마 경종은 연잉군의 능력을 어느 정도 파악했던 것 같아요. 그러니까 이 동생이 왕이 되면 능력을 상당히 발휘할 거라고 기대했고, 결국은 연잉군이 그 기대대로 이른바 영조와 정조 시대의 정치와 문화의 부흥을 이끈 걸 보면 경종이 중요한 역할을 했죠.

김문식 　실제로 목호룡 고변 사건을 통해 노론이 일망타진되고 나서 경종이 연잉군을 대하는 자세를 보면, 오히려 연잉군의 왕세제 지위를 공식화하는 과정으로 들어갑니다. 그래서 국가의 주요한 행사에 연잉군과 함께 참석하거나, 자신을 대신해 연잉군이 행사를 주재하게 하지요. 그렇게 공식화하면서 연잉군의 지위는 점점 안정됩니다.

류근 　정말 '대인배'예요.

이윤석 　이어달리기할 때 제일 많이 하는 실수가 배턴을 전달하다가 놓치는 건데, 배턴 터치를 정확하게 해 준 공로는 우리가 인정해 줘야 할 것 같아요.

1 소현세자, 의문의 죽음을 맞이한 날

1 서오릉(西五陵): 사적 제198호. 경기도 고양시에 있는 조선 시대의 다섯 능. 예종과 계비 안순왕후의 창릉, 숙종과 계비 인현왕후와 인원왕후의 명릉, 숙종의 비 인경왕후의 익릉, 영조의 비 정성왕후의 홍릉, 덕종과 비 소혜왕후의 경릉을 이른다.

2 세자시강원(世子侍講院): 조선 시대에 왕세자의 교육을 맡아 보던 관청.

3 야차(野次): 임금 등이 교외로 행차할 때 머무르기 위하여 임시로 차려 놓은 곳.

4 서연(書筵): 조선 시대에 왕세자에게 유학의 경전과 사서를 강의하던 교육 제도.

5 켄타우로스: 그리스 신화에 나오는 괴물. 상반신은 인간이고 하반신은 말인 야만적인 종족으로 테살리아의 페리온 산에 살았는데 그 성질이 음란하고 난폭하였다고 한다.

6 용골대(1596~1648): 중국 청나라의 장군. 우리나라에 잘 알려진 용골대라는 이름은 잉굴다이를 음차한 것이다. 1636년(인조 14)에 사신으로 와서, 청나라 황제의 존호를 쓰고 군신의 의를 맺을 것을 요구하였으나 거절당하자, 그해 12월 10만 대군을 거느리고 쳐들어와 병자호란을 일으켰다.

7 둔전(屯田): 각 궁과 관아에 속한 토지. 관노비나 일반 농민이 경작하였으며, 소출의 일부를 거두어 경비를 충당하였다.

8 전결권(專決權): 위임을 받은 한도 내에서 마음대로 결정하고 처리할 수 있는 권한.

9 요한 아담 샬 폰 벨(1591~1666): 중국식 이름은 탕약망(湯若望). 독일 출신의 예수회 선교사로 1622년에 중국으로 건너가 천주교와 서양 과학을 전파했고, 시헌력을 만드는 등 천문학자로도 활약했다. 후에 기독교 배척 운동이 일어나 옥사하였다.

10 충렬왕(1236~1308): 고려 제25대 왕. 이름은 거(昛). 초명은 심(諶), 춘(賰). 원나라에 굴복해 쿠빌라이 칸의 공주를 아내로 맞이하였으며, 그 풍습과 문물제도를 받아들이고 원나라의 간섭을 심하게 받았다. 1298년 정치에 염증을 느껴 상왕이 되었으나, 물러난 지 7개월 만에 다시 왕위에 올랐다. 재위 기간은 1274~1308년이다.

11 충선왕(1275~1325): 고려 제26대 왕. 이름은 장(璋). 초명은 원(謜). 자는 중앙(仲昂). 즉위 직후 교서를 발표하여 권세가의 탈세와 양민의 노비화를 금지하는 혁신 정치를 시행하였고 원나라 수도인 대도에 거주하면서 만권당을 세우고 고려와 원나라의 학자들을 모아 학문 교류에 크게 힘썼다. 재위 기간은 1298, 1308~1313년이다.

12 산증(疝症): 생식기와 고환이 붓고 아픈 병증. 아랫배가 땅기며 통증이 있고 소변과 대변이 막히기도 한다. 한의학에서는 한기가 뭉쳐서 생긴 것으로 본다.

13 학질(瘧疾): 말라리아라고도 한다. 말라리아 병원충을 가진 학질모기에게 물려서 감염되는 법정전염병으로, 갑자기 고열이 나며 설사와 구토, 발작을 일으키고 비장이 부으면서 빈혈 증상을 보인다.

2 하멜, 조선에 표류하다

1 대항해시대: 15세기에서 16세기에 걸쳐 항해술의 발달로 유럽인들이 활발하게 새로운 항로를 개척했던 시대. 신대륙이 발견되었고, 전 세계적인 교역이 시작되었으며, 다가마, 콜럼버스, 마젤란 등이 활약하였다.

2 세폐(歲幣): 조선 시대에 해마다 음력 10월에 중국에 보내던 공물.

3 봉행(奉行): 헤이안 시대에서 에도 시대에 걸쳐 존재했던 일본의 관직. 행정과 사법을 담당했다.

4 다이묘(大名): 일본 헤이안 시대 말기에서 중세에 걸쳐 많은 영지를 가졌던 봉건 영주. 무사 계급으로서 그 지방의 행정권, 사법권, 징세권을 가졌으며 군사 사무도 관할하였다.

3 무찌르자 오랑캐, 나선정벌

1 아관파천(俄館播遷): 을미사변으로 신변에 위협을 느낀 고종과 세자가 1896년 2월 11일에서 1897년 2월 20일까지 친러 세력에 의하여 러시아 공사관으로 옮겨서 거처한 사건. 일본 세력에 대한 친러 세력의 반발로 일어난 사건으로, 이로 말미암아 친일 내각이 붕괴되었으며 각종 경제적 이권이 러시아로 넘어갔다.

2 김응하(1580~1619): 조선 중기의 무신. 자는 경의(景義). 삼수군수와 북우후 등을 지냈으며, 1619년(광해군 11)에 명나라의 원병 요청으로 만주의 건주위를 치러 출정하였다가 전사하였다.

3 이완(1602~1674): 조선 후기의 무장. 자는 징지(澄之). 호는 매죽헌(梅竹軒). 병조판서와 우의정을 지냈으며 병자호란 때 정방산성의 싸움에서 공을 세웠다. 1653년(효종 4)에 북벌 임무를 맡았으나 효종의 죽음으로 실현하지 못하였다.

4 산해관(山海關): 중국 허베이 성 동북쪽 끝, 보하이 만 연안에 있는 친황다오 시에 속한 구. 만리장성의 동쪽 끝에 있는 관문으로, 예로부터 군사 요충지이다.

5 복수설치(復讎雪恥): 복수함으로써 치욕을 씻는다는 뜻.

6 묘호(廟號): 임금이 죽은 뒤에 생전의 공덕을 기리어 붙인 이름.

7 유형원(1622~1673): 조선 효종 때의 실학자. 자는 덕부(德夫). 호는 반계(磻溪). 진사시에 합격하였으나 벼슬에 뜻이 없어 오로지 학문 연구에만 전념하였다. 중농 사상을 기본으로 한 토지개혁론을 주장하였다. 저서로 『반계수록』이 있다.

4 김육, 대동법을 지키다

1 이원익(1547~1634): 조선 중기의 명신. 자는 공려(公勵). 호는 오리(梧里). 1569년 문과에 급제하여 우의정과 영의정을 지냈다. 임진왜란 때 대동강 서쪽을 잘 방어하여 호성공신이 되었으며 대동법을 시행하여 공부(貢賦)를 단일화하였다. 저서로 『오리집』과 『오리일기』가 있다.

2 권반(1564~1631): 조선 중기의 문신이자 서화가. 자는 중명(仲明). 호는 폐호(閉戶). 한성부판윤과 형조판서를 지냈으며 서화에 능하였다.

3 점퇴(點退): 받은 물건을 살펴보아 마음에 들지 아니한 것은 도로 물리치다.

4 양호(兩湖): 호남(전라도)과 호서(충청도)를 통틀어 이르는 말.

5 황종관(黃鍾管): 조선 세종 때, 중국계 아악을 정리하기 위하여 음률의 기본인 십이율을 정하는 척도로서 만들어 쓴, 대나무나 구리 따위의 관.

6 김식(1482~1520): 조선 전기의 성리학자. 자는 노천(老泉). 호는 정우당(淨友堂), 사서(沙西), 동천(東泉). 사림파의 대표적인 인물로 실력이 뛰어나 단기간에 부제학과 대사성에 올랐다. 남곤 일파가 기묘사화를 일으키자 거창에 도피하여 「군신천세의(君臣千歲義)」라는 시를 짓고 자결하였다. 기묘명현의 한 사람으로 불린다.

7 파루(罷漏): 조선 시대에, 서울에서 통행금지를 해제하기 위하여 종각의 종을 서른세 번 치던 일. 오경 삼 점(五更三點)에 쳤다.

8 유일(遺逸): 초야에 은거하는 선비를 찾아 천거하는 인재 등용책.

9 삼남(三南): 충청도, 전라도, 경상도 세 지방을 통틀어 이르는 말.

10 산당(山黨): 조선 시대 서인의 한 분파. 인조 말년에 김상헌을 중심으로 하였던 청서(淸西)가 두 갈래로 나뉘어 생긴 것으로, 효종 때 송시열이 이 파의 우두머리로서 세력을 떨쳤다.

11 산림(山林): 학식과 덕이 높으나 벼슬을 하지 아니하고 숨어 지내는 선비.

12 김집(1574~1656): 조선 후기의 문신. 학자. 자는 사강(士剛). 호는 신독재(愼獨齋). 김장생의 아들이며 지평과 집의를 거쳐, 효종 때에 이조판서가 되어 북벌을 계획하였으나, 김자점이 이 사실을 청나라에 밀고하자 관직을 사임하고 예학을 연구하였다. 저서로는 『신독재집』이 있다.

13 송시열(1607~1689): 조선 후기의 문신, 학자. 아명은 성뢰(聖賚). 자는 영보(英甫). 호는 우암(尤庵), 우재(尤齋). 효종의 장례 때 대왕대비의 복상 문제로 남인과 대립하고, 후에는 노론의 영수로서 1689년(숙종 15)에 왕세자

의 책봉에 반대하다가 사사되었다. 저서로는 『우암집』, 『송자대전(宋子大全)』 등이 있다.

14 송준길(1606~1672): 조선 후기의 문신, 학자. 자는 명보(明甫). 호는 동춘당(同春堂). 우참판. 이조판서를 지내면서 노론의 거두로 활약하였다. 성리학과 예학에 능하였다. 저서에 『동춘당집』, 『어록해』 등이 있다.

15 김자점(1588~1651): 조선 후기의 문신. 자는 성지(成之). 호는 낙서(洛西). 인조반정 때 공을 세워 벼슬이 영의정에 이르렀다. 효종이 즉위한 후 파직당하자, 이에 앙심을 품고 조선이 북벌을 계획하고 있음을 청나라에 밀고하여 역모죄로 처형되었다.

16 시헌력(時憲曆): 태음력의 구법(舊法)에 태양력의 원리를 적용해 24절기의 시각과 하루의 시각을 정밀히 계산하여 만든 역법. 명나라 숭정 초기에 독일의 선교사 아담 샬이 만든 것으로, 우리나라에서는 1644년(인조 22)에 김육이 연경에서 들여와서 1653년(효종 4)부터 사용하였다.

5 숙종, 치마폭에 가려진 카리스마

1 신원(伸冤): 가슴에 맺힌 원한을 풀어 버림.

2 『당의통략(黨議通略)』: 조선 고종 때에 이건창이 쓴 당쟁의 역사. 선조 때의 동서 분당으로부터 영조의 탕평책에 이르기까지 당쟁의 주요 내용을 기록하였다.

3 이단하(1625~1689): 조선 후기의 문신. 자는 계주(季周). 호는 외재(畏齋), 송간(松磵). 대사성을 지내다가, 숙종 즉위 후에 2차 복상 문제로 숙청된 의례 제신(諸臣) 처벌의 부당함을 상소한 죄로 파직되었다. 1680년(숙종 6)에 경신출척으로 풀려나왔다. 벼슬은 우의정에 이르렀다.

4 청남(淸南): 조선 시대에 남인 가운데 허목을 영수로 한 분파. 숙종 때 복제(服制) 문제로 세력을 잡은 뒤 서인의 죄를 엄하게 다루자고 주장하였다.

5 탁남(濁南): 조선 시대에 남인 가운데 허적을 중심으로 한 분파. 숙종 때 남인이 정권을 잡은 뒤 서인의 우두머리인 송시열의 죄를 논할 때에 온건한 입장에 서 있었다.

6 김석주(1634~1684): 조선 시대의 문신. 자는 사백(斯百). 호는 식암(息庵). 1662년(현종 3)에 증광 문과에 급제하고, 우의정을 지냈다. 서인으로서 남인과의 당파 싸움에 앞장섰으나, 같은 서인의 소장파로부터 반감을 샀고, 이것이 노론과 소론이 분열하는 원인이 되었다.

7 인평대군(1622~1658): 조선 인조의 셋째 아들. 이름은 요(㴭). 자는 용함(用涵). 호는 송계(松溪). 병자호란 때 부왕을 호종하였고, 1640년에 볼모로 청나라에 갔다가 이듬해 귀국하였다. 제자백가에 정통하였으며, 저서로 『송계집』, 『연행록』 등이 있다.

8 상평통보(常平通寶): 조선 시대에 쓰던 엽전의 이름. 1633년(인조 11)부터 조선 후기까지 주조하여 사용하였다.

9 호패법(號牌法): 조선 시대에 신분을 나타내기 위하여 16세 이상의 남자에게 호패를 가지고 다니게 하던 제도. 태종 때 처음 시행하여 한동안 없었다가 1459년(세조 4)에 다시 시행하여 조선 후기까지 계속되었다.

10 호포법(戶布法): 조선 후기에 들어 군정의 폐단이 심각해지자 이를 시정하기 위해 신분에 관계없이 양반들도 군포를 내게 한 세금 제도.

11 루이 14세(1638~1715): 프랑스 왕. 태양왕이라는 별명으로 잘 알려져 있다. 왕권신수설을 믿었기에, 국왕의 권력은 신으로부터 받는 것이라는 학설을 지지했다. 절대왕정의 기반을 다지는 한편, 유럽의 여러 전쟁에 개입했다. 재위 기간은 1643~1715년이다.

6 장희빈, 아들을 낳다

1 『인현왕후전(仁顯王后傳)』: 조선 시대의 역사 전기소설. 인현왕후의 생애를 소설체로 엮은 작품으로 숙종이 인현왕후를 폐위하고 장희빈을 맞아들인 궁중 비극을 생생하게 그려 냈다. 정조 때 어떤 궁녀의 작으로 추정되며, 원제는 『인현성후덕행록』이다. 특히 장희빈이 사악하게 묘사되었다.

2 한성우(1633~1710): 조선 후기의 문신, 학자. 자는 여윤(汝尹). 송시열의 문인으로, 1674년(현종 15)에 스승이 유배되자 종적을 감추었다가 경신출척 때 등용되었다. 주자학에 조예가 깊고 많은 저서를 남겼다고 하나 대부분 전하지 않는다.

3 김창협(1651~1708): 조선 후기의 학자, 문신. 자는 중화(仲和). 호는 농암(農巖), 삼주(三洲). 1682년(숙종 8)에 문과에 급제하고 집의와 대사성을 지냈으나, 아버지 김수항이 기사환국 때 사사되자 벼슬을 버리고 은거하며 성리학 연구에 몰두하였다. 당대의 문장가이며 서예에도 능하였다. 저서에 『농암집』, 『사단칠정변(四端七情辨)』 등이 있다.

4 경국지색(傾國之色): 임금이 혹하여 나라가 기울어져도 모를 정도의 미인이라는 뜻으로, 뛰어나게 아름다운 미인을 이르는 말.

5 팔포(八包): 조선 시대에 청나라에 가는 사신이 여비로 쓰기 위하여 가져갈 수 있도록 허

용한 인삼 여덟 꾸러미. 가져간 인삼을 중국 돈으로 바꾸어 썼는데, 숙종 때부터는 그 값에 해당하는 은을 대신 가져갔다.

6 옥교(玉轎): 귀인이 타는 가마로, 나무로 집과 같이 꾸미고, 출입하는 문과 창을 달아 만들었다.

7 신종(1048~1085): 중국 북송의 제6대 황제. 성은 조(趙). 이름은 욱(頊). 왕안석의 신법을 채용하고, 제도와 교육, 과학 등의 개혁을 시행하였으나, 내정 파탄과 외정의 실패, 구법당(舊法黨)의 반대로 실패하였다. 재위 기간은 1067~1085년이다.

8 삭탈관직(削奪官職): 죄를 지은 자의 벼슬과 품계를 빼앗고 벼슬아치의 명부에서 그 이름을 지우던 일.

9 국청(鞠廳/鞫廳): 조선 시대에 역적 등의 중죄인을 신문하기 위해 설치하던 임시 관아.

10 압슬(壓膝): 조선 시대에 죄인을 자백시키기 위하여 행하던 고문. 죄인을 기둥에 묶어 사금파리를 깔아 놓은 자리에 무릎을 꿇게 하고 그 위에 압슬기나 무거운 돌을 얹어서 자백을 강요하였다.

11 증직(贈職): 죽은 뒤에 품계와 벼슬을 추증하던 일. 종2품 벼슬아치의 부친, 조부, 증조부나 충신, 효자 및 학행(學行)이 높은 사람에게 내려 주었다.

12 오군영(五軍營): 조선 시대에 오위(五衛)를 고쳐 둔 다섯 군영. 훈련도감, 총융청, 수어청, 어영청, 금위영을 이른다.

13 총융청(摠戎廳): 조선 시대에 둔 오군영의 하나. 1624년(인조 2)에 두어 경기 지역의 군무를 맡아보던 군영으로 1846년(헌종 12)에 이름을 총위영으로 고쳤다가 1849년(철종

즉위년)에 다시 총융청으로 고쳤다.

14 『단암만록(丹巖漫錄)』: 민진원이 경신환국에서 영조 즉위 초까지 일어난 주요 정치 사건을 기록한 책.

15 권간(權奸): 권력과 세력을 가진 간사한 신하를 이르는 말.

16 의대(衣襨): 왕과 왕비의 옷을 이르던 말.

17 의장(儀仗): 지위가 높은 사람이 행차할 때에 위엄을 보이기 위하여 격식을 갖추어 세우는 병장기나 물건. 의는 위의(威儀)를, 장은 창이나 칼 같은 병기를 가리킨다.

7 장희빈의 아들 경종, 왕이 되다

1 건저의(建儲議): 1591년(선조 24) 왕세자 책봉을 둘러싸고 동인과 서인 사이에 일어난 분쟁. 좌의정 정철이 광해군을 세자로 정할 것을 주청하자 선조의 미움을 사고 유배되었으며, 이에 관련되어 윤두수 등 서인이 파직되어 동인이 세력을 회복하게 되었다.

2 윤증(1629~1714): 조선 숙종 때의 학자. 자는 자인(子仁). 호는 명재(明齋)·유봉(酉峯). 예론에 정통한 학자로 이름이 높았으며, 수차 벼슬이 내려졌으나 모두 사양하였다. 남인에 대한 입장이 달라 서인이 둘로 나뉜 후 소론의 영수로 추대되었다. 저서로 《명재유고(明齋遺稿)》 등이 있다.

3 지그문트 프로이트(1856~1939): 오스트리아의 심리학자, 신경과 의사. 정신분석학의 창시자로, 정신분석의 방법을 발견하여 잠재의식을 바탕으로 한 심층심리학을 수립하였다. 저서로 『꿈의 해석』, 『정신 분석학 입문』 등이 있다.

4 지문(誌文): 죽은 사람의 이름과 태어나고 죽은 날, 행적, 무덤의 위치와 좌향(坐向) 따위를 적은 글.

5 권당(捲堂): 공관(空館)이라고도 한다. 조선 시대에 성균관의 유생들이 제 주장이 관철되지 아니하였을 때에 시위하느라고 일제히 관을 비우고 물러나던 일.

6 사부학당(四部學堂): '사학'을 달리 이르는 말. 조선 시대에 나라에서 인재를 기르고자 서울의 네 곳에 세운 교육기관. 위치에 따라 중학, 동학, 남학, 서학이 있었는데, 1411년(태종 11)에 설립하여 운영하다가 1894년(고종 31)에 없앴다.

7 조삼모사(朝三暮四): 간사한 꾀로 남을 속여 희롱함을 이르는 말. 중국 송나라의 저공의 고사로, 먹이를 아침에 세 개, 저녁에 네 개씩 주겠다는 말에는 원숭이들이 적다고 화를 내더니 아침에 네 개, 저녁에 세 개씩 주겠다는 말에는 좋아하였다는 데서 유래한다.

8 성색(聲色): 음악과 여색을 아울러서 가리키는 말.

9 수결(手決): 예전에 자기의 성명이나 직함 아래에 도장 대신에 자필로 글자를 직접 쓰던 일. 또는 그 글자.

10 이건창(1852~1898): 조선 후기의 문신, 학자. 자는 봉조(鳳朝/鳳藻). 호는 영재(寧齋). 1874년(고종 11) 서장관으로 청나라에 가서 서보와 황각 등과 교유하여 문장으로 이름을 떨쳤다. 평생 척양주의자로 일관하였다. 저서로 『당의통략』, 『명미당고(明美堂稿)』 등이 있다.

11 『본초강목(本草綱目)』: 1590년에 중국 명나라의 이시진이 지은 본초학의 연구서. 종래의 본초학에 관한 책을 정리하여, 약의 올바른 이름을 '강'이라 하고 해석한 이름을 '목'이라 하였다. 총 쉰두 권으로, 약이 되는 흙, 옥, 돌, 초목, 금수, 충어(蟲魚) 등의 1892종을 일곱 항목으로 분류하고 형상과 처방을 적었다.

계승범 서강대학교 사학과 교수. 서강대학교 사학과를 졸업하고 7년간 대원외국어고등학교에서 역사 교사로 근무했다. 1990년에 공부를 다시 시작해 서강대학교에서 석사 학위를, 워싱턴 대학교에서 박사 학위를 받았다. 저서로 『중종의 시대: 조선의 유교화와 사림 운동』, 『정지된 시간: 조선의 대보단과 근대의 문턱』, 『우리가 아는 선비는 없다』, 『조선시대 해외 파병과 한중 관계』 등이 있다.

김문기 부경대학교 사학과 교수. 부산대학교 사학과를 졸업하고, 기후 변동과 명청 교체를 주제로 부경대학교에서 박사 학위를 받았다. 소빙기라는 기후 변동이 근세 동아시아의 역사에 끼친 영향을 연구해 왔는데, 최근에는 한·중·일 삼국의 물고기 문명과 박물학 역사를 즐겁게 연구하고 있다.

김문식 단국대학교 사학과 교수. 서울대학교 국사학과 및 같은 학교 대학원을 졸업하고, 서울대학교 규장각에서 학예연구사로 근무했다. 조선 시대의 경학 사상, 왕실 교육, 국가 전례, 대외 인식에 대해 연구해 왔다. 저서로 『조선 후기 경학 사상 연구』, 『정조의 경학과 주자학』, 『조선의 왕세자 교육』, 『정조의 제왕학』, 『조선 후기 지식인의 대외 인식』, 『조선 왕실 기록문화의 꽃, 의궤』, 『왕실의 천지 제사』 등이 있다.

김종덕 한의사. 서울대학교 농업생명대를 졸업하고 다시 경희대학교 한의과대학과 동대학원을 졸업하였다. 제1회 사상체질의학회 학회인정의를 취득하였고 한국한의학연구원 비상임 연구원(체질진단감별위원회), 농촌진흥원 고농서 국역 위원을 역임하였으며, 현재 사상체질의학회 이사, 원광디지털대학교 얼굴경영학과 겸임 교수, 대전대학교 한의과대학 사상체질의학과 겸임 교수, 사당한의원 원장으로 재직하고 있다.

김종성 동아시아 역사 연구자. 성균관대학교 사학과 박사 과정을 수료했다. 월간 《말》 동북아 전문 기자 및 중국사회과학원 방문 학자로 활동했으며, 현재 《오마이뉴스》에서 '김종성의 사극으로 역사 읽기'를 연재 중이다. 주요 논문에 「1899년 한청통상조약에 관한 고찰」 등이 있고, 저서로 『조선 노비들』, 『왕의 여자』 등이 있다.

노대환 서울대학교 국사학과와 같은 학교 대학원을 졸업했다. 동양대학교 교수를 거쳐 현재 동국대학교 사학과 교수로 재직 중이다. 저서로 『고전 소설 속 역사여행』, 『조선의 아웃사이더』, 『문명』 등이 있다.

박금수 사단법인 전통무예십팔기보존회 사무국장 및 서울대학교 체육교육과 강사. 서울대학교 전기공학부 및 동 대학원 체육교육과를 졸업했다. 「조선 후기 무예와 진법의 훈련에 관한 연구」로 박사 학위를 받았으며, 주요 논문에 「조선 후기 공식무예의 명칭 십팔기에 관한 연구」 등이 있고, 저서로 『조선의 武와 전쟁』이 있다.

박지배 역사가. 러시아 상트페테르부르크 국립 학술원 역사 연구소에서 박사 학위를 받았다. 한국외국어대학교 역사문화연구소에서 8년간 책임 연구원으로 있었고, 현재 한국외국어대학교 사학과 초빙교수로 활동하고 있다. 저서로는 『표트르 대제』 등이 있고, 역서로는 트루베츠코이의 『유럽과 인류』가 있다.

보드윈 왈라번(Boudewijn Walraven) 네덜란드 레이던 대학교 명예교수(한국학). 유럽한국학회의 전 회장. 현재 성균관대학교 동아시아학술원 석좌초빙교수. 저서로는 『보물섬은 어디에: 네덜란드 공문서를 통해 본 한국과의 교류사』(공저)와 *Hamel's World* 등이 있고, 한국 문화사에 대한 다수의 논문이 있다.

윤초롱 경기과학고등학교 교사. 고려대학

교 역사교육과를 졸업했다. EBS에서 「2013 EBS-N제: 윤초롱의 한국사」 강의를 진행했고, 「5분 사탐: 동아시아사」 등 여러 수업 콘텐츠 제작에 참여했다.

이윤석　개그맨. 연세대학교 국문학과를 졸업하고, 중앙대학교 신문방송학과에서 박사학위를 취득했다. 경기대학교 엔터테인먼트경영대학원 겸임 교수를 거쳐 현재 서울예술진문학교 학부장을 맡고 있다. 1993년 MBC 개그 콘테스트에서 금상을 받으며 개그계에 입문한 뒤 그해 MBC 「웃으면 복이 와요」에서 개그맨 서경석과 콤비를 이룬 코너로 전 국민의 사랑을 받았다. 이후 MBC 간판 예능 프로그램인 「일요일 일요일 밤에」, KBS 「쾌적 한국미수다」등에 출연하였다. 1995년 MBC 방송연예대상 신인상, 2004년 MBC 방송연예대상 쇼 버라이어티 부문 우수상, 2005년 MBC 방송연예대상 코미디 시트콤 부문 최우수상을 받았다.

이인화　한국도량형박물관 설립 운영자. 지리학 박사, 충남 문화재 전문위원, 국사편찬위원회 사료 조사 위원, 내포민속문화연구소장. 동국대학교에서 민속지리학을 전공해 지리학 박사 학위를 취득했고, 「내포지역 마을제당의 민속지리」 등 다수의 민속 지리 관련 저서와 논문, 그리고 도량형 관련 다수의 정책 연구를 진행해 왔으며, '도량형과 함께하는 과학 이야기' 시리즈를 체험 교육 프로그램으로 운영함으로써 우리나라 기초과학을 인문학과 연계해 재미있게 교육하고 있다.

이정철　조선 시대사 연구자. 고려대학교에서 대동법 연구로 박사 학위를 취득했다. 한국학중앙연구원에서 근무했고, 현재는 한국국학진흥원에 근무한다. 저서로 「대동법, 조선 최고의 개혁」, 「언제나 민생을 염려하노니: 조선을 움직인 4인의 경세가들」이 있다.

정승혜　수원여자대학교 교수. 고려대학교 국어국문학과에서 조선 시대 일본어 교재를 연구한 논문 「첩해신어 연구」로 박사 학위를 받았다. 조선 시대의 외국어 교육과 역관에 대한 연구를 지속적으로 하고 있으며, 국립한글박물관 개관 유공으로 문화체육관광부 장관 표창을 수상하기도 하였다. 저서로 「박통사, 원나라 대도를 거닐다」, 「원본 노걸대」 등이 있으며 현재 국어사학회 부회장, 훈민정음학회 신임 이사를 맡고 있다.

허태구　서울대학교 규장각 한국학연구원 학예연구사. 서울대학교 국사학과 학부 및 같은 학교 대학원을 졸업했다. 주요 논문에 「병자호란 강화 협상의 추이와 조선의 대응」, 「병자호란 강화도 함락의 원인과 책임자 처벌」, 「인조대 대후금(대청) 방어책의 추이와 한계」, 「최명길의 주화론과 대명의리」 등이 있고, 저서로 「조선의 국가의례, 오례」(공저)가 있다.

역사저널

그날

6권

인조에서 경종까지

1판 1쇄 펴냄 2016년 7월 8일
1판 2쇄 펴냄 2016년 10월 26일
지은이   KBS 역사저널 그날 제작팀
발행인   박근섭, 박상준
책임편집   이황재
펴낸곳   (주)민음사
출판등록   1966. 5. 19. (제16-490호)
주소   서울특별시 강남구 도산대로1길 62
       강남출판문화센터 5층 (우편번호 06027)
대표전화   515-2000 ｜ 팩시밀리 515-2007
홈페이지   www.minumsa.com

ISBN 978-89-374-1706-1 (04910)
     978-89-374-1700-9 (세트)